UFC

LA VOIE DES ARTS MARTIAUX

LE TOUR DU MONDE DES SPORTS DE COMBAT

CHRIS CRUDELLI

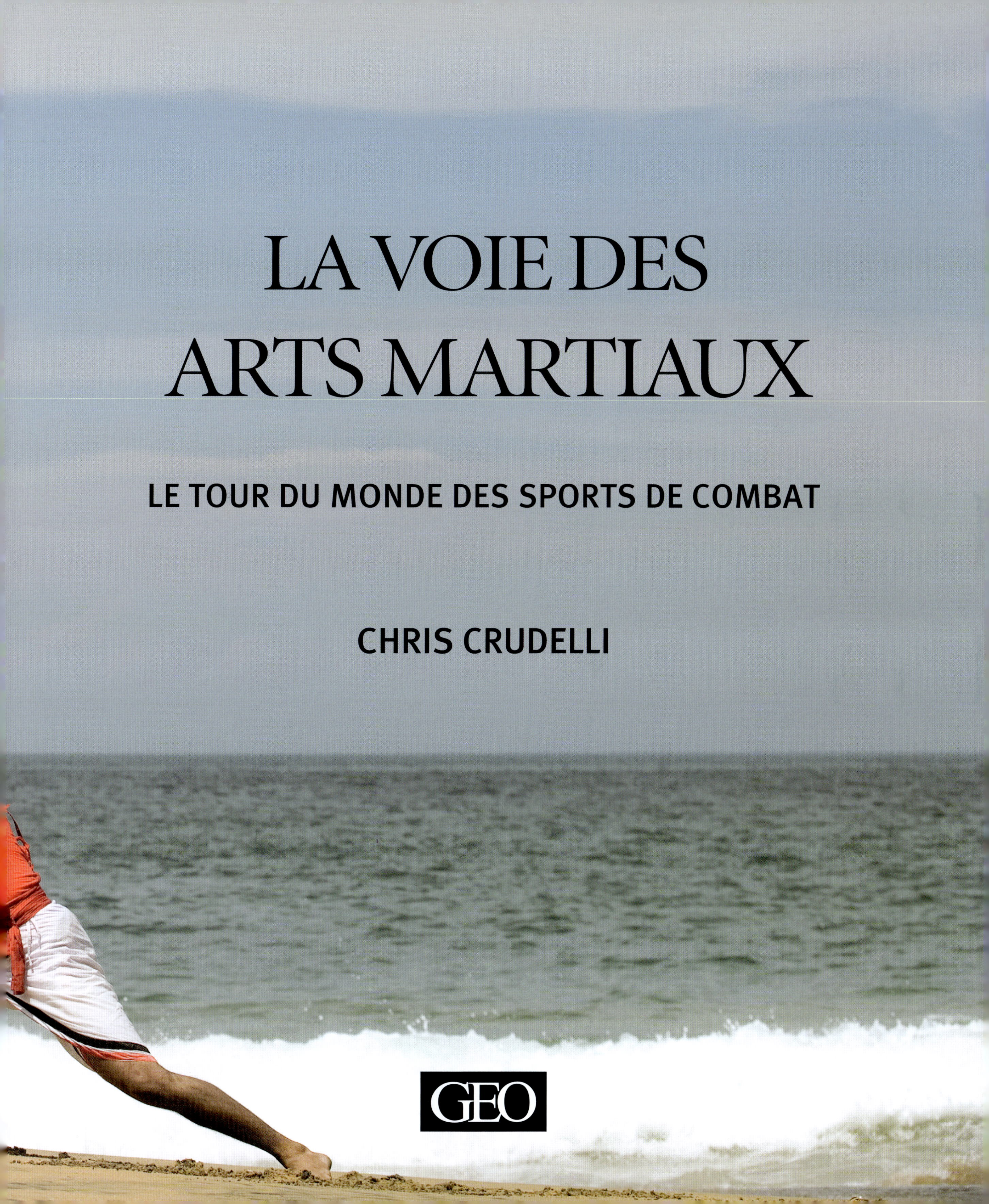

GEO

SOMMAIRE

DK

Graphisme : Sarah Arnold, Brian Flynn, Carolyn Hewitson, Thomas Keenes, Angela Won-Yin Mak, Hugh Schermuly, Vicki Smith

SUD-EST ASIATIQUE ET OCÉANIE

ÉDITION FRANÇAISE

Direction éditoriale GEO : Jean-Luc Marty

ÉDITIONS PRISMA PRESSE
Direction : Dominique Fleurmont
Directrice éditoriale : Françoise Kerlo
Responsable d'édition : Marilyn Chauvel
Responsable de production : Alexandre Zimmowitch

Réalisation : Intexte, Toulouse
Traduction de l'anglais : Nicolas Blot, Chantal Mitjaville

ISBN : 978-2-8104-0054-6
Dépôt légal : novembre 2009
Imprimé en Chine

SOMMAIRE SUITE

JAPON ET OKINAWA

EUROPE

AFRIQUE, MOYEN-ORIENT ET ASIE CENTRALE

LES AMÉRIQUES

LE MONDE DES ARTS MARTIAUX

L'APPELLATION « ART MARTIAL » fait référence à un art de combat mêlant techniques codifiées, philosophie, stratégie et traditions culturelles. Un art martial peut se présenter comme une discipline offensive ou défensive, dans le cadre de l'autodéfense. Une pratique destinée à promouvoir santé et bien-être, une voie de développement personnel et spirituel, une discipline sportive ou une activité de loisir. Un art martial se pratique avec ou sans armes.

Les styles d'arts martiaux

Différents styles d'arts martiaux sont pratiqués à travers le monde, mais tous se rangent généralement en trois grandes catégories ou styles, distinguant les arts martiaux traditionnels, des disciplines sportives et des pratiques basées sur le travail des armes.

Les arts martiaux traditionnels, comme le ju-jutsu (*voir* pp. 216-217) pratiqué par les samurai japonais, ou l'école italienne de l'escrime (*voir* p. 255), ont évolué à partir de techniques d'entraînement guerrières. Mis en œuvre sur les champs de bataille, ces arts ont pour seul objectif d'offrir au pratiquant les talents et les techniques indispensables à l'anéantissement de l'ennemi. Les arts martiaux relevant de la pratique sportive font appel à un entraînement qui prépare le pratiquant à la compétition, et non à la confrontation avec la menace. Le muay thai, la boxe anglaise, le judo, les arts martiaux mixtes ou le taekwondo (*voir* pp. 158-165, 256-263, 234-235, 318-327, 134-135) comptent au nombre de ces pratiques. Les arts martiaux basés sur le travail des armes se concentrent sur le maniement des armes. Les techniques apprises sont mises à exécution dans les arts guerriers traditionnels ou la compétition sportive. Le kendo, le bataireacht et l'escrima (*voir* pp. 220-221, 250, 180-181) se rangent dans cette catégorie. Selon le style, l'école ou l'enseignement prodigué par le maître, l'accent sera mis sur l'un ou l'autre de ces aspects, sachant que certains arts martiaux associent les éléments de ces trois grands styles.

▲ SYSTÈME COMPLET
L'art du kalaripayat (*voir* pp. 24-31) associe combat à mains nues, danse, combat armé et médecine traditionnelle.

> RITES ET RITUELS
Lorsqu'ils se battent, les lutteurs de laamb du Sénégal (*voir* p. 288) pensent être protégés des mauvais esprits par leur chef spirituel « juju man ».

Arts anciens et mythes contemporains

Le combat, ce besoin qui pousse l'homme à dominer ou à se défendre, prend source aux origines mêmes de la vie. L'instinct de survie de nos ancêtres est sans aucun doute lié au développement des arts martiaux. De l'apparition de techniques guerrières primitives, aux premières codifications et synthèses de méthodes,

> PRÉPARATION AU COMBAT
Le muay thai (*voir* pp. 158-165), sport national de Thaïlande, était à l'origine pratiqué les poings nus ou bandés de chanvre. La plupart des pratiquants porte aujourd'hui des gants de boxe, enfilés sur des bandages de protection.

« QUI DOMINE LES AUTRES EST FORT. QUI SE DOMINE EST PUISSANT. »

PROVERBE CHINOIS

conçues afin de proposer un enseignement de qualité à destination des troupes, nombre de disciplines martiales contemporaines présentent en réalité une longue histoire, couvrant près de cinq millénaires. Contrairement à ce que laisse entendre la croyance populaire, ces pratiques ne sont pas uniquement l'expression de traditions orientales. Si les preuves archéologiques ont mis en évidence la pratique d'arts martiaux ancestraux en Chine et en Inde, bien d'autres nations et cultures sont à même de revendiquer un tel héritage. Ainsi, en Égypte, la mise au jour de tombes datées de 2000 av. J.-C. prouva l'existence d'arts de combat au bâton sophistiqués. En Grèce, l'art du combat libre, appelé pancrace (*voir* p. 276) était déjà considéré comme un sport de combat ancestral, à l'époque de sa première apparition aux Olympiades de 648 av. J.-C.

Un phénomène mondial

Plus récemment, l'olympisme participa à la diffusion des arts martiaux orientaux et occidentaux. La lutte gréco-romaine (*voir* p. 270) et l'escrime deviennent disciplines olympiques en 1896 ; le tir à l'arc sportif (*voir* p. 278), la boxe, le judo et le taekwondo font respectivement leur première apparition aux Jeux olympiques en 1900, 1904, 1964 et 2000. Les Jeux asiatiques pourraient inscrire le karaté et le wushu (*voir* p. 202, 93-99) à la liste des arts martiaux pratiqués au plus haut niveau. La médiatisation d'événements sportifs par le biais de la télévision contribue depuis longtemps au succès de disciplines comme la boxe anglaise, permettant notamment à des champions, comme Mohammed Ali, d'accéder au statut de légendes. Dans les années 1990, les arts martiaux mixtes (MMA), mettant en scène des combats se déroulant au sein d'une cage, initièrent des millions de téléspectateurs à des formes martiales multidisciplinaires. Les championnats de combat libre, expression ultime de la compétition sportive, réunissent aujourd'hui les compétiteurs les plus talentueux de la planète. Discipline confidentielle à ses débuts, car jugée trop violente, elle s'expose désormais à la face du monde, lors de retransmissions monnayées au prix fort, auprès de chaînes télévisées en quête d'audiences records. Ces nouveaux héros offrent désormais à un public toujours plus large l'étendue de leurs talents, dans des disciplines aussi variées que la boxe, le jiu-jiutsu brésilien, la lutte gréco-romaine, le judo, le karaté et différents styles de kung-fu.

▲ SPORT OLYMPIQUE
Le judo fut le premier art martial entièrement codifié. Cela eut pour conséquence une reconnaissance de la pratique en tant que discipline olympique.

Le paradoxe des arts martiaux

L'univers des arts martiaux est aussi un monde de contradictions. Le plus grand de ces paradoxes concerne ces innombrables pratiquants – quels que soient le style ou l'origine de la forme d'art qu'ils pratiquent – à la recherche de la paix intérieure, de l'illumination et de la compréhension de soi, à travers la mise œuvre de techniques violentes et souvent létales… L'introduction de principes philosophiques du confucianisme, du bouddhisme ou du taoïsme dans de nombreux arts martiaux orientaux influença de façon déterminante l'évolution des pratiques martiales à travers le monde. Cela peut paraître ironique, mais une fois leur entraînement terminé, plusieurs des artistes martiaux parmi les plus talentueux, sont aussi les personnes les plus douces et charmantes du monde. Il faut dire que la pratique martiale à haut niveau met en jeu une telle violence que leurs adeptes aspirent certainement à un quotidien plus serein.

> « PERSÉVÉRANCE ET ENTRAÎNEMENT TOUT AU LONG DE L'ANNÉE – AU PLUS CHAUD DE L'ÉTÉ ET AU PLUS FROID DE L'HIVER – SONT LES SEULS MOYENS D'APPRENDRE LE VRAI KUNG-FU. »
>
> ENSEIGNEMENT DE SHAOLIN

◄ ORIGINES ANCESTRALES
La boxe de Shaolin pratiquée aujourd'hui fait référence à nombre de systèmes dont les origines remontent au monastère de Shaolin, en Chine. Cet art millénaire s'inspirerait des exercices bouddhiques introduit à Shaolin par le moine indien Boddidharma.

LES ARTS MARTIAUX ET LE CINÉMA

L'intérêt des Occidentaux pour les arts martiaux remonte aux années 1970 et aux exploits d'un personnage emblématique élevé au rang d'icône, Bruce Lee. Ses plus grands succès au cinéma – *Big Boss*, *La Fureur de vaincre*, *La Fureur du dragon* et *Opération dragon* – confirmèrent l'entrée des arts martiaux dans le monde du septième art et participèrent à offrir une plus large audience à des pratiques jusqu'alors plus confidentielles. Chuck Norris fit son entrée au box-office américain alors que la carrière de Bruce Lee était en pleine ascension. Il joua à ses côtés dans *La Fureur du Dragon*. Artiste martial réputé, Norris prit une part déterminante dans la création de ces rôles de héros. Nombre de séries télévisées à succès ont contribué à la vulgarisation des arts martiaux et des philosophies asiatiques, jusqu'à influencer de nombreux réalisateurs occidentaux. Certaines séries sont toujours régulièrement citées dans la production cinématographique contemporaine hollywoodienne, à travers des films comme *Matrix* ou *Kill Bill*, incitant le public à découvrir des productions étrangères en version originale.

INDE ET ASIE DU SUD

CULTURE ET INFLUENCES

INDE ET ASIE DU SUD

L'INDE EST LA PLUS GRANDE DÉMOCRATIE au monde. Deuxième pays de la planète en termes de population et septième de par sa superficie, elle partage ses frontières avec la Chine, le Népal et le Bhoutan, au nord-est, le Bangladesh et le Myanmar, à l'est, le Pakistan, à l'ouest. Berceau de quatre des grandes religions du monde – sikhisme, bouddhisme, hindouisme et jaïnisme –, cette terre d'histoire et de culture a vu naître nombre de courants philosophiques, d'illustres penseurs, de courageux guerriers et d'influents maîtres en arts martiaux.

L'INDE EST SOUVENT CONSIDÉRÉE comme le lieu de naissance des arts martiaux. Si cette affirmation semble trop catégorique, il est vrai que la plupart des disciplines actuelles se sont développées sous l'influence de Bodhidharma, un moine indien connu en Chine sous le nom de Pu Ti Da Mo.

Né vers 440 apr. J.-C., à Kanchipuram (capitale du royaume de Pallava, en Inde méridionale, à l'époque), dans une caste guerrière, Bodhidharma reçut très jeune les enseignements de Bouddha et se montrait, disait-on, expert en kalaripayat, une pratique martiale indienne basée sur le combat à mains nues et le combat armé (*voir* pp. 24-31). Bodhidharma se rendit plus tard en Chine et devint un des pères fondateurs de ce que l'on nomme aujourd'hui l'école du bouddhisme Chan (ou école zen au Japon).

Parvenu au monastère bouddhiste de Shaolin, sur le mont Song, dans la province du Henan, Bodhidharma se vit dans un premier temps refuser l'entrée du temple. D'après la légende, le moine se retira dans une grotte proche où il médita pendant neuf ans. La dévotion et la sagesse de l'homme finirent par lui ouvrir les portes du temple. Les moines de Shaolin, affaiblis physiquement et psychiquement par des années de méditation statique, bénéficièrent de l'enseignement de Bodhidharma qui mêlait exercices spirituels, pratique martiale et techniques yogiques.

C'est à Bodhidharma que sera attribuée, de façon controversée, la rédaction de ces classiques chinois que sont le *Yi-jin-jing* et le *Xi-sui-jing*. Ces premiers manuels de qi gong seraient à la base du kung-fu shaolin moderne (*voir* pp. 57-67).

La diversité des paysages indiens – alliant montagnes, vastes plaines, jungles et déserts – influença de façon déterminante les disciplines martiales du pays. L'isolement dans lequel évoluèrent différentes cultures, mais aussi le contexte, les croyances religieuses et les pratiques philosophiques propres à chacune de ces régions géographiques jouèrent un rôle majeur dans le développement des pratiques martiales qui s'y rattachaient. C'est ainsi qu'au fil des siècles nombre de formes d'arts martiaux indigènes, comme le aki kiti ou le mukna (*voir* p. 23), se perfectionnèrent.

> UN PÈRE FONDATEUR
Certains attribuent à Bodhidharma l'introduction du bouddhisme Chan et des arts martiaux en Chine.

Un passé prospère

Si la pauvreté, l'analphabétisme et la malnutrition concernent encore aujourd'hui une large partie du pays, l'Inde fut durant une grande partie de son histoire

POINTS CLÉS

1 DÉMOGRAPHIE RECORD
Deuxième pays le plus peuplé au monde. Les chiffres seuls suffisent à expliquer l'importance du rôle joué par l'Inde dans le développement des arts martiaux à l'échelle mondiale.

2 MELTING-POT RELIGIEUX
Berceau de quatre grandes religions du monde – sikhisme, bouddhisme, hindouisme et jaïnisme –, l'Inde influença de façon déterminante l'histoire de la pensée et de la philosophie.

3 TERRE NATALE DES ARTS MARTIAUX
Selon la légende, Bodhidharma quitta l'Inde méridionale pour la Chine, au VIe siècle, pour introduire la pensée zen et enseigner les techniques martiales aux moines de Shaolin.

4 MOSAÏQUE DE PAYSAGES
La diversité géographique participa au développement des arts martiaux indiens, des formes d'art indigènes ont prospéré isolément, dans les forêts du sud, dans les régions désertiques de l'ouest ou sur les flancs escarpés des contreforts himalayens.

5 CARREFOUR DU COMMERCE MONDIAL
Stratégiquement placée au carrefour des grandes routes commerciales, l'Inde s'est enrichie des échanges : épices, soie, nouvelles idées religieuses, armes et techniques de combat.

6 TRIBUS INDIGÈNES
Des tribus isolées de cette région du monde ont développé des formes indigènes variées et individuelles de disciplines martiales, perfectionnées comme techniques d'autodéfense.

7 DANSE TRADITIONNELLE
Au fil des siècles, différentes formes d'expressions artistiques régionales – comme la danse kathakali, dans l'État indien méridional du Kerala – ont été influencées par les arts martiaux.

8 FÊTES RELIGIEUSES
Plusieurs disciplines martiales indiennes sont liées à des mouvements religieux. Ainsi, le gatka (*voir* pp. 20-21) est essentiellement pratiqué par les sikhs de l'État du Pendjab.

TENTURE DE TEMPLE ILLUSTRANT UNE SCÈNE DE BATAILLE

« NOUS VOULONS ACCÉDER À LA CONSCIENCE SUPRÊME... NOUS DEVONS DONC NOUS BÂTIR UN CORPS SOLIDE, SAIN, ENDURANT, DOUÉ, AGILE ET FORT. »

PRINCIPE DU KALARIPAYAT, UN DES ARTS MARTIAUX LES PLUS VIEUX AU MONDE

CARTE DE L'INDE ET DE L'ASIE DU SUD

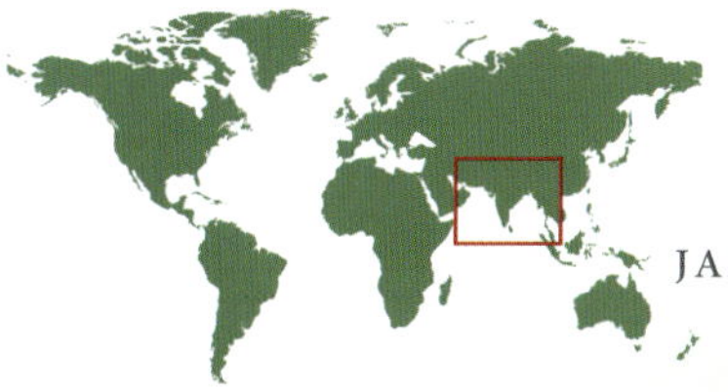

CIVILISATION ANCIENNE
Des sources archéologiques font remonter les pratiques martiales, en Inde, à plus de 5 000 ans. Au carrefour de routes commerciales, le sous-continent influença de façon déterminante les arts martiaux.

LÉGENDE

- **Il y a plus de 2 000 ans**, les négociants romains introduisent des styles de lutte européens.
- **VIe siècle**, le moine indien Bodhidharma voyage à travers la Chine, diffuse le bouddhisme Chan et enseigne le yoga.
- **Les moines de Shaolin** quittent la Chine pour l'Inde, amenant avec eux les techniques du kung-fu.
- **Au Xe siècle**, les Tamouls envahissent le Sri Lanka et introduisent le kalaripayat sur l'île.

LES SÂDHU
Personnages incontournables de ces terres habitées par la spiritualité.

Gatka

SIGNIFICATION
« LIBERTÉ » OU « MEMBRE D'UN GROUPE » EN PENDJABI
DATE
ART MARTIAL AUTOCHTONE
FONDATEUR
ANONYME
SOURCE
PENDJAB, PAKISTAN ET INDE

Discipline martiale sikh, le gatka dériverait du shastar vidyaa (*voir* p. 22), méthode d'entraînement militaire ancestrale du Pendjab. Rarement utilisé aujourd'hui pour le combat, le gakta est devenu un art martial populaire, festif et sportif. Si le nom de gatka fait référence au bâton utilisé pour l'entraînement au maniement d'armes, la discipline associe force physique et techniques d'autodéfense. Pratiques spirituelles et exercices de méditation font partie intégrante de cet art martial.

Musique et danse

Les démonstrations de gatka sont accompagnées de musique et d'une chorégraphie singulière et typique, exécutée avant le combat. Cette discipline partage nombre de principes avec les pratiques martiales ancestrales à fonction guerrière, utilisées pour l'entraînement des troupes. Un de ces principes consiste à inculquer au pratiquant la faculté de faire face à plusieurs attaquants venant de toutes les directions.

L'entraînement classique fait appel au maniement simultané de deux armes, deux bâtons, ou une épée et un bâton. La technique de base consistant à utiliser les deux mains lors d'une attaque ou d'un blocage vise à améliorer la dextérité du corps.

Le lien entre sikhisme et gatka justifie que cette discipline soit souvent enseignée et pratiquée dans les *gurdwaras* ou lieux de culte de la communauté sikh.

DÉMONSTRATION DE GATKA
Deux pratiquants de gatka à Andapur, dans le Pendjab. Un spectacle organisé dans le cadre des fêtes officielles célébrant le tricentenaire de la fondation de la religion sikh.

NOTE DE L'AUTEUR

J'ai passé du temps à m'entraîner au *gurdwara* du gourou Nanak, dans le Pendjab, au sein d'un groupe religieux pratiquant le gatka. Je me souviens avoir été surpris par la rapidité avec laquelle ces hommes parvenaient à maîtriser le maniement de toutes sortes d'armes traditionnelles, tout en dansant et en chantant. J'avais aussi été touché par la sincérité et l'esprit cordial qui régnaient au sein de ce groupe martial et religieux – un cadre comparable à celui d'où ont émergé nombre de disciplines martiales ancestrales.

Kalaripayat

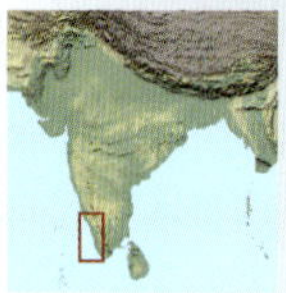

SIGNIFICATION
« CHEMIN DU CHAMP DE BATAILLE » EN MALAYALAM

DATE
VERS LE Xᵉ SIÈCLE AV. J.-C.

FONDATEUR
PARASHÛRAMA, SIXIÈME AVATAR DE VISHNOU

SOURCE
KERALA, INDE

> PROUESSE SPORTIVE AU SABRE
Ce pratiquant de kalaripayat bondit afin d'éviter le coup de sabre de son adversaire, lors d'une séance d'entraînement intensive sur une plage du Kerala.

Le kalaripayat est parfois considéré comme l'ancêtre de tous les arts martiaux. Selon la légende, Parashûrama, son fondateur, aurait bâti un temple au Kerala, il y a près de 3 000 ans, après avoir combattu l'océan qui menaçait le littoral. Il enseigna l'art du kalaripayat à ses fidèles, afin de protéger le temple des démons. Le plus illustre pratiquant reste le légendaire moine indien Bodhidharma, dont l'enseignement en Chine fut à l'origine du kung-fu shaolin (*voir* pp. 57-67).

Proche d'une danse martiale, la discipline actuelle fait appel à diverses armes modernes et traditionnelles, et à différentes techniques de lutte, frappe, saut et coup de pied sauté. L'enseignement du kalaripayat englobe également d'autres aspects, comme pratiques thérapeutiques, connaissance des points vitaux, massages et techniques de méditation.

La pratique de cet art déclina à l'introduction des armes à feu et fut même interdite par les Britanniques, du temps de la colonisation ; le kalaripayat connaît aujourd'hui un réel regain de popularité.

Variantes stylistiques

Le kalaripayat sous sa forme actuelle distingue trois grands styles, le « style du nord », le « style du sud » et le « style du centre ». Le style du nord privilégie les techniques de combat armé aux techniques à mains nues. Massages et pratiques ayurvédiques relevant de la médecine traditionnelle indienne font partie intégrante de l'entraînement. Cette approche globale vise une meilleure compréhension du prâna – concept assez proche du « qi » chinois – faisant référence à cette énergie ésotérique ou souffle vital qui imprègne toute chose vivante.

Le style du sud est axé sur les techniques à mains nues, les exercices de conditionnement du corps et les manœuvres de désarmement. Exercices avec un partenaire, combat à mains nues contre un adversaire armé, lutte et attaque des points vitaux font partie intégrante de l'entraînement. Nombre de pratiquants du style du sud pensent que l'accomplissement ultime de leur art réside dans leur habileté à se défendre seul et à mains nues contre des adversaires désarmés ou armés. Mais le kalaripayat fait aussi appel à la maîtrise de différentes armes – courte canne, double sabre, dague, longue lame, couteau et bâton. D'autres pratiques se retrouvent dans le style du sud, comme les massages, l'enseignement de la philosophie ou de cette théorie complexe d'une forme de médecine ancestrale connue sous le nom de « médecine siddha ».

Le style du centre reprend des aspects de ceux du nord et du sud, et intègre certaines techniques de combat uniques, dont différentes méthodes de combat au sol, particulièrement efficaces pour faire face à des adversaires de stature plus imposante.

Cérémonie d'initiation

Les pratiquants de toutes les formes de kalaripayat se soumettent à un rite d'initiation particulier. Les futurs combattants débutent leur formation vers l'âge de sept ans. Une fois admis comme élèves, ils rejoignent le groupe ou *kalaripayattu* au sein d'une école ou d'un gymnase. Ils commencent par fréquenter le *guruthara,* une partie du gymnase où brûle en permanence une lampe à huile, en hommages aux anciens maîtres de la discipline. L'élève procède ensuite à l'offrande

HARMONIE DU CORPS ET DE L'ESPRIT

La méditation est au cœur de cette forme d'art martial. Un entraînement intensif finit par apaiser l'esprit et purifier le corps. La *sakti*, énergie utile au combat que l'on recherche à travers la méditation, peut être apprivoisée. En se concentrant sur l'esprit, les pratiquants développent des techniques de maîtrise de la peur, du doute et de l'anxiété qui risqueraient de freiner le plein accomplissement de leur art. Le chant de mantras, reprenant généralement le nom d'une divinité ou un mot saint, fait partie intégrante de la méditation. La répétition de ces mantras conduit à un état de conscience altéré qui offre au pratiquant la faculté de plonger au plus profond de lui-même.

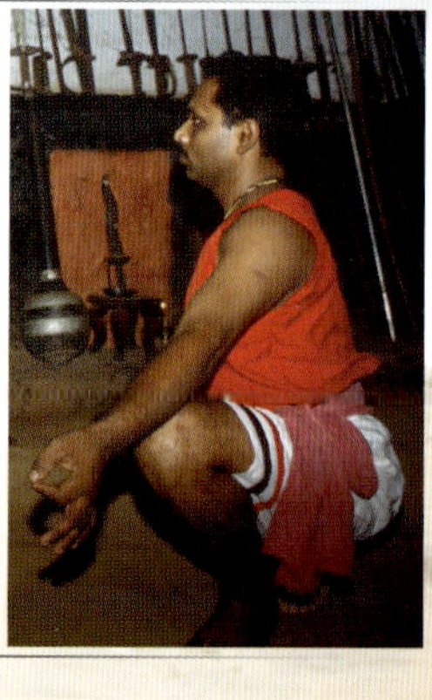

d'argent ou de pain, puis se prosterne et touche la jambe ou le pied de son maître, affirmant ainsi sa volonté de se soumettre à l'autorité, au savoir et au talent de son gourou, des divinités qui président à cet art et à la discipline propre au kalaripayat. Avant de débuter l'entraînement, les élèves font une offrande à la divinité du gymnase, un demi-dieu qui, dit-on, veillerait à la sécurité et à la prospérité des élèves durant leur formation et tout au long de leur vie.

Phases de l'entraînement

L'entraînement distingue quatre grandes phases, *meytari*, *kolthari*, *ankathari* et *verum kaythari*. Meytari, comporte un ensemble d'exercices de mise en condition physique, incluant un travail de postures, d'étirements, de torsions, de sauts et de vrilles, afin de développer coordination, souplesse, force physique et rythme. Kolthari, consiste en un entraînement au maniement d'armes en bois, dont une longue canne en bambou et un manche de bois dur incurvé *(otta)* en forme de trompe d'éléphant. Ces armes permettent à l'élève d'acquérir force, puissance, vitesse et une meilleure compréhension de la façon dont frapper le corps humain. Ankathari ou « entraînement à la guerre », implique l'utilisation de vraies armes en métal, épées, dagues ou lances. L'entraînement au combat armé est toujours dangereux, et les blessures se révèlent souvent potentiellement mortelles. Ankathari exige une parfaite maîtrise de soi et une grande dextérité, et ne doit jamais être pris à la légère. La dernière phase, verum kaythari, comporte combat à mains nues, techniques de blocage, lutte et attaque des points vitaux. Cet aspect particulier fait l'objet d'un enseignement sélectif, et le gourou transmet son savoir à un petit nombre de ses meilleurs disciples, par crainte de voir sa position menacée.

Une vie de dévotion

Outre la pratique du yoga et l'observance de règles de vie contraignantes – absence de repos durant la journée et abstinence sexuelle –, les élèves s'engagent dans une vie de dévotion. Régulièrement, chaque élève se soumet à des massages corporels vigoureux, pratiqués par le maître à l'aide de ses pieds.

« PERFECTIONNÉ AU CŒUR DE L'INDE DU SUD ANCESTRALE [LE KALARIPAYAT] PUISE SON INSPIRATION DANS L'ÉNERGIE BRUTE, LA FORCE MAJESTUEUSE ET LES TECHNIQUES DE COMBAT INSTINCTIVES D'ANIMAUX COMME LE LION, LE TIGRE, L'ÉLÉPHANT, LE SANGLIER ET LE CROCODILE. »

RANJAN MULLARATT, KALARIPAYATTU.ORG

EN COULISSES

KALARIPAYAT

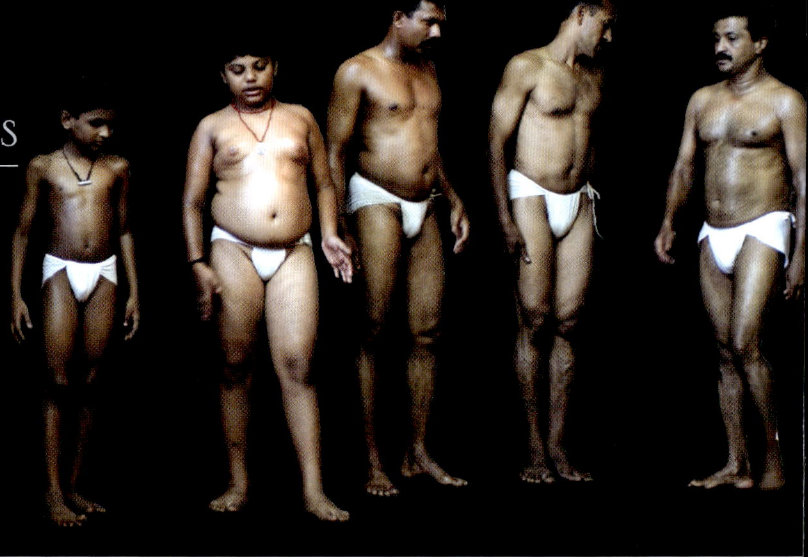

DISCIPLINE DES ÉTATS INDIENS du Kerala et du Tamil Nadu, le kalaripayat est l'un des arts martiaux parmi les plus anciens au monde, des plus techniques, mais aussi des plus exigeants sur le plan physique.

Le kalaripayat est empreint de spiritualité. La religion occupe une place déterminante dans la vie de ses pratiquants. L'entraînement se déroule dans un bâtiment construit à cet effet, le *kalari*. La tradition veut que le kalari soit érigé sur une aire surbaissée de 1,20 m par rapport au sol. Il fait office de temple, dédié à différentes divinités, pour beaucoup des incarnations de Bhagavathi et de Shiva. Chaque jour avant l'entraînement, les élèves prient et font des offrandes aux divinités. Après les prières, ils pratiquent étirements et assouplissements afin de préparer le corps à la rigueur des exercices de la journée. Pendant l'échauffement, les élèves font face au temple principal du *kalari*.

« LE BUT ULTIME DE CHAQUE ÉLÈVE EST DE PARVENIR À LA MAÎTRISE DES SEPT ATTRIBUTS DU KALARIPAYAT. »

Dans l'après-midi, ils travaillent deux par deux les techniques de combat. Les exercices d'entraînement du kalaripayat peuvent se présenter sous différentes formes – initiation aux techniques de combat à mains nues, à la danse martiale, à la pratique du combat armé complétée par l'apprentissage de méthodes thérapeutiques. Le maître s'attache chaque jour à développer un aspect particulier. Le but ultime de chaque élève est de parvenir à la maîtrise des sept attributs du kalaripayat, *vignesva* (force), *channiga* (patience), *vishnu* (autorité), *vadugashcha* (posture), *tagaguru* (entraînement), *kali* (expression) et *vakasta-purushu* (clairvoyance).

ÉCHAUFFEMENT

Le kalaripayat exige vigueur et énergie. Le nom kalaripayat dérive du terme payattuka signifiant « s'exercer intensément ». La pratique et l'entraînement relèvent d'un travail aérobie intense. Aussi, chaque journée débute par une longue séance d'étirement musculaire, pratiquée en groupe, sur plusieurs rangées. La dimension spirituelle est donnée par une série de mouvements en direction du poothara ou autel dédié à la divinité (*voir* ci-dessous) en fin de séance.

PRÉPARATIONS MATINALES

Avant l'entraînement quotidien, le grand maître orne le *kalari* d'offrandes destinées aux divinités. À leur arrivée dans le *kalari*, les élèves avancent en file indienne, puis touchent le temple à tour de rôle, s'arrêtant un court instant, le temps d'une prière.

LIEU DE DÉVOTION

Dans tous les kalaris, deux zones sont réservées au culte des divinités de la discipline martiale. Dans le guruthara brûle en permanence une lampe à huile, en l'honneur des anciens maîtres du kalaripayat. Le *poothara* (autel où sont déposées des fleurs) est toujours situé à l'angle sud-ouest du kalari et abrite la divinité gardienne des lieux. Chaque jour, les élèves offrent fleurs, encens et eau à la divinité et prient devant le poothara avant le début de l'entraînement.

FRAPPE HAUTE

Un pratiquant de kalaripayat doit faire preuve d'une impulsion suffisante pour s'élever le plus haut possible au moment du saut, souvent réalisé à partir de la station debout. Lors d'un combat, cette faculté l'aide à maîtriser un ensemble de mouvements, d'attaque et de défense. Les élèves améliorent leur technique à travers une série d'exercices consistant à sauter et à frapper du pied un ballon de cuir suspendu au plafond du kalari. À chaque essai réussi, le ballon est hissé un peu plus haut.

>>>

CANNE DE COMBAT
Deux pratiquants sélectionnent leur *kettukari* (canne en bambou) avant le combat. Le kettukari, mesurant 1,50 m de longueur, est souvent la première arme dont le maniement est enseigné aux élèves ayant atteint le kolthari, deuxième phase de l'enseignement du kalaripayat.

OTTA
Ces combattants s'affrontent armés de l'otta, un manche de bois dur incurvé, en forme de trompe d'éléphant. L'extrémité arrondie de l'otta est utilisée pour frapper les points vitaux de l'adversaire. Souvent considéré comme l'arme maîtresse du kalaripayat, l'otta est utilisé lors de l'entraînement au maniement des armes en bois et sert dans dix-huit séries d'exercices.

DUEL À LA DAGUE

Parfaitement adapté à l'attaque rapide en combat rapproché, le *katar* (courte dague de poing) était une arme traditionnellement utilisée pour transpercer les armures. Potentiellement mortel, le combat armé au *katar* est aujourd'hui réservé aux pratiquants les plus expérimentés.

SABRE, BOUCLIER ET LANCE

En parvenant au troisième niveau de l'entraînement, ankathari, les élèves sont initiés au maniement de trois autres armes – *paricha* (bouclier rond), *val* (long sabre) et *kuntham* (lance). La plus grande dextérité est nécessaire au maniement de ces armes ; la petite taille du *paricha*, notamment, offre une protection limitée contre les attaques au sabre et à la lance.

SAUTER AVEC CONVICTION
Le saut départ debout est un exercice populaire pour les pratiquants de kalaripayat qui cherchent à travailler leur agilité. Lors d'un combat, cette technique permet d'esquiver les attaques ciblant le milieu ou la partie basse du corps.

L'ART DE L'ESQUIVE
Démonstration convaincante d'un saut départ debout lors d'un entraînement sur une plage du Kerala. Le combattant fixe son adversaire qui se prépare à exécuter une frappe à la canne de bambou, avant de sauter pour esquiver la frappe.

ARMES ET ARMURES

ARMES INDIENNES

LES ARMES BLANCHES INDIENNES sont réputées pour leurs formes particulières, la qualité de leur technique de forge et leur ornementation. Les sabres présentent des fers élégamment courbés, aux manches et poignées décorés. Les armes sont souvent délicatement damassées d'or. Dans le kalaripayat, le choix de l'arme – qu'il s'agisse d'un bâton ou d'une massue, d'un sabre de métal ou d'une dague – dépend du niveau de maîtrise atteint par le pratiquant. Seuls les combattants les plus expérimentés s'affrontent armés de dagues ou *katar*. Conçues à l'origine pour les guerriers, ces armes qui servaient à transpercer les armures se révèlent particulièrement dangereuses en combat rapproché. La seule protection dont dispose le pratiquant pour se protéger de ces attaques est un petit bouclier, le *paricha* (*voir* p. 29). Le combat armé exige adresse, concentration et précision.

COMBATTANT EN ACTION
Ce pratiquant de kalaripayat, armé d'un val pour l'attaque et d'un *paricha* pour se défendre, se tient prêt au combat.

PARICHA
Seule protection pour parer aux attaques, ce petit bouclier rond exige une grande précision du geste.

VAL
Ce long sabre accompagne les manœuvres d'attaque.

CHERUVATI
Également appelé *munchan*, ce bâton court mesure au plus 1 mètre de longueur.

GADHA
Utilisée pour les frappes, cette massue de bois est efficace en combat rapproché.

OTTA
Ce manche de bois courbe sculpté évoque la forme d'une trompe d'éléphant.

ARMES EN BOIS
Les pratiquants du kalaripayat sont initiés au maniement des armes en bois au cours de la deuxième étape de leur entraînement. Considéré comme l'arme maîtresse de cet art martial, l'otta est aussi l'arme préférée des combattants.

DAGUES ET LAMES

Les dagues indiennes, déclinées en de multiples variantes, sont des armes forgées de grande qualité, aux formes élaborées, souvent richement ciselées. Le *katar* (à droite) est une dague réservée aux pratiquants de kalaripayat les plus expérimentés. Ce sont des armes dangereuses, idéales pour les attaques rapides et le combat rapproché.

DAGUE JAMBIYA
Une dague courbe, généralement portée à la ceinture, damassée d'or.

POIGNÉE À ANNEAU
Cette poignée ornée facilitait la précision des manœuvres.

DAGUE BICH'HWA
Une dague dont le nom signifie « scorpion » en hindi. Un modèle à lame courbe et double tranchant.

LAME AFFÛTÉE
Le *katar*, courte dague de poing à lame affûtée, est une arme redoutable et mortelle.

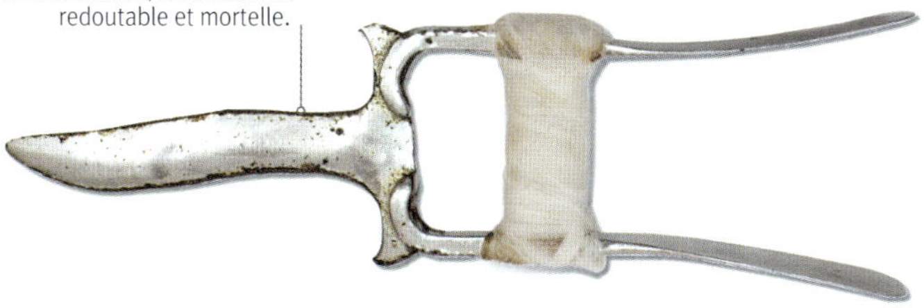

POIGNÉE SIMPLE
Ces barres transversales sont conçues pour faciliter la prise en main de l'arme.

POIGNÉE À POMMEAU
Un pommeau en acier protège la main du combattant des coups portés par l'adversaire.

SABRES ET FOURREAUX

La courbure des fers de sabre est une caractéristique du style indien. Arme maniée par les pratiquants d'arts martiaux, autrefois par les guerriers, le sabre présente toujours une lame d'argent ou d'acier, à l'ornementation souvent élaborée. Les pratiquants qui s'entraînent utilisent généralement un sabre au tranchant émoussé, comme le *val* ci-dessous.

VAL
Le maniement du *val* fait partie intégrante de la troisième étape de l'enseignement du kalaripayat.

TALWAR
Comparable au sabre européen, le *talwar* présente une lame courbe et monture argent.

FOURREAU
Les fourreaux sont souvent richement ornés de métaux précieux.

SABRE DE MAMELOUK
Originaire de Perse, ce sabre à garde droite est doté d'une lame courbe à un seul tranchant.

ÉPREUVE DE FORCE
Deux combattants de kalaripayat (*voir* pp. 24-31), armés d'un *katar*, en posture basse de combat, lors d'une séance d'entraînement au Kerala.

Nata

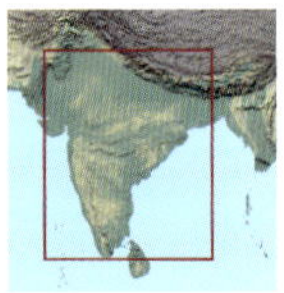

SIGNIFICATION
ART MARTIAL BASÉ SUR LA DANSE
DATE
ART AUTOCHTONE
FONDATEUR
ANONYME
SOURCE
INDE

Le nata associe mouvements des doigts inspirés de la gestuelle d'une danse traditionnelle indienne et mouvements de yoga. Cette discipline aujourd'hui méconnue faisait sans doute appel à des manœuvres d'immobilisation des doigts et du poignet, mais aussi à des techniques de désarmement axées sur l'utilisation de clés d'articulation et autres prises douloureuses.

Les danseurs indiens traditionnels maîtrisaient parfaitement l'anatomie humaine, notamment toutes les articulations participant à la mobilité du bras, de la main et des doigts. Il est probable que cet art ait été intégré à l'enseignement d'autres disciplines indiennes ancestrales, basées sur les armes ou la lutte. Au IIIe siècle av. J.-C., Patanjali auteur des *Yoga-Sûtra*, formulait les principes essentiels et fondateurs du yoga. Ces principes, au même titre que les mouvements de doigts des danseurs de nata, furent plus tard assimilés par différents arts martiaux. Ces pratiques sont citées dans les premiers textes bouddhiques, comme le *Sûtra du Lotus*, rédigé au Ier siècle apr. J.-C., de même que des disciplines indiennes comparables à la boxe et des techniques de blocage des articulations, de frappe du poing, de lutte et de projection.

Le sujet divise les historiens, mais il semble que ces éléments permettraient de retracer l'évolution des techniques d'immobilisation et de la gestuelle des mains, de la danse nata traditionnelle aux disciplines martiales plus tardives.

< DIEU DE LA DANSE
La représentation de Shiva, sous les traits du danseur cosmique Nataraja, inspire la chorégraphie de la danse nata.

Cheena adi

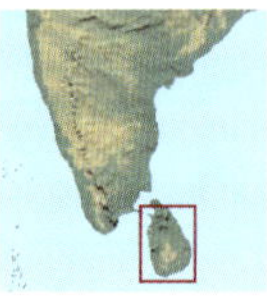

SIGNIFICATION
« COUP DE POING CHINOIS » EN MALAYALAM
DATE
ART AUTOCHTONE
FONDATEUR
ANONYME
SOURCE
SRI LANKA

Pour les spécialistes, cet ancien système d'art martial, très proche du kung-fu chinois, fut transmis par un moine de Shaolin. En visite au temple de la Dent Sacrée de Bouddha, au Sri Lanka, le moine enseigna cette displine martiale à plusieurs élèves. Les quinze ans de formation nécessaires dit-on à la maîtrise de cet art expliqueraient que d'autres disciplines comme l'aïkido, le judo ou le karaté (*voir* pp. 238-239, 234-235, 202-203) se soient développées au détriment du cheena adi.

Lathi

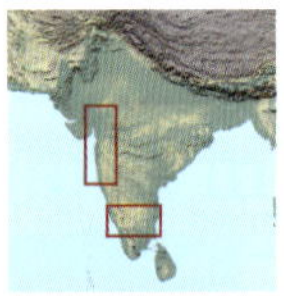

SIGNIFICATION
« BÂTON » EN HINDI
DATE
ART AUTOCHTONE
FONDATEUR
ANONYME
SOURCE
INDE ORIENTALE ET MÉRIDIONALE

Cet art martial porte le nom d'un bâton de bambou de 1,80 à 2,80 m de longueur, terminé par une pointe métallique, utilisé comme un sabre. Le lathi trouverait son origine dans une ancienne pratique yogique pacifique consistant pour les initiés à libérer la *kundalini* (énergie intérieure) de leur corps, au moyen de mouvements circulaires et en huit. Cette pratique se transforma un peu plus tard en un art martial, à l'origine populaire en Inde orientale et méridionale.

Le bâton était autrefois utilisé pour discipliner les buffles, comme le confirme le proverbe hindi : « Celui qui tient le bâton garde les buffles ». Les fermiers qui excellaient dans le maniement du bâton étaient souvent enrôlés par la milice ou appelés pour régler des conflits, au nom de seigneurs de guerre locaux ou de propriétaires terriens. L'art évolua et devint un sport, mais aussi prétexte à des duels. Les pratiquants trouvaient l'occasion de faire montre de leur prouesse avec, à la clé, la possibilité de trouver un emploi ou de conforter leur statut au sein des communautés villageoises.

Aujourd'hui, le terme *lathial* dérivé du nom de cette discipline, désigne un homme de main, prêt à se battre, à régler des comptes et à restaurer l'honneur de fermiers floués.

L'occupant britannique transformera le lathi en une arme, efficace pour contrôler les foules et réprimer les émeutes. De nos jours, le lathi fait partie de l'équipement de la police nationale qui utilise cette arme à des fins identiques.

V AFFRONTEMENT ENDIABLÉ
La fête du Désert qui se déroule dans le Rajasthan met en scène des combattants armés de lathis ou bâtons de bambou.

Kushti

SIGNIFICATION
LUTTE INDIENNE
DATE
Vᵉ SIÈCLE AV. J.-C.
FONDATEUR
ANONYME
SOURCE
INDE

Également connue sous le nom de lutte indienne ou « pehlwani », cette forme de lutte aryenne et hindoue remonte au vᵉ siècle av. J.-C. Art des populations indigènes de l'Inde, le kushti aurait été influencé par la lutte perse. En Inde, les enseignants de cette discipline portent le nom de *gurus*, en Iran, celui d'*ustad*. L'entraînement extrêmement physique, qui se déroule dans une fosse de sable, vise à développer puissance, force, fluidité de mouvement, technique et souplesse.

Développement de la force

L'entraînement privilégie les exercices d'endurance physique. La tradition veut que les pratiquants portent de lourds anneaux de pierre, parfois autour du cou, afin de développer la musculature de la partie haute du corps. Ces exercices incluaient aussi la levée de blocs de pierre ou de rondins de bois. Aujourd'hui, les pratiquants s'entraînent le plus souvent à tirer des billes de bois, sur lesquelles sont parfois juché le maître, tractées plusieurs fois le long du périmètre de la fosse de sable. Cet exercice d'échauffement permet également d'aplanir le sable de la fosse avant l'entraînement.

Exercices d'entraînement

La fosse d'entraînement porte le nom d'*akharda*. Une séance dure de quatre à six heures, débute à cinq heures du matin, lorsque la température est encore fraîche et plus propice à l'effort physique. Une journée d'entraînement peut démarrer par une course de fond de 8 à 16 km, suivie d'exercices de grimper, le long de cordes d'environ 15 m, fixées à des branches d'arbres. Les pratiquants grimpent et redescendent à la seule force de leurs bras, de façon à renforcer la musculature du haut du corps. Les novices pratiquent sauts et pompes. Étirements et techniques de yoga sont suivis d'un entraînement au combat réel. La journée s'achève par une séance de musculation, incluant exercices d'haltérophilie et d'endurance.

Régime alimentaire strict

La consommation de certains aliments est strictement interdite aux lutteurs, comme le souligne l'école Sâmkhya de philosophie védique. Selon ce système philosophique, toute chose peut être classée selon trois états, *sattva* (calme), *rajas* (passion) et *tamas* (passivité). Un bon lutteur doit ingérer de grande quantité d'aliments sattva, amandes, lait ou ghee (beurre clarifié), figues, pommes, bananes, pastèques, citrons et groseilles. Ces aliments, les légumes verts et le jus d'orange sont considérés comme excellents. La nourriture épicée est proscrite, comme l'usage du tabac ou de l'alcool.

Le statut des lutteurs

Véritable sport national, le kushti ne dispose pas encore en Inde d'infrastructures spécialement dédiées à la discipline. Les lutteurs gagnent peu d'argent, mais nombre de pratiquants se rendent en Occident pour des tournois ou des rencontres olympiques. Plusieurs spécialistes occidentaux de la discipline effectuent régulièrement des séjours dans des écoles de lutte indienne. Différentes formes de lutte contemporaines, comme le shootfighting ou certaines formes de catch ont emprunté les techniques de projections et de soumission du kushti.

▲ **MANŒUVRE DE DOMINATION**
Ce lutteur de kushti à la recherche d'une prise sûre pèse sur le haut du corps de l'adversaire, avant de le retourner et de l'immobiliser au sol.

EN COULISSES

LUTTEURS DE KUSHTI

LES ÉCOLES DE LUTTE TRADITIONNELLE INDIENNE – comme celle de l'akharda du gourou Hanuman de New Delhi, présentée ici – regroupent des milliers de pratiquants de tous âges qui perpétuent avec fierté la tradition de cet art ancestral.

Pratiques et croyances qui entourent la lutte indienne traditionnelle sont très éloignées de l'esprit bravache et de la publicité faite autour du monde de la lutte professionnelle américaine, même si toutes deux font figure de styles majeurs de la discipline. Les lutteurs de kushti sont d'humbles combattants, vouant leur vie à l'entraînement et à la compétition, respectueux des maîtres et de leur école. La journée type d'un lutteur indien débute à 5 heures du matin par une course de fond de 8 km. De retour au gymnase, les lutteurs se scindent en plusieurs groupes. Les plus âgés développent leur musculature avec l'haltérophilie, les plus jeunes s'attellent à des exercices d'étirements. Les jeunes lutteurs s'entraînent ensuite en duo aux techniques de combat. Plus tard, tous les lutteurs, vêtus d'un simple pagne, travaillent à l'extérieur le grimper de corde et les pompes. L'heure du repas marque le moment de répit dans cette journée d'entraînement. Les lutteurs savourent les bienfaits d'une douche, d'un repas et de quelques heures de repos. L'entraînement reprend dans une fosse remplie de sable, aplanie par la traction de lourdes billes de bois ou de blocs de béton, avant le début des combats où les lutteurs mettent en pratique les techniques apprises au cours de l'entraînement.

EXERCICES MATINAUX

Préparer le corps au combat ou l'assouplir constituent la base de toute discipline sportive exténuante, comme le kushti. Après leur course de fond matinale, les jeunes lutteurs pratiquent une série d'exercices d'assouplissement des jambes et d'étirement du haut du corps durant près de 30 minutes. Cette préparation est indispensable avant la journée d'entraînement. La position du poirier (à droite) renforce la musculature du cou et des épaules.

PRÉCIEUX BUTIN

Les écoles de kushti organisent régulièrement des tournois entre établissements, afin de juger des performances de leurs élèves. L'école de lutte traditionnelle du gourou Hanuman, à New Delhi, est fière d'exhiber sa collection de trophées, empilés dans un coin du gymnase.

HALTÉROPHILIE

Une bonne musculature du haut du corps aide les lutteurs de kushti à repousser l'adversaire durant les prises et facilite l'exécution des manœuvres de projection ou d'arraché. Les lutteurs consacrent en règle générale près d'une heure à la pratique de l'haltérophilie, afin d'entretenir puissance et force physique.

PARFAIRE LA PRATIQUE

Lorsque les entraîneurs jugent que les élèves sont suffisamment échauffés, le groupe se scinde en duos qui s'attellent à la mise en pratique de techniques spécifiques. Les élèves répètent différentes prises, manœuvres d'immobilisation, clés et projections qui seront plus tard exécutées en tournois individuels. Ces séances d'entraînement matinal relèvent parfois de la compétition, mais le but recherché est de parfaire, à travers un travail en duo, les techniques enseignées.

GRIMPER DE CORDE

Le grimper de corde est un des aspects incontournables de l'entraînement. À la seule force de leurs mains et de leurs bras, les élèves doivent grimper et redescendre le long d'une corde de 15 m. Conçu pour développer la musculature de la partie supérieure du corps, l'exercice qui fait suite à la mise en condition physique matinale se révèle une formidable épreuve d'endurance.

EXERCICE DE MUSCULATION

Après une séance éreintante de grimper de corde, le maître fait réaliser à ses élèves une série de pompes, suivie de la levée, bras tendus, d'une lourde pierre fixée par une ficelle à un morceau de bois. L'entraînement comporte parfois un exercice exigeant que le lutteur se tienne debout, la tête calée au creux d'un lourd disque de pierre. L'incroyable pression exercée sur les muscles du cou explique que l'exercice soit réservé aux plus forts des lutteurs.

FIN DE SÉANCE

La matinée d'entraînement dans une école de kushti se termine généralement par la préparation de la fosse de lutte, pour les tournois de l'après-midi. Ci-contre, un élève aère le sable trop compacté. Une fois ces tâches accomplies, les lutteurs prennent le temps d'une douche rafraîchissante avant le repas.

MOMENTS DE DÉTENTE

Après l'entraînement, les élèves cuisinent et mangent ensemble. Le régime alimentaire des lutteurs de kushti obéit aux règles dictées par l'école Sâmkhya de philosophie védique. Le menu se compose exclusivement d'aliments *sattva* (calme), *rajas* (passion) et *tamas* (passivité). Le repas est toujours suivi d'une sieste méritée.

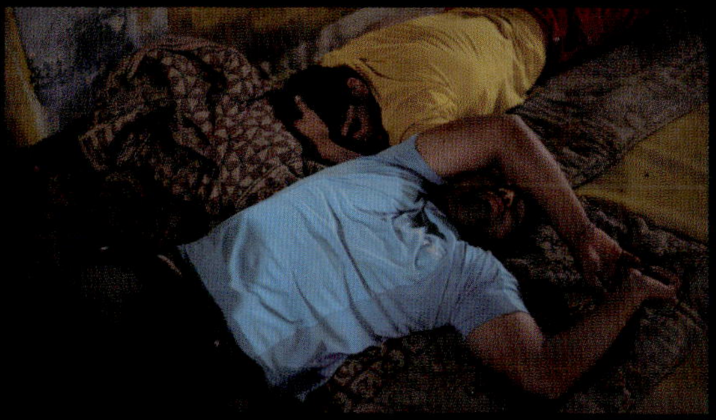

PRÉPARATION DE LA FOSSE

Le travail de préparation de la fosse de lutte n'a rien d'une basse besogne, mais fait partie intégrante de la formation du lutteur. Après avoir aspergé le sol d'eau, les élèves aplanissent tour à tour le sable en tractant un large bloc de pierre sur toute la surface de la fosse. Cet exercice est idéal pour parfaire la force physique des lutteurs. Les plus forts réussissent même à tracter un bloc de pierre sur lequel se tient juché un de leurs compagnons.

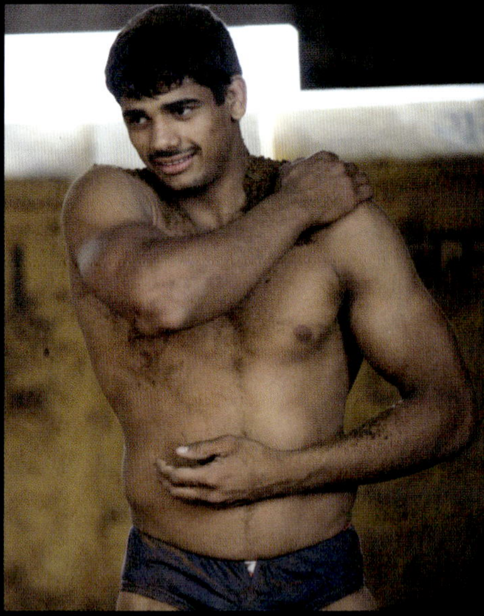

PRÉPARATION PHYSIQUE

Les arts de la lutte, comme le kushti, exigent des lutteurs une parfaite maîtrise des prises. Avant chaque duel, le lutteur enduit son corps et celui de son adversaire de terre humide ramassée dans la fosse.

RECHERCHE D'UNE PRISE

Après une longue journée d'entraînement, les lutteurs ont l'occasion de mettre en pratique les techniques et les exercices enseignés. Le combat débute par une poignée de main cordiale, avant que chacun des lutteurs commence à évaluer l'adversaire et cherche à prendre l'avantage. Une tactique répandue consiste à chercher une prise sûre en agrippant le maillot de coton de l'adversaire.

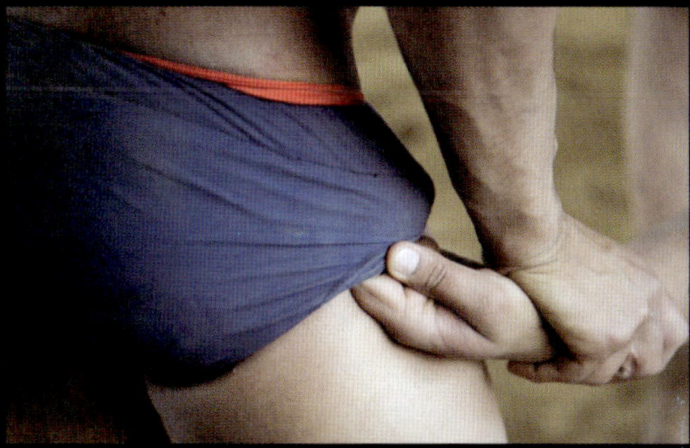

MANŒUVRE DÉCISIVE

Avec cette attaque réglementaire, le lutteur en maillot bleu cherche à mettre fin à la rencontre. Son adversaire étant légèrement déséquilibré, il use de sa supériorité physique et technique pour le projeter au sol et remporter le combat, après une manœuvre d'immobilisation. Le perdant devra redoubler d'effort lors de la prochaine séance d'entraînement.

CHINE ET EST ASIATIQUE

Plusieurs généraux d'armée ont ainsi enrichi de leurs compétences les arts martiaux chinois. Pour le Mongol Gengis Khan, dont les armées avaient conquis la majeure partie de l'Asie du Sud – dont la Chine tout entière – au cours du XIIIe siècle, la pratique du bkyukl bökh (aussi connu sous le nom de lutte mongole, *voir* p. 54) restait la meilleure façon de maintenir les troupes sur le pied de guerre. Deux styles de cet art sont toujours pratiqués, l'un en Mongolie, l'autre en Mongolie-Intérieure.

Regain de popularité

Il faudra attendre la période républicaine (1912-1949), époque où la Chine se relève du déclin de la dynastie Qing, fait face à l'invasion japonaise et à la guerre civile chinoise, pour que la pratique des arts martiaux commence à se vulgariser. Animé d'un mouvement de fierté nationale, le gouvernement chinois regroupe tous les arts martiaux sous le terme *guosho* ou « art national ». L'enseignement des pratiques martiales est encouragé, une multitude de manuels d'entraînement sont publiés, des diplômes sont créés et des équipes de démonstration commencent à sillonner le monde – la première démonstration d'art martial devant un public international se déroule aux Jeux olympiques de Berlin, en 1936.

Sous pression

La fondation de la République populaire de Chine, le 1er octobre 1949, et plus particulièrement la Révolution culturelle, entre 1966 et 1976, marquent un tournant décisif pour les arts martiaux chinois. La généralisation de la pratique des arts martiaux n'est plus au programme et certains systèmes sont modifiés, afin de refléter la doctrine maoïste. Quelques illustres pratiquants s'exilent à l'étranger pour enseigner leur art auprès de communautés chinoises, avant d'accepter des élèves non chinois et de diffuser leurs pratiques au sein de communautés réparties à travers le monde. Le gouvernement chinois décide néanmoins de tirer profit de l'un des symboles les plus emblématiques du pays.

En 1949, le terme *wushu* – appellation générique regroupant différents arts martiaux et signifiant « adresse martiale » ou « art martial » – commence à se vulgariser. La Commission nationale de la culture physique et du sport cherche à travers ce terme à codifier et standardiser les arts traditionnels, et s'emploie à développer des programmes

▲ TRADITIONS ANCESTRALES
Moines de Shaolin à l'entraînement, armés de longs bâtons, une des armes les plus importantes de la boxe de Shaolin (*voir* pp. 57-67). Cannes et bâtons étaient toujours disponibles, ce qui permettait aux moines de toujours disposer de ces armes lors de leurs voyages et ainsi de se protéger des attaques.

◀ DOUBLE DAGUE
Enseigné aux pratiquants les plus expérimentés, le maniement de ces doubles dagues exige puissance, rapidité, rigueur dans les postures et agressivité. Des armes efficaces en attaque, comme en défense.

> « CONNAÎTRE LES AUTRES RELÈVE DE L'INTELLIGENCE, SE CONNAÎTRE SOI-MÊME EST LA VRAIE SAGESSE. DOMINER LES AUTRES RELÈVE DE LA FORCE, SE MAÎTRISER SOI-MÊME EST LE VRAI POUVOIR. »

LAO-TSEU, PÈRE FONDATEUR DU TAOÏSME

d'entraînement en vue de la compétition. Ces programmes se divisent en trois catégories, le *chang-quan*, le *taiji-quan* et le *nan-quan* (*voir* pp. 89, 80-87, 121). Le *chang-quan* s'appuie sur des styles d'arts martiaux acrobatiques originaires du nord de la Chine. Le *taiji-quan*, basé sur des mouvements lents, fluides et gracieux, mêle art martial et gymnastique douce. Le *nan-quan* distingue des styles de boxe associant frappes lourdes et rapides, probablement originaires du sud de la Chine.

Les arts martiaux chinois contemporains

De nos jours, les disciplines martiales chinoises se classent en différentes familles. Certains styles s'inspirent de mouvements d'animaux, d'autres portent le nom de leurs fondateurs. Les pratiques sont parfois différenciées selon leur champ d'application, interne (« souple ») ou externe (« dur »). Certaines sont regroupées en fonction de leur localisation géographique. Ainsi, les styles développés au nord du Yangzi Jiang, « styles du

ÉVÉNEMENT ANNUEL
Les pratiquants de lutte mongole ou bkyukl bökh (*voir* p. 54) se réunissent aux environs d'Oulan-Bator, dans le nord de la Mongolie, pour participer au plus important rassemblement de la discipline, lors de la fête de Naadam, attirant chaque année près de 1 000 lutteurs. Au XIIIe siècle, les armées de Gengis Khan se préparaient au combat en pratiquant ce sport.

PERFORMANCE COLLECTIVE
Démonstration de tai-ji-quan. Plus de 18 000 participants, lors de la cérémonie d'ouverture de la Fête du tourisme et de la culture, en 2007, dans la province du Guandong.

nord », associent frappes du pied rapides et puissantes à des mouvements vifs et fluides. Les « styles du sud » privilégient les techniques s'appuyant sur la force des bras et des mains, les postures stationnaires et les jeux de jambes rapides.

La philosophie, la religion, la médecine traditionnelle chinoise, l'herboristerie, mais aussi la médecine populaire, jouèrent un rôle déterminant dans l'évolution des arts martiaux chinois. La Chine est aujourd'hui le pays le plus peuplé au monde et ses 1,3 milliard d'habitants – dont près de 55 minorités ethniques, en plus de l'ethnie majoritaire des Hans – ont tous participé à enrichir de leurs traditions, de leurs cultures et de leurs croyances les arts martiaux chinois.

Les arts martiaux coréens

La Corée voue un véritable culte aux arts martiaux. Chaque rue, ou presque, de Séoul abrite son *dojang* ou école d'art martial, alors que le taekwondo est enseigné à travers tout le pays dans les écoles primaires, depuis les années 1970. Aujourd'hui, près de 50 millions d'individus répartis à travers la planète pratiquent cette discipline olympique.

Les arts martiaux coréens ont été modelés par le bouddhisme et le confucianisme. Le premier introduisit son code martial, sous la dynastie Silla (57 av. J.-C.-935 apr. J.-C.), inspiré des règles bouddhiques de morale et de comportement, prônant la loyauté envers son roi, l'obéissance à ses parents, une conduite honorable avec ses amis, le courage au combat et la mise à mort de l'ennemi seulement en cas de force majeure.

> « TOUT DOIT RESTER CONNECTÉ LORSQU'UNE PARTIE DU CORPS EST EN MOUVEMENT. TOUT DOIT ÊTRE EN MOUVEMENT. SI UNE PARTIE DU CORPS EST IMMOBILE, TOUT DOIT ÊTRE IMMOBILE. »
>
> CHENG MAN-CH'ING, GRAND MAÎTRE DE TAI-JI-QUAN

FORCES D'OCCUPATION
Groupe de fonctionnaires japonais dans les rues d'une cité coréenne, au début des années 1900. Nombre d'arts martiaux coréens autochtones furent interdits durant l'occupation japonaise qui fit suite à la guerre sino-japonaise, en 1894.

Les origines des arts martiaux coréens

L'isolationnisme précoce de la Corée explique que nombre des disciplines martiales n'aient pas été influencées par l'évolution et les progrès technologiques. Les Coréens qui privilégiaient l'usage de l'arc, ne développèrent pas autant que la Chine ou le Japon les arts de combat armé, basés sur le sabre ou les lames. De même, les pratiques axées sur le maniement du bâton, ou *bo*, peinèrent à s'implanter dans le pays.

Les premiers témoignages d'un art martial coréen remontent à la dynastie Koguryo, fondée en 37 av. J.-C. Les fresques des tombes de l'ancien royaume de Koguryo, dont celle de Samboo-Song, situées dans la province chinoise actuelle de Jilin, montrent des guerriers engagés dans des combats à mains nues. Des tournois de lutte coréenne, discipline comparable au sumo (*voir* pp. 226-233), étaient souvent organisés lors des jours fériés nationaux de l'ancienne Corée. Le ssireum (*voir* p. 126), cette forme de lutte coréenne traditionnelle, reste encore aujourd'hui très populaire. Les Coréens ont décroché nombre de titres olympiques et internationaux dans cette discipline.

Influences japonaises

Les arts martiaux coréens évoluèrent suite à la guerre sino-japonaise de 1894, suivie de l'invasion et de l'occupation du pays par l'armée impériale japonaise. À la libération de la Corée, de nombreux arts martiaux sont codifiés et popularisés. La nation et plus particulièrement l'armée reconnaissent l'impact de cette politique qui met à l'honneur les disciplines de combat à mains nues.

Après la guerre, beaucoup de Coréens émigrés au Japon pour y travailler participèrent à leur tour à influencer le monde des arts martiaux japonais.

SPORT NATIONAL
Le ssireum (*voir* p. 126) est très pratiqué à l'occasion de fêtes nationales. L'objectif est de faire toucher terre à n'importe quelle partie du corps de l'adversaire située au-dessus du genou.

Bkyukl bökh

SIGNIFICATION
« LUTTE » EN MONGOL
DATE
ART AUTOCHTONE
FONDATEUR
ANONYME
SOURCE
MONGOLIE

On distingue deux styles de bkyukl bökh, le premier pratiqué en Mongolie, le second plus populaire en Mongolie-Intérieure. Les pratiquants exécutent toujours une danse rituelle avant un tournoi. Cette chorégraphie reproduit des mouvements d'animaux, faucon ou phénix, en Mongolie; lion, tigre ou cerf en Mongolie-Intérieure. Si la danse fait figure de rituel d'échauffement et de préparation psychologique, ses origines plongent au cœur des pratiques chamaniques mongoles.

Comme le tir à l'arc et l'équitation, la lutte est considérée dans les sociétés mongoles comme l'un des trois talents indispensables à l'homme. Pour le grand guerrier mongol Gengis Khan, la lutte restait la méthode la plus efficace pour maintenir ses troupes prêtes à combattre.

Les Mongols n'oublient pas l'importance historique de cet art, à l'époque où leurs compatriotes des steppes se trouvaient en permanence sur le pied de guerre. Le bkyukl bökh est intimement lié aux traditions pastorales des nomades des steppes d'Asie centrale.

La lutte mongole n'est plus aujourd'hui pratiquée à des fins militaires, mais ce sport national de Mongolie a conservé intacte l'aura de son passé prestigieux.

Tenue de rigueur

La tenue traditionnelle d'un lutteur est composée de trois pièces de vêtements, le *dzodog shudan,* sorte de gilet à manches longues, en soie, laine ou coton, ouvert de façon à exposer le torse du lutteur, les *gutal* ou bottes de cuir à pointes retournées, parfois fixées aux jambes du lutteur à l'aide de cordelettes, afin qu'il ne les perde pas durant le combat, et enfin le *shuudag*, une culotte courte moulante qui facilite les mouvements.

Les tournois de Naadam

Le plus important et le plus populaire des rassemblements pour les pratiquants de bkyukl bökh se déroule lors de la fête de Naadam, aux environs d'Oulan-Bator, dans le nord de la Mongolie. La lutte mongole est un sport sans concession, sans catégories de poids ou limites de temps imposées. Est déclaré gagnant le lutteur qui reste invaincu en fin de tournoi. Lors d'un combat, la victoire revient au lutteur qui force son adversaire à poser genou, dos ou épaule au sol. Cette réglementation diffère de la règle en vigueur en Mongolie-Intérieure où le lutteur est déclaré vaincu qu'elle que soit la partie de son corps ayant touché terre. Coups et clés d'immobilisation sont interdits dans les deux styles.

▲ DÉBUT DES TOURNOIS
Lors de la cérémonie d'ouverture de la fête de Naadam, une parade réunit tous les participants revêtus de leur costume national.

▼ STYLE DE LUTTE MONGOLE
Affrontement de deux lutteurs lors de la fête de Naadam. La discipline ne fixe aucune catégorie de poids et aucune limite de temps lors des combats.

Tian shan pai

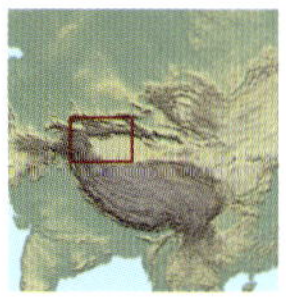

SIGNIFICATION
LE NOM FAIT RÉFÉRENCE À LA CHAÎNE MONTAGNEUSE DU TIAN SHAN, DANS LA PROVINCE DU XINJIANG
DATE
ART AUTOCHTONE
FONDATEUR
HUNG YUN DZU
SOURCE
PROVINCE DU XINJIANG, CHINE

Cette pratique du nord de la Chine fut élaborée par Hung Yun Dzu, dans les montagnes du Tian Shan, au nord-ouest de la Chine. Enfant, Hung Yun Dzu avait passé deux jours agenouillé devant un temple, suppliant un moine de lui enseigner les techniques d'un style de combat ancestral.

Double blocage

Cette discipline est réputée pour son jeu de jambes et son art de l'esquive, mais surtout pour sa technique de double blocage qui permet en cas d'échec d'une première parade de réussir à bloquer l'attaque de l'autre main. L'accent est mis sur les frappes simples mais, en plus du combat à mains nues, la discipline se décline en différentes formes armées, intégrées à l'enseignement de la pratique.

▲ **POSTURE CLASSIQUE DU CHEVAL**
La main gauche pare une attaque par l'arrière, et la main droite brandit l'arme (épée-tigre à crochet yin-yang) en direction de l'adversaire.

Boabom

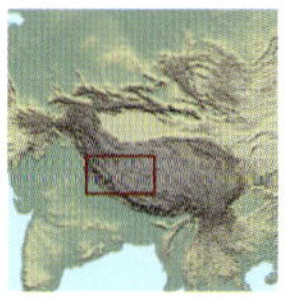

SIGNIFICATION
INCONNUE
DATE
ART AUTOCHTONE
FONDATEUR
ANONYME
SOURCE
TIBET HIMALAYEN

Dans ce système, l'apprentissage n'est pas basé sur la répétition et évite le contact physique. L'objectif pour le pratiquant est de parvenir à un niveau de confiance en soi tel que le combat se révèle inutile.

Les exercices visent à parfaire agilité, équilibre, réflexes, spontanéité et respiration. L'enseignement de certains mouvements s'appuie sur le maniement du bâton. L'arme est alors perçue comme une extension naturelle du corps, mais les techniques et les principes de mouvements restent identiques, avec ou sans arme.

Hop-gar

SIGNIFICATION
« POING DE CANON » EN TIBÉTAIN
DATE
XVe SIÈCLE
FONDATEUR
AH DAT TOL
SOURCE
TIBET

Le hop-gar est lié au système dit de « l'école des lamas » *(lama-pai)* et au système tibétain de la grue blanche, tous deux dérivés du « rugissement du lion » (*voir* pak hok pai, ci-dessous). Cette discipline est essentiellement pratiquée dans le sud de la Chine.

Le style se caractérise par l'absence de blocages, le maintien de l'adversaire à longueur de bras, les changements rapides de direction et la lucidité à la base de chaque mouvement.

Pak hok pai

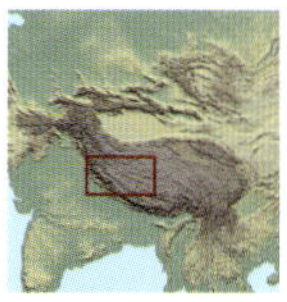

SIGNIFICATION
« BOXE DE LA GRUE BLANCHE » EN CANTONAIS
DATE
INCONNUE
FONDATEUR
AH DAT TOL
SOURCE
TIBET

Cet art vit le jour au Tibet sous la dynastie Ming (1368-1644). Selon la légende, un lama tibétain prénommé Ah Dat Tol aurait assisté lors d'une séance de méditation au combat d'une grue blanche et d'un singe noir. Impressionné par la dextérité et la rapidité de mouvement du singe, mais aussi par la grâce de la grue, il s'inspira de cette scène pour créer un nouveau système qu'il nomma le « rugissement du lion ».

Cette appellation originale faisait référence à un *sûtra* évoquant la naissance de Bouddha où il est dit : « … il émit un son qui fit trembler la terre, tel le rugissement du lion ». Le rugissement du lion est perçu comme la création ou le point de départ d'un événement important. Dans les années 1800, le système fut amélioré et rebaptisé « secte de la grue blanche » par le lama Duo-Lu-Ki-Tan.

Principes de base

Le système s'appuie sur quatre grands concepts : le *chan*, « la cruauté », signifiant que le combattant doit adopter une mentalité de dominant et ne jamais capituler avant la fin du combat ; le *sim*, ou maîtrise des mouvements du corps pour parer toute attaque ; le *jit*, insistant sur l'importance à devancer le combat ; le *cheung* mettant l'accent sur de puissantes frappes du poing visant l'adversaire et les cibles. Selon la tradition, les frappes doivent atterrir à 7,5 cm, à l'arrière du corps de l'adversaire, autrement dit le traverser.

Emei-quan

SIGNIFICATION
« POING DU MONT EMEI » EN MANDARIN
DATE
ART AUTOCHTONE
FONDATEUR
ANONYME
SOURCE
PROVINCE DU SICHUAN, CHINE

Le nom de cet art fait référence au mont Emei, situé dans la province occidentale du Sichuan. Ce système regroupe positions basses et stables, mouvements sautillants et puissantes actions en revers liées à un travail des poignets. L'entraînement fait appel à l'usage de mannequins de bois et d'armes. Une des caractéristiques du système tient à la façon dont les pratiquants utilisent la force, à la fois pour esquiver les attaques et délivrer leurs frappes. La discipline intègre des techniques issues de la boxe du singe (*voir* p. 102) et ses variantes se révèlent toutes spectaculaires.

Moins populaire hors de l'Asie que la boxe de shaolin (*voir* p. 57), l'emei-quan compte au nombre des cinq principaux systèmes reconnus en Chine.

▼ **UNE FAUNE ABONDANTE**
Le mont Emei est réputé pour la richesse de sa faune et ses styles de kung-fu aux techniques inspirés des mouvements d'animaux.

> « LE PAK HOK PAI SE CARACTÉRISE PAR UNE ABSENCE DE BLOCAGE, DES TECHNIQUES D'ARMES LONGUES, D'HABILES CHANGEMENTS DE DIRECTION ET UNE LUCIDITÉ DANS LE MOUVEMENT. »
>
> LAMA AH DAT TOL

Bak-fu pai

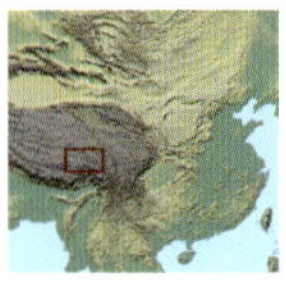

SIGNIFICATION
« BOXE DU TIGRE BLANC » EN CANTONAIS

DATE
INCONNUE

FONDATEUR
FUNG DOE DUK (FENG DAO DE)

SOURCE
PROVINCE DU SICHUAN, CHINE

▲ LA GRIFFE DU TIGRE
La main droite agrippe et attire vers le combattant un adversaire imaginaire, la main gauche s'apprête à griffer le visage.

Selon la légende, Fung Doe Duk (Feng Dao De), fondateur du système et expert en arts martiaux, fut l'un des rares moines rescapés de l'incendie qui ravagea l'aile sud du monastère de Shaolin, en 1723. Alors qu'il méditait sur le mont Emei, une déesse assise sur un trône d'or lui apparut et lui enseigna une série de méditations *fae fung sunn gung* bénéfiques pour le corps et l'esprit. Mais la déesse le mit en garde, car exercices et méditations relevaient de la providence, et le moine aurait à choisir avec la plus grande prudence celui qui était digne de cet enseignement. De quoi justifier la tradition du secret qui a toujours entouré cette pratique.

Le bak-fu pai regroupe aujourd'hui nombre de styles chinois du sud basés sur des attaques frappées du poing et du pied, dont le « coup de poing inversé ». Coups de pied bas au tibia et coups de pied au genou sont des tactiques fréquemment utilisées. L'apprentissage inclut aussi l'étude de la méditation et de la nutrition, et des techniques comme la « paume de fer ». La frappe la plus spectaculaire consiste à briser une noix de coco du poing ou de la paume la main, ce qui exige de nombreuses années de pratique. Un éclat net témoigne d'une solide maîtrise de cette technique.

Liu-he-quan

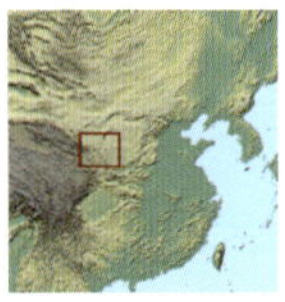

SIGNIFICATION
« BOXE DU CŒUR DES SIX HARMONIES » EN MANDARIN

DATE
MILIEU DU XIXe SIÈCLE

FONDATEUR
LEE DONG FENG

SOURCE
PROVINCE DU SHAANXI, CHINE

Le principe de base tient en la croyance selon laquelle l'impact ou la force d'une frappe est plus important lorsque le corps travaille comme une unité harmonieuse. Cet art martial distingue deux éléments, l'externe et l'interne, possédant chacun trois harmonies ou combinaisons. *Wai Shan He* (harmonies externes) renvoie à la coordination entre les hanches et les épaules, les genoux et les coudes, les pieds et les mains. Pour que la frappe atteigne sa puissance maximale, toutes les parties du corps et de l'esprit doivent agir en parfaite harmonie les unes par rapport aux autres. *Nei Shan He* (aspects internes) fait référence à la façon dont l'esprit s'harmonise avec l'intention, l'intention avec l'énergie physique et l'énergie physique avec la force.

Les six harmonies œuvrent de concert afin de délivrer les plus efficaces des frappes.

> « EN TEMPS DE PAIX, COMMENT ME DÉFENDRE SI JE SUIS DÉSARMÉ ET ME RETROUVE CONFRONTÉ À L'INATTENDU ? »
>
> LEE DONG FENG, FONDATEUR DU LIU-HE-QUAN

Bak mei

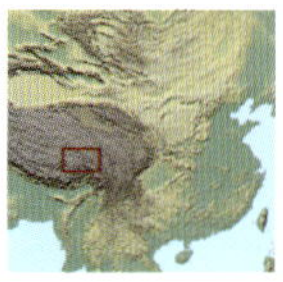

SIGNIFICATION
« SOURCILS BLANCS » EN CANTONAIS

DATE
ENTRE 1650 ET 1700

FONDATEUR
BAK-MEI

SOURCE
PROVINCE DU SICHUAN, CHINE

Ce système aurait été développé par un moine de Shaolin, surnommé Bak-mei (« sourcils blancs »). Certains pratiquants prétendent que le moine en question était en réalité un traître et un espion, au service de la dynastie Qing (1644-1911), ce qui expliquait qu'il ait réussi à s'échapper de l'incendie qui ravagea le monastère.

Les puristes continuent d'entretenir une certaine animosité à l'égard de cette discipline et certains maîtres refusent d'enseigner les arts de Shaolin aux étudiants ayant préalablement pratiqué le bak mei.

Principes de puissance

Ce système puissant et complexe se caractérise par l'importance accordée au combat rapproché, à l'agressivité et à la force explosive des frappes. Les parades en force interviennent souvent lors d'enchaînements décisifs. Les mouvements des mains visent à fouetter, couper et frapper. Les pratiquants expirent violemment lorsqu'ils assènent leurs frappes du poing.

Le cœur de ce système martial repose sur quatre principes : flotter, couler, avaler et couper. Ces principes font directement référence aux déplacements lors des mouvements – vers l'avant, les côtés, le haut ou le bas – et particulièrement à la délivrance ou au tranchant de la puissance, mais aussi à l'avalement ou à l'absorption de la force. D'autres techniques de combat essentielles dans ce système font appel à des tactiques d'enfoncement, de saut, de poussée et de neutralisation.

Ce style a été mis à l'honneur dans différents films hongkongais populaires, dont *The Shaolin Heroes* ou *Shaolin Yng Xiong* (1980).

NOTE DE L'AUTEUR

Le bak mei est un système de combat efficace et direct, exigeant des frappes directes violentes et des mouvements d'enfoncement de la « carapace » de l'adversaire. Le bak mei est le seul art que j'aie pratiqué où, avant chaque séance, l'entraîneur me tendait un mouchoir pour me moucher en raison des mouvements amples de libération accomplis pendant l'entraînement, et un autre après pour éponger le sang qui ne manquerait pas de couler de mon nez.

▼ FILMS CULTES
Plusieurs superproductions hollywoodiennes ont contribué à populariser le bak mei et les arts martiaux chinois en général.

Boxe de shaolin

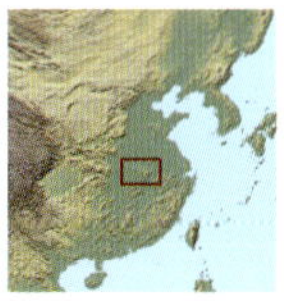

SIGNIFICATION
ARTS DU MONASTÈRE DE SHAOLIN

DATE
VERS LE VIe SIÈCLE

FONDATEUR
BODHIDHARMA

SOURCE
MONT SONG, PROVINCE DU HENAN, CHINE

La boxe de Shaolin fait en réalité référence à différentes formes de boxe dont les origines remontent toutes au célèbre monastère de Shaolin. On considère généralement que le style comporte des caractéristiques externes, privilégiant force physique, rapidité, agilité et condition physique.

Le père fondateur

Le moine bouddhiste indien Bodhidharma, connu en Chine sous le nom de Pu Ti Da Mo, serait responsable de l'introduction de pratiques yogiques au sein du monastère de Shaolin. La légende veut que ces pratiques aient évolué, jusqu'à donner naissance à ce que nous appelons aujourd'hui le kung-fu. Une version remise en question par les spécialistes, néanmoins certains de la présence au monastère d'un moine prénommé Da Mo, passé maître du temple entre 512 et 517, à l'origine d'un enseignement basé sur la pratique d'une série de 18 exercices basiques connus sous le nom de « 18 mains des Luo Han ».

Les moines combattants

Au cours du Ier millénaire apr. J.-C., les moines combattants de Shaolin acquirent une solide réputation d'invincibilité. Des témoignages de l'année 612, font état du rôle décisif des moines lors de la bataille de la porte de Hu Lao qui conduisit à la défaite de Wang Shi Chong. Si cet épisode est mentionné dans les archives du monastère, rien ne permet d'affirmer que les moines avaient intégré la pratique des arts martiaux à leurs exercices d'entraînement.

Le Nord contre le Sud

La boxe de Shaolin présente deux grandes variantes, « style de boxe du nord » et « style de boxe du sud ». La première fait appel à une combinaison de techniques de mains et de pieds, la seconde se concentre sur les techniques de mains. Les deux styles ont exploité la force et la faiblesse des os, des muscles, des tendons et de l'esprit pour créer le plus célèbre de tous les systèmes d'arts martiaux chinois.

LA LÉGENDE DE BODHIDHARMA

Bodhidharma quitta l'Inde et arriva en Chine, avec pour objectif la diffusion du bouddhisme Chan dans le pays. Il rendit visite à l'empereur Liang Wudi, avec qui il s'entretint longuement des principes fondamentaux du bouddhisme, avant de se diriger vers la province du Henan et du mont Song où se dressait le monastère de Shaolin. Bodhidharma finit par s'installer au monastère et s'employa à insuffler force et énergie aux moines de Shaolin, à travers l'enseignement et la pratique de différents exercices d'étirement, dont les *shi-ba-lohan-sho*, inclus dans le traité du *Yi-jing-jing* rédigé en 550.

ENTRÉE PRINCIPALE
En signe d'engagement, les futurs disciples doivent rester agenouillés trois jours durant à l'extérieur du temple. Cette épreuve ne suffit pas à garantir l'admission au sein de cette école.

TECHNIQUE DE LA PAUME DE FER
Moine du monastère de Shaolin, dans la province chinoise du Henan, brisant d'une frappe du poing la glace recouvrant la surface d'un bassin. La force musculaire associée à la maîtrise de l'énergie vitale du qi est à la base de ce mouvement.

EN COULISSES

MOINES DE SHAOLIN

DANS LEUR TENUE ORANGE, les moines au crâne rasé du monastère de Shaolin symbolisent la force de l'esprit et l'adresse au combat depuis plus d'un millénaire. Les arts dont ils sont les créateurs ont inspiré des centaines de disciplines et de systèmes martiaux à travers le monde.

Les exploits des moines de Shaolin et les batailles qu'ils menèrent ont participé à forger ce statut quasi mythique dont ils jouissent en Chine et partout dans le monde. La légende des moines combattants fournit une source d'inspiration inépuisable pour le cinéma et la littérature.

Par tradition, la structure sur laquelle reposait l'entraînement était assez simple. Les combattants se rangeaient en trois catégories : élèves, disciples et maîtres. La règle voulait que les élèves remplissent des tâches domestiques (lessive, préparation des repas, balayage ou ménage). Dans ce groupe, les maîtres choisissaient pour disciples les élèves associant équitablement assiduité, talent et responsabilité. Ces élus se voyaient enseigner l'éthique de Shaolin, des techniques de combat élaborées et l'art de la médecine traditionnelle. Les disciples qui excellaient au combat et en philosophie devenaient maîtres à leur tour.

L'essentiel de cet apprentissage a été maintenu. La tradition de la boxe de Shaolin reste toujours vivace au cœur de la communauté des moines combattants.

> « MENEZ UNE VIE HONORABLE. LORSQUE VOUS VIEILLIREZ ET VOUS TOURNEREZ VERS LE PASSÉ, VOUS GOÛTEREZ AU PLAISIR DE L'APPRÉCIER UNE SECONDE FOIS. »

ADORATION DU BOUDDHA

La participation aux activités religieuses constitue l'essentiel de la vie au sein d'un monastère, mais Shaolin est le seul temple bouddhiste à encourager l'apprentissage des arts martiaux. Prières et exercices d'endurance revêtent la même importance, car la pureté de l'esprit et la force physique sont deux qualités essentielles à la maîtrise du kung-fu.

NAISSANCE D'UNE LÉGENDE

Dressé au pied du mont Song, dans la province du Henan, le monastère de Shaolin est souvent qualifié de creuset des arts martiaux chinois. Détruit et reconstruit maintes fois, il a toujours su maintenir vivaces son enseignement du bouddhisme et ses méthodes d'entraînement.

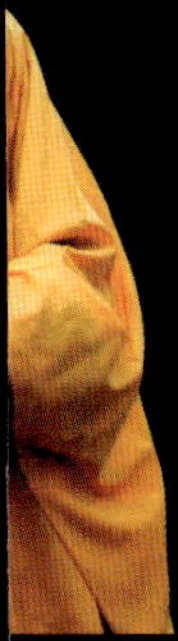

APPROCHE CRÉATIVE

L'étude des textes sacrés et la pratique de la calligraphie (ci-contre) font partie intégrante de l'enseignement des arts martiaux au monastère de Shaolin. Ce travail créatif encourage l'intégrité morale et la prouesse martiale, mais aide aussi les moines à fortifier leur esprit et à cultiver leur qi. La musique et le chant participent aussi à maintenir vivaces la tradition et les exploits passés et présents des moines combattants de Shaolin.

UN TRAVAIL D'AMOUR

Les tâches domestiques entrent dans le programme d'entraînement quotidien des moines. Certains ont pour mission de rapporter des bottes de paille des champs qui entourent le monastère. Le matériau est utilisé comme garniture de matelas. Un repas frugal interrompt la journée débutée au petit matin, avant les corvées ménagères, les exercices de méditation et la poursuite de l'entraînement.

ENTRAÎNEMENT CONTINU

Les moines de Shaolin peuvent pratiquer jusqu'à quatre séances quotidiennes d'entraînement physique. Des séances d'apprentissage éreintantes où la pratique fait appel à l'utilisation de mannequins et de longs bâtons, une des armes incontournables des moines de Shaolin (*voir* page 66). L'amélioration de l'endurance physique occupe une place déterminante dans la préparation.

FORTE TÊTE

Le travail d'amélioration de l'endurance physique et mentale intègre un exercice qui consiste pour les moines à rester le plus longtemps possible en appui sur leur tête. À force d'entraînement, certains exécutent cet exercice sans même prendre appui contre un mur. Série de coups de tête et levée de poids complètent les exercices de préparation physique.

DES MAINS D'ACIER

Le travail de préparation physique s'attache à développer la force des mains. Un des exercices d'entraînement consiste à plonger les mains dans du sable additionné de limaille de fer, afin d'endurcir les articulations des doigts. La force des doigts, des mains et des poignets se révèle essentielle à la mise en pratique efficace de nombre de techniques.

« L'ESPRIT EST À LA RACINE DE TOUTES CHOSES. LE COMPRENDRE, C'EST COMPRENDRE TOUTES CHOSES. »

ATTRIBUÉ AU MOINE LÉGENDAIRE BODHIDHARMA

ENTRAÎNEMENT AU COMBAT ARMÉ

Les 18 armes classiques de la boxe de Shaolin trouvent leur origine dans les armes militaires ancestrales ou correspondent à l'adaptation d'outils agricoles. Une sélection de ces 18 armes est présentée ici, dont la hallebarde ou *guan-dao* (ci-dessous et en bas, au centre), le dard volant ou *biao* (à droite), le sabre ou *dao* (en bas, à gauche) et la hallebarde en pelle ou *chan-dao* (en bas, à droite).

ARMES ET ARMURES

MOINES DE SHAOLIN

SELON LES PRINCIPES BOUDDHISTES, les moines de Shaolin prônent la non-violence, ce qui n'empêche pas l'utilisation d'une quantité impressionnante d'armes lors de l'entraînement au combat. La légende veut que 18 de ces armes classiques « les 18 armes de Luo-han » (*voir* pp. 64-65) aient été mises au point au sein du monastère de Shaolin. Les quatre plus importantes sont le bâton (« le père de toutes les armes »), le sabre (« la justice »), la lance et l'épée droite. Utilisées durant des siècles pour l'entraînement et l'autodéfense, ces armes pourraient être classées en cinq catégories : longue, courte, souple, tranchante et dissimulée.

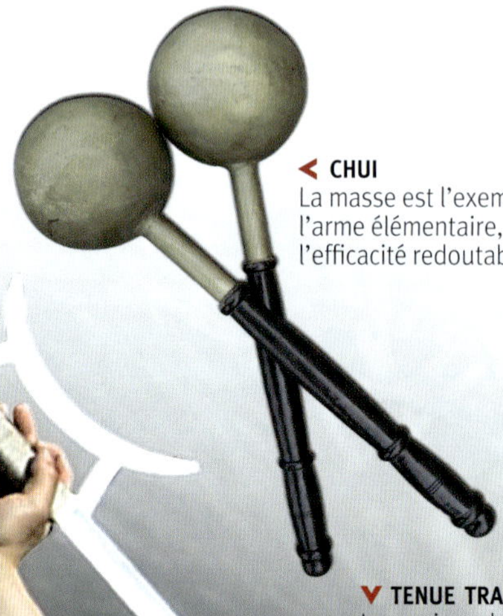

CHUI
La masse est l'exemple type de l'arme élémentaire, mais à l'efficacité redoutable.

TENUE TRADITIONNELLE
Les moines de Shaolin sont généralement drapés dans un uniforr bleu gris (le plus souvent porté par les élèves) ou orange. La tunique des moines combattants peut et doit serv à dissimuler un large éventail d'arme

TRIBÂTON
Une arme redoutable, constituée de trois sections de bois à armatures métalliques, pour le combat à courte ou longue distance.

DOUBLE BÂTON
La plus célèbre des armes de la boxe de Shaolin, à base de deux courtes sections de bois. Un classique décliné sous 36 formes différentes.

GOU
L'épée-tigre à crochet ou crochet du tigre sert à désarmer l'adversaire. La poignée en forme de croissant peut être utilisée pour l'attaque.

POIGNÉE
Efficace en attaque comme en défense.

POINTE AFFÛTÉE
Idéal pour transpercer l'adversaire.

CANNES DE BAMBOU
La disponibilité de ces armes, improvisées à partir de bambou trouvé dans les forêts, explique leur rôle déterminant dans la boxe de Shaolin.

ZI-WU
Ces couteaux croissants de lune sont des armes fatales à plusieurs lames, conçues pour faire face à plusieurs adversaires.

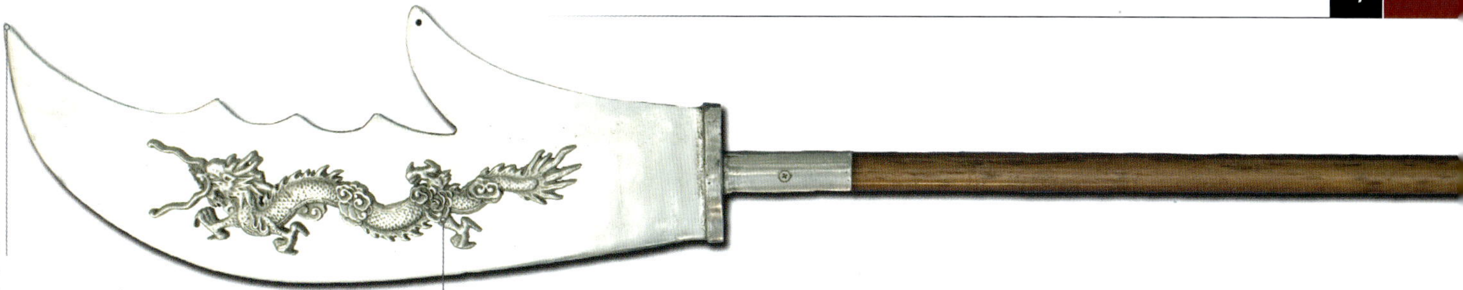

GUAN-DAO
La hallebarde est l'une des 18 armes classiques de la boxe de Shaolin. Elle associe une longue et large lame en forme de croissant (pour trancher et lacérer) à une pointe acérée (pour transpercer).

POINTE
Une extrémité acérée idéale pour une attaque transperçante.

LAME GRAVÉE
Le dragon, animal mythologique, est un symbole de bonheur, d'immortalité, de fertilité et d'activité.

SAN JIAN LIANG REN DAO
Sorte de lance à trois pointes conçue pour transpercer et trancher.

FLÈCHE ACÉRÉE
Une pointe mortelle en cas de frappe lors d'un combat rapproché.

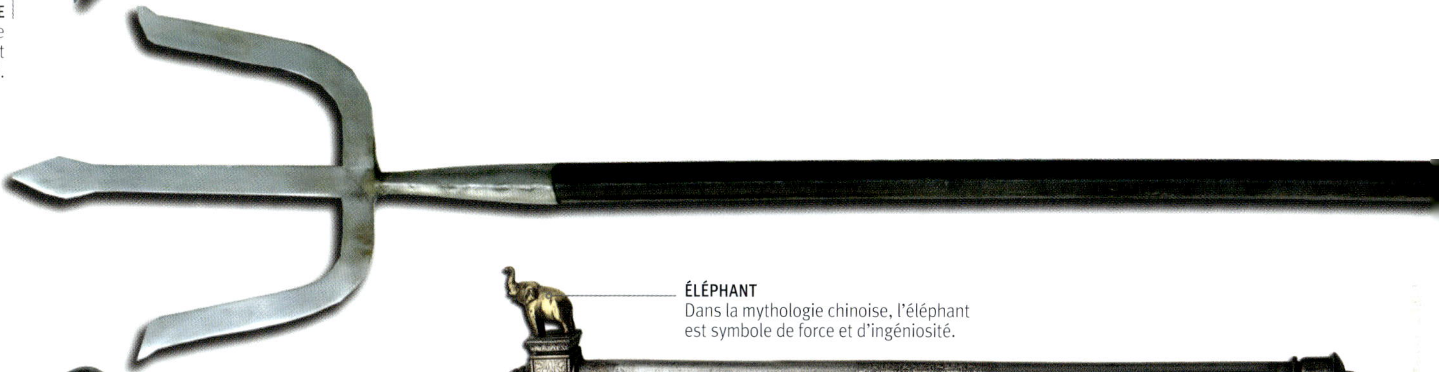

FOURCHE OU TRIDENT DE TIGRE
Semblable à la fourche utilisée par les agriculteurs, cette arme métallique faisait autrefois office d'instrument de pêche.

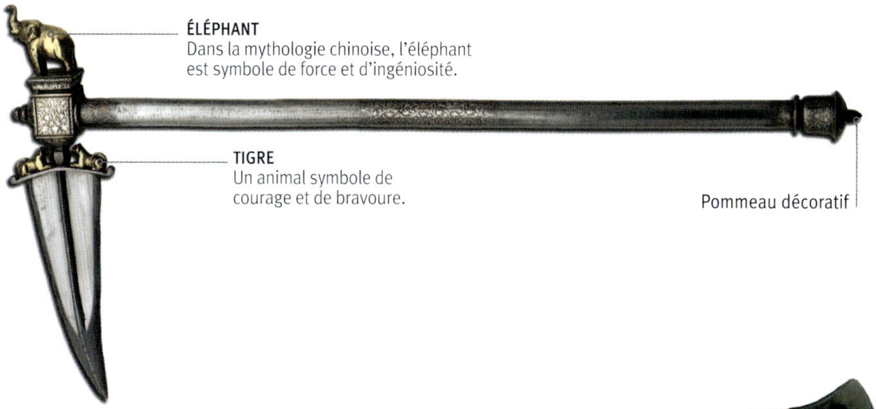

ÉLÉPHANT
Dans la mythologie chinoise, l'éléphant est symbole de force et d'ingéniosité.

FAUCILLE DE GUERRE
Arme emblématique de la boxe de Shaolin, cette faucille inspirée d'un outil agricole est une arme utilisée pour transpercer l'adversaire.

TIGRE
Un animal symbole de courage et de bravoure.

Pommeau décoratif

HALLEBARDE EN PELLE
Une arme polyvalente utilisée en attaque, comme en défense. Les étrangers n'ont pas accès à l'enseignement des techniques de maniement de la hallebarde en pelle.

LAME EN CROISSANT
Arme tranchante efficace, cette lame fait aussi office de contrepoids.

PELLE
Les moines se déplaçaient toujours armés de pelles, outil indispensable aux pratiques d'inhumation.

BÂTON D'ARME
Qualifié de « père de toutes les armes », le bâton indissociable de la légende des moines combattants de Shaolin.

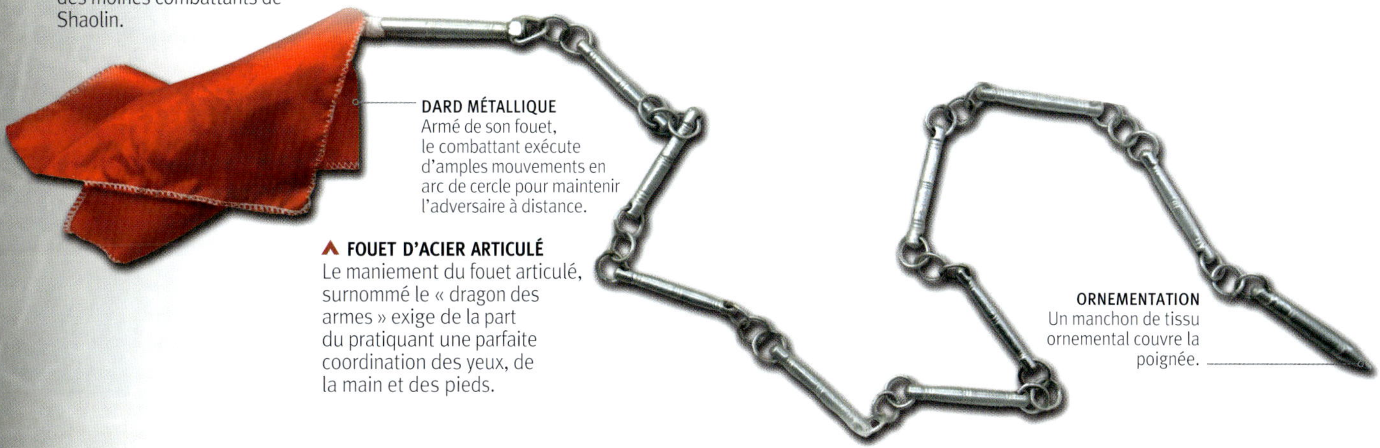

DARD MÉTALLIQUE
Armé de son fouet, le combattant exécute d'amples mouvements en arc de cercle pour maintenir l'adversaire à distance.

FOUET D'ACIER ARTICULÉ
Le maniement du fouet articulé, surnommé le « dragon des armes » exige de la part du pratiquant une parfaite coordination des yeux, de la main et des pieds.

ORNEMENTATION
Un manchon de tissu ornemental couvre la poignée.

LES QUATRE FORMES
Les quatre formes du da-nei-ba-ji-quan ou « boxe des huit directions » regroupent *xiao baji* (petit cadre), *da baji* (grand cadre), *liu da kai* (six grandes ouvertures) et *lian huan quan* (poings continus, *voir* p. 68). Chaque forme se construit à partir de la précédente.

FORCE ET SIMPLICITÉ
Le da-nei-ba-ji-quan est réputé pour sa force et sa simplicité. Un style à base de techniques sobres et puissantes, utilisées en attaque comme en défense. En combat rapproché, frappes et coups débilitants sont délivrés à partir des coudes et des épaules. L'enchaînement ci-dessous est appelé « enroulement du serpent ».

EN COULISSES

L'OPÉRA DE PÉKIN

COULEURS VIVES, costumes éblouissants, beauté des visages peints, acrobaties étonnantes et prouesses martiales… L'opéra de Pékin reste le plus abouti des spectacles du genre et la plus prestigieuse des institutions culturelles chinoises.

Traditionnellement, l'opéra de Pékin était un facteur de renforcement de l'identité culturelle chinoise. Cette forme d'« éducation publique » s'appuyait sur la théâtralisation de contes et légendes populaires, de batailles historiques et d'œuvres littéraires. Depuis quelques années, la télévision et l'industrie cinématographique ont contribué à amoindrir ce rôle.

> « JACKIE CHAN ET SAMMO HUNG SONT LES PURS PRODUITS DE LA STRICTE ÉDUCATION DE L'OPÉRA. »

Les historiens pensent que l'opéra contribua aussi à l'enrichissement et à la diffusion des arts martiaux à travers la Chine. Les artistes pratiquant les arts martiaux sont des professionnels du genre qui occupent une place déterminante au sein de la troupe, et les déplacements à l'intérieur du pays sont pour eux l'occasion de partager leurs connaissances en la matière.

De multiples talents sont requis pour entrer à l'opéra de Pékin. Un prétendant doit savoir chanter, danser, jouer la comédie et faire preuve d'une parfaite maîtrise des techniques martiales. Une fois sélectionné, il peut passer plus de dix ans à se former avant de décrocher un rôle. L'opéra de Pékin avec ses exigences, tant du point de vue du physique que des compétences martiales, est devenu ces dernières années un terrain de recrutement idéal pour une industrie cinématographique chinoise en pleine expansion. L'opéra a ainsi accueilli une pépinière de jeunes talents.

RENOUVELLEMENT DU PUBLIC

La Révolution culturelle (1966-1970) – ce retour imposé aux valeurs du communisme prônées par le président Mao Zedong – se traduisit paradoxalement en Chine par une certaine stagnation du monde artistique. Les années qui suivirent, l'opéra souffrit d'une désaffection du public et d'un manque cruel de compétences techniques. Les choses évoluèrent avec l'amélioration de la qualité des spectacles et leur remise au goût du jour, ce qui attira un nouveau public d'amateurs.

ÉCHANGES CULTURELS

L'opéra de Pékin séduit aujourd'hui un public toujours plus nombreux aux quatre coins du monde. À l'époque, cette institution joua un rôle déterminant dans l'amorce des échanges culturels entre la Chine et l'Occident. Chaque représentation donnait au public l'occasion d'apprécier et de comprendre un peu mieux la mentalité et le mode de vie des Chinois.

LES RÔLES PRINCIPAUX

L'opéra de Pékin présente toujours quatre rôles principaux, quelle que soit la pièce jouée : le *sheng*, personnage masculin, le *dan*, personnage féminin, le *jing*, personnage masculin au visage peint, représentant le plus souvent un guerrier, un héros, un mandarin ou un démon et le *chou*, personnage comique. On distingue le *wen chou*, simple clown, du *wu chou*, un bouffon doué pour les arts martiaux ; tous deux se reconnaissent à leur tache de peinture blanche sur le nez.

SÉANCE DE MAQUILLAGE

À l'opéra de Pékin, le maquillage du visage des acteurs interprétant des rôles de *jing* permet aux spectateurs d'identifier chaque personnage. La couleur du maquillage révèle l'âge et la profession de chacun, mais aussi leur tempérament. Le rouge signifie la loyauté, le jaune l'imprudence et la violence, le blanc renvoie à la ruse. L'or et l'argent signalent les dieux et les démons.

HÉRITAGE CULTUREL

Des centaines de pièces écrites pour l'opéra mettent en scène les grands événements politiques et militaires qui ont marqué l'histoire de la Chine. Mais plus récemment, l'adaptation d'ouvrages de la littérature chinoise et étrangère a participé au renouvellement du genre et au regain de popularité de ce type de spectacle.

Ba-gua-zhang

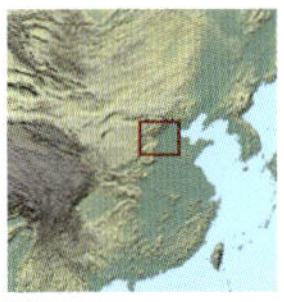

SIGNIFICATION
« MAIN DES HUIT TRIGRAMMES » EN MANDARIN

DATE
1850

FONDATEUR
DONG HAI-CHUAN

SOURCE
PÉKIN, CHINE

Souvent nommé ba-gua, ce système est l'un des arts martiaux chinois dit interne considéré comme le plus caractéristique. Les pratiquants se déplacent le long d'un cercle imaginaire en exécutant des mouvements de la main, basés sur la transformation des huit trigrammes ou *ba-gua* de la philosophie taoïste utilisés à des fins divinatoires et magiques. Le système met en œuvre des techniques de lutte et de frappe, difficiles à appréhender pour un non-initié. Le maniement des armes fait appel aux sabre, bâton et double épée, mais aussi à d'autres armes moins classiques, comme le *lu-jiao-dao*, sorte de lance-épée à crochet. Bien que relativement récent, cet art martial à la fois efficace et gracieux a vite trouvé sa place en Chine continentale.

MARCHE DU CERCLE
Le ba-gua-zhang s'appuie sur la maîtrise du qi, notamment à travers la pratique d'exercices comme la « marche du cercle ».

Chuo-jiao-quan

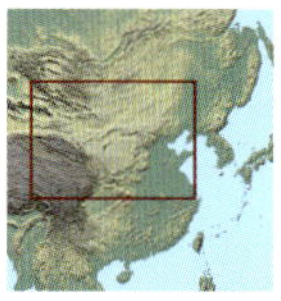

SIGNIFICATION
« ÉCOLE DU PIED QUI TRANSPERCE » EN MANDARIN

DATE
ART AUTOCHTONE

FONDATEUR
DENG LIANG

SOURCE
NORD DE LA CHINE

Développé à partir du wen-quan (boxe chinoise civile), cet art martial traditionnel remonterait à la dynastie Song (960-1279). Le célèbre dicton chinois, « poing dans le Sud, pied dans le Nord et même les dieux vous craindront », fait souvent référence au système de pied du chuo-jiao-quan. La méthode d'enroulement propre à la discipline s'appuie essentiellement sur l'utilisation de formes et de séquences codifiées, mais aussi d'exercices d'étirement et de renforcement isométrique.

Un héritage commun

Nombre de similitudes rapprochent le chuo-jiao-quan du xing-yi-quan (*voir* p. 92). Il est vrai qu'un maître de wen-quan est probablement à l'origine des deux systèmes.

Dans les années 1920, maître Hu Bin Lou popularisa le chuo-jiao-quan dans la capitale chinoise et participa à la reconnaissance de ce style à travers toute la Chine.

Rarement enseignée en dehors de son pays d'origine, cette discipline privilégie les attaques du pied sous des angles inédits, les techniques de balayage, de blocage et de projection. Elle s'accompagne d'une série de frappes explosives et directes du poing, ciblant la ligne centrale du corps de l'adversaire ; mais le style doit avant tout sa réputation à son éventail d'attaques de pieds inédites et d'une formidable précision. Ce système, exigeant du point de vue physique, est basé sur la force et la souplesse des jambes.

Technique standard

Une des techniques les plus répandues, un coup de pied arrière, parfois qualifié de « coup de pied du cheval », consiste pour le pratiquant à tourner le dos à l'adversaire, afin de délivrer un coup de pied pivotant, tout en arquant le dos et en amorçant une frappe du bras. L'adversaire, distrait par le mouvement du bras, ne parviendrait pas à esquisser la frappe.

Jiu-fa-men

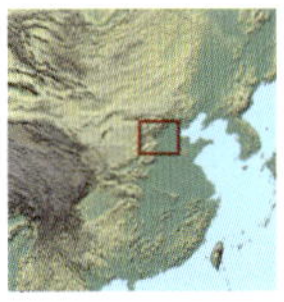

SIGNIFICATION
« LA PORTE DES NEUF MÉTHODES » EN MANDARIN

DATE
1994

FONDATEUR
CHRIS CRUDELLI

SOURCE
PÉKIN, CHINE

Parfois qualifié d'« alphabet de la boxe » le jiu-fa-men (JFM) a été mis au point à Pékin, en 1994, par Chris Crudelli qui étudia près de dix ans en Chine. Le JFM regroupe différentes techniques de combat, conçues pour mettre fin rapidement et de façon décisive à une situation à l'issue potentiellement mortelle.

Expert en foo-jow shaolin, nan-quan, lau-gar-quan et boxe de la mante religieuse du sud (*voir* pp. 116, 121-123), Crudelli forgea sa propre méthode de combat en tirant partie de son expérience de garde du corps au sein d'un cercle de jeu clandestin. Il sut rapidement juger de l'efficacité des techniques à adopter.

Le JFM s'appuie sur une méthode unique qui associe chaque lettre de l'alphabet à une technique particulière, de façon à enchaîner rapidement coups de poing, frappes de la paume ou du tranchant de la main, poussées des épaules et blocages.

Combler un vide

Crudelli développa son système après avoir remarqué que nombre de pratiquants combattaient pour acquérir une force de frappe suffisante, afin de parer la violence des coups en combat rapproché – une attitude qui minimisait leur chance de victoire. L'essentiel de son système repose sur ce constat. Il intégra plus tard des éléments du tai-ji-quan (*voir* pp. 80-87), du qi-gong et du muay thaï (*voir* pp. 158-165), complétés par des techniques d'immobilisation, de blocage, de projection, d'étranglement et de rupture des articulations, et un ensemble d'exercices destiné plus particulièrement aux épaules, dont neuf stratégies de frappe pour le combat au corps à corps. Le JFM met l'accent sur un parfait alignement du corps, essentiel pour générer de la puissance et masquer le mouvement.

POSTURE DE COMBAT
La main droite est tendue, afin de dévier une attaque ciblant le torse, alors que la main gauche assure une seconde ligne de défense. Les doigts sont écartés, prêts à griffer.

> « SI VOUS N'AVEZ JAMAIS AFFRONTÉ LA PEUR, TESTEZ-LA UNE FOIS, PUIS UNE AUTRE ET ENCORE UNE AUTRE. »
>
> CHRIS CRUDELLI

Hua-quan

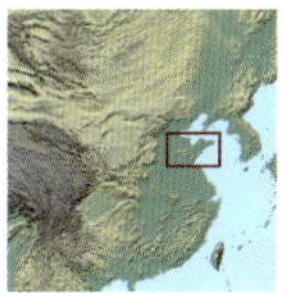

SIGNIFICATION
« STYLES DE BOXE CHINOISE » EN MANDARIN
DATE
ART AUTOCHTONE
FONDATEUR
CAI MAO
SOURCE
PROVINCE DU SHANDONG, CHINE

Le hua-quan est un des systèmes de boxe externe du nord de la Chine, regroupés sous le terme de chang-quan (*voir* p. 89). La paternité de cette discipline est attribuée au guerrier Cai Mao, combattant émérite et épéiste de noble naissance, qui créa ce système dans la province du Shandong. Cet art martial fut développé 400 ans plus tard par les frères Cai Tai et Cai Gang (descendants de Cai Mao). Le hua-quan sera codifié pour la première fois par Cai Wanzhi, au XVIe siècle, dans les *Formules secrètes du hua-quan*. L'ouvrage mêle techniques martiales originales et revisitées à des principes philosophiques, et loue les mouvements respiratoires du qi-gong destinés à oxygéner le sang et développer le qi ou énergie interne.

Le hua-quan se caractérise par ses mouvements fluides, parfaitement coordonnés et ses techniques exécutées dans la plus grande sérénité, à partir de postures stables.

Secret de famille

Ce système illustre parfaitement la façon dont les systèmes de kung-fu chinois ont été – de génération en génération à travers un enseignement confidentiel – souvent réservés aux membres d'une même famille. Cette méthode d'enseignement sélective s'applique encore aujourd'hui à de nombreux arts martiaux traditionnels chinois.

Di-tang-quan

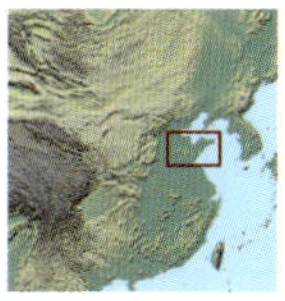

SIGNIFICATION
« BOXE DES CULBUTES » EN MANDARIN
DATE
XIIe SIÈCLE
FONDATEUR
ANONYME
SOURCE
PROVINCE DU SHANDONG, CHINE

Ce style aux origines incertaines se serait développé en Chine sous la dynastie des Song du Sud (1127-1279).

Techniques acrobatiques

Le di-tang-quan est une forme d'art martial incroyablement dynamique, caractérisée par des techniques acrobatiques incluant sauts piqués, sauts périlleux et vrilles. Différents éléments de cet art ont été intégrés à d'autres exercices et disciplines martiales chinoises.

Cette forme d'art se différencie néanmoins des exercices acrobatiques standard par le fait que chaque saut périlleux, vrille, culbute et saut piqué intègre une attaque surprise du poing ou du pied, une prise ou une projection.

Conditionnement du corps

Un des exercices propres à cet art exige que le pratiquant exécute une série de sauts périlleux arrière, en s'élançant le plus haut possible, avant de retomber sur le dos.

La pratique de cet exercice est essentielle à la compréhension des arts martiaux chinois, ce qui explique l'importance accordée par les entraîneurs à son exécution parfaite. Lorsque le corps perçoit l'impact d'une frappe, le pratiquant doit expirer le plus violemment possible, afin de contracter son muscle cardiaque, comprimer sa cage thoracique et vider ses poumons, de façon à protéger ses organes vitaux et prévenir ou diminuer les effets d'un véritable « essoufflement ».

Si beaucoup jugent cette méthode inutilement dangereuse, voire dommageable pour la santé, il est dit que la pratique régulière et dans les règles de cet exercice enseigne au corps l'art d'expirer instinctivement et de se relâcher, de sorte que l'énergie de l'impact circule à travers le corps, sans léser ou interrompre son fonctionnement.

« LA VOIE EST ÉTROITE ET SIMPLE, MAIS LE SENS, INFINI ET PROFOND »

YUH NIUY, GUERRIER CHINOIS LÉGENDAIRE

Jing-quan-do

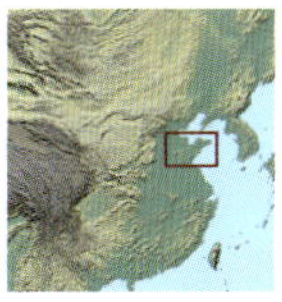

SIGNIFICATION
MÉTHODE DE COMBAT DE LA POLICE
DATE
1995
FONDATEUR
ALEX TAO
SOURCE
PROVINCE DU SHANDONG, CHINE

Développé par Alex Tao, le jing-quan-do regroupe différentes pratiques martiales mises au point pour la police chinoise. Une discipline à base de techniques de projections rapides et efficaces, de frappes de pieds et de poings visant à désarmer ou à anéantir rapidement l'adversaire.

LE GRAND MAÎTRE ALEX TAO

Alex Tao grandit dans la province du Shandong, au nord de la Chine. Tao y étudia dès l'enfance différentes techniques de combat et passa plusieurs années au monastère de Shaolin. Influencé par Bruce Lee et son style de combat qualifié de jeet-kun-do (*voir* pp. 316-317), Tao s'appliqua à créer son propre système aujourd'hui enseigné au sein de la police et de l'armée de son pays.

MESURES EXTRÊMES
Les groupements militaires d'élite entraînés par maître Tao sont spécialisés dans les techniques de sécurité et de secours. L'entraînement vise à neutraliser l'adversaire par la force en un minimum de temps.

Tai-ji-quan

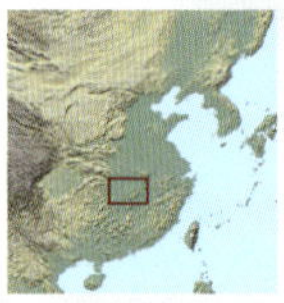

SIGNIFICATION
« BOXE DU FAÎTE SUPRÊME » EN MANDARIN

DATE
XIIe SIÈCLE

FONDATEUR
CHANG-SAN-FENG

SOURCE
PROVINCE DU HUBEI, CHINE

À la fois art martial et gymnastique de santé, teinté de philosophie taoïste, le tai-ji-quan (souvent référencé sous le nom de tai-chi) est pratiqué par des millions d'individus en Chine et à travers le monde. Un style caractérisé par des mouvements lents, fluides et gracieux, conformes au concept de « naturalisme » du taoïsme.

Des bienfaits sur la santé

En Chine, cette discipline est perçue comme une gymnastique répondant à différents besoins, en termes de bien-être, de santé ou de socialisation, notamment pour les personnes âgées.

Si l'origine de cet art reste obscure, il semble acquis que les 13 postures originales du tai-ji-quan auraient été mises au point par le maître taoïste Chang-San-Feng de l'illustre école de boxe des monts Wudang (*voir* p. 81), centre consacré à l'étude et à la pratique des arts martiaux taoïstes. La légende veut que le maître ait trouvé refuge à Wudang, alors qu'il était poursuivi par des brigands, et que la méthode du tai-ji-quan lui fut enseignée lors d'un rêve. Sa mise en pratique lui aurait permis d'anéantir des centaines d'assaillants.

Le chen-taiji-quan

Il semble plus réaliste d'attribuer la paternité du tai-ji-quan tel que nous le connaissons à Cheng-Wang-Ting, un valeureux guerrier qui, dans les années 1640, occupait un poste de commandant de garnison. Le style qu'il développa et qualifia de chen-taiji-quan se retrouve à la base de la forme la plus populaire de cet art.

> « LA LENTEUR ET LA FLUIDITÉ DES MOUVEMENTS FAVORISENT LA RELAXATION ET PARTICIPENT AU CALME ET À LA CONCENTRATION DE L'ESPRIT. »
>
> FÉDÉRATION DE TAI-JI-QUAN DE GRANDE-BRETAGNE

ÉVENTAIL L'éventail est utilisé dans les formes les plus élaborées du tai-ji-quan.

Au cours des derniers siècles, plusieurs styles émergèrent, tous inspirés par les principes taoïstes, mais présentant quelques différences notables par rapport au chen-taiji-quan original, à commencer par la disparition de toutes les actions puissantes et rapides, impliquant techniques de projections et torsions.

Le tai-ji-quan contemporain

Les styles plus récents de cette discipline font appel à des postures plus hautes, délaissent les techniques de combat, de clés d'articulation et de projections, au profit de la recherche du bien-être, à travers des mouvements lents et rythmés qui

accélèrent la circulation du qi dans le corps. Quatre grandes écoles déclinent les styles chen, yang, wu et sun, chacune présentant des variantes. Ainsi le style yang intègre des sous-séquences, déclinées selon leur niveau de complexité. Les 24 mouvements du style yang, dit de l'école de Beijing, restent les plus populaires.

Apprentissage de l'art

La formation met l'accent sur les trois aspects principaux du tai-ji-quan : santé, éducation et art martial. Les postures et le degré de concentration exigé pour s'exercer contribuent à réguler la pression sanguine, à développer la force musculaire, la coordination et l'équilibre. De plus, chaque action doit être visualisée, ce qui favorise la pensée constructive.

La caractéristique majeure de ce style martial tient à son aspect d'autodéfense. L'élève apprend à détourner la force de l'adversaire, plutôt que d'y opposer une force directe. La pratique quotidienne obligeant les articulations à se mouvoir lentement, en suivant la courbe d'un cercle, développe leur mobilité, et le travail de renforcement du qi intégré aux mouvements favorise relaxation et régénération.

MONTS WUDANG

Située à Shiyan, dans la province du Hubei, l'école des monts Wudang est réputée pour être le berceau des arts martiaux traditionnels. Selon un dicton, « le wushu de Shaolin est le meilleur du Nord, mais le wushu de Wudang est le meilleur du Sud ». L'école fait référence en matière d'enseignement et de pratique des arts martiaux internes, comme tai-ji-quan et qi-gong thérapeutique.

FORMES DE TAI-JI-QUAN Sous le calme et la grâce apparente des mouvements se cachent des techniques d'attaque et de défense.

DÉVELOPPER LE QI
De gauche à droite et de haut en bas, ce maître de tai-ji-quan enchaîne huit mouvements différents, en débutant par le mouvement intitulé « transporter le tigre et retourner à la montagne ».

美育

EN COULISSES

MAÎTRES DU TAI-JI-QUAN

MAÎTRE WANG EST UN EXPERT en tai-ji-quan et en yue-sanshou. Né dans la province chinoise du Hunan, d'une famille d'agriculteurs qui cultivait la pratique des arts martiaux traditionnels, il bénéficia de l'enseignement de son père, formé dès l'âge de six ans au monastère de Shaolin.

Maître Wang a dédié sa vie à la perpétuation des arts martiaux traditionnels. Fondateur et directeur de l'Academy of Martial Arts of Restoration (AMAR) de Taipei, à Taïwan, il pratique un enseignement très influencé par les techniques traditionnelles acquises au cours de son enfance. Il perfectionna son art en rejoignant les forces de guérilla du Hunan, dans une unité clandestine, légère et mobile, placée sous les ordres du général Yin Li Yan, dont la mission consistait à mener des actions de guérilla contre l'armée japonaise, dans la Chine occupée des années 1940. Chaque homme était armé de deux dagues, d'un sabre et d'un pistolet de facture allemande. Fidèles aux tactiques de guérilla, les méthodes de combat employées se devaient d'être simples, brutales et déstabilisantes. Les actions de l'équipe de Wang, aidée par un service de renseignement efficace, privilégiaient la rapidité, la discrétion et les techniques de combat au corps à corps qui évitaient les déploiements de force trop repérables. Nombre d'aspects pratiques de cet entraînement se retrouvent aujourd'hui dans les méthodes de maître Wang qui poursuit son enseignement auprès d'élèves de toutes nationalités.

> « TECHNIQUES DE MAINS ET DE PIEDS NE SONT PAS INSCRITES DANS CETTE FORME DE TAI-JI-QUAN. LA POUSSÉE DES MAINS VISE À CONTRARIER L'ÉQUILIBRE DE L'ADVERSAIRE. »

DÉBUT DE JOURNÉE
Avant de se rendre au parc Xing Long pour sa séance d'entraînement et ses cours quotidiens, maître Wang débute sa journée par une dégustation de thé, accompagnée de la lecture de textes anciens. Sa famille et son cadre de vie participent à maintenir vivaces la tradition et l'héritage culturel dont il est le dépositaire.

FORMATION DE JEUNESSE
Maître Wang fut initié à l'art du maniement du sabre en 1944, à l'époque où il rejoignit les forces de guérilla du Hunan. L'équipement standard de chacun des membres de cette unité spéciale incluait un sabre, forgé à l'arsenal de Hanyang,

SÉANCES D'ENTRAÎNEMENT AU PARC

Maître Wang enseigne la « poussée des mains », une technique qui ne cherche pas à opposer la force à la force. Les élèves sont invités à se mouvoir en tenant compte d'une force extérieure, jusqu'à ce que cette dernière finisse par s'épuiser. Le recours à la force est dans ce cas banni, au profit du contrôle, de la sensibilité et de l'adresse.

LES BIENFAITS DU MOUVEMENT CONTRÔLÉ

Le tai-ji-quan est aussi une gymnastique douce aux effets bénéfiques sur les fonctions cardio-vasculaire et respiratoire, le système immunitaire, la maîtrise du mental, la souplesse et l'équilibre. Essentiellement perçu comme un art martial interne, il privilégie le recours à l'esprit pour coordonner un corps relâché, par opposition à la force brute mise en œuvre pour exécuter un mouvement donné. Le système se caractérise par la lenteur et la fluidité de ses mouvements, la douceur de ses postures et l'absence de techniques de sauts qui rendent les exercices plus accessibles aux personnes âgées.

EN COULISSES

ÉCOLE DE WUSHU

TRADITIONNELLEMENT, LES JEUNES ENFANTS AMBITIEUX débutent leur apprentissage en entrant à l'école de wushu dès l'âge de sept ans. Les plus talentueux peuvent se voir offrir une formation dans l'une des écoles ou universités les plus prestigieuses du pays.

Pour un novice, la journée à l'école débute vers 6 heures du matin, par une séance d'une heure de mise en condition physique. Ainsi se succèdent course de fond, exercices de frappes du pied et étirements. Bref repos et petit déjeuner cèdent la place à l'entraînement. Les enfants apprennent à devenir de parfaits et complets pratiquants. L'apprentissage consiste à maîtriser le maniement des 18 armes classiques et les principales formes d'art de compétition : chang-quan (boxe longue), nan-quan (boxe du sud) et tai-ji-quan (*voir* pp. 89, 121, 80-87). Cet entraînement intensif se poursuit jusqu'à l'heure du déjeuner, après lequel les élèves se consacrent à leurs études.

« LA POPULARITÉ DE CE SPORT EN CHINE EXPLIQUE QUE LE PAYS ABRITE QUELQUES-UNS DES MEILLEURS ATHLÈTES DE WUSHU AU MONDE. »

L'enseignement de disciplines plus conventionnelles dure jusqu'à 17 heures, moment où tous se réunissent pour prendre leur repas du soir. De 19 à 21 heures, les élèves poursuivent et clôturent leur entraînement de wushu. Des journées très longues, ponctuées par des séances d'entraînement se déroulant souvent dans des conditions de températures extrêmes, jusqu'à 40 °C en été et -30 °C en hiver. Des sacrifices volontiers consentis, au regard des perspectives offertes à un élève talentueux. Nombre de championnats nationaux et internationaux de wushu donnent à chacun l'occasion de se distinguer, et les étudiants ont toujours la possibilité de devenir entraîneur de wushu, voire de débuter une carrière d'acteur, comme Jet Li (voir p. 103).

ENSEIGNEMENT INDIVIDUALISÉ
La plupart des écoles associent enseignement du wushu traditionnel et moderne. Si un élève manifeste un plus grand intérêt pour l'autodéfense, une école spécialisée dans le wushu traditionnel sera plus adaptée, car son enseignement plus ciblé sur la pratique de disciplines de combat.

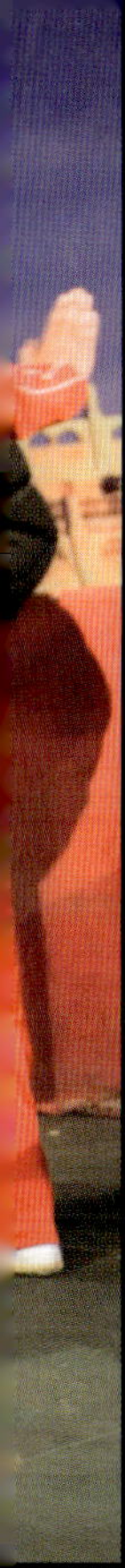

JOURNÉES STUDIEUSES

Les enfants envoyés à l'école de wushu sont encouragés à découvrir leur potentiel en matière d'arts martiaux. Une démarche qui vise aussi à les aider plus tard, dans leur vie quotidienne. L'enseignement de l'art du spectacle – bénéfique pour l'endurance, la souplesse, la coordination, la santé et la force – se retrouve au cœur du wushu contemporain.

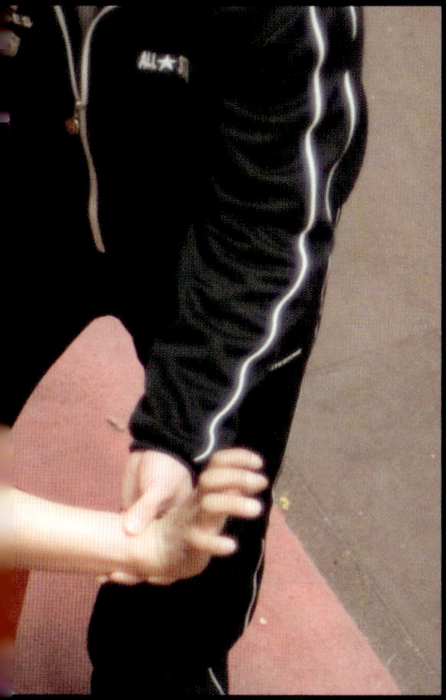

TOUS POUR UN

Les élèves mangent et s'entraînent ensemble. Cette proximité crée des liens durables entre les étudiants. Plusieurs écoles proposent en parallèle aux enfants un enseignement scolaire, de niveau primaire et secondaire. De nombreux diplômés sont devenus des maîtres d'art martiaux respectés et pour certains de véritables stars de cinéma.

DES STYLES ORIGINAUX

Le wushu moderne propose une version standardisée et acrobatique de systèmes originaux. Des exercices codifiés ont été mis au point, s'inspirant de différents styles – comme le *chang-quan* (boxe longue), le *nan-quan* (boxe du sud), le *jian-shu* (maniement de l'épée), le *gun-shu* (maniement du bâton) et le *dao-shu* (maniement du sabre) – ainsi que de multiples formes à mains nues.

SUCCÈS NATIONAL

Répétition en costume pour les membres d'une équipe de démonstration, avant la présentation du spectacle au sein de leur école. Les meilleurs rejoindront peut-être un jour une équipe professionnelle, comme celle de Pékin, prenant part à des rencontres nationales et internationales. Chaque place au sein d'une équipe professionnelle de wushu fait l'objet d'une féroce compétition.

JEUX D'ESPRIT

Membres de l'équipe en pleine démonstration d'un exercice de *qi-gong* (technique de régulation de la respiration), une façon de développer force et énergie. Ce style d'exercice trouve son origine dans les méthodes d'entraînement des moines de Shaolin (*voir* pp. 57-65).

LE ROI LION

La danse du lion est probablement la danse martiale folklorique la plus populaire de Chine. Le lion, roi des animaux, est perçu comme un porte-bonheur. On distingue deux types de démonstration, la danse du lion civil ou *wenshi* et la danse du lion martial ou *wushi*. Le wushi met en scène la puissance du lion. En plus des sauts, culbutes et chutes classiques, les artistes font la démonstration de leurs prouesses acrobatiques en grimpant au sommet de hautes plates-formes ou en sautant sur des piquets, au rythme du tambour.

3

出风格
2
力量馆

Boxe du singe ivre

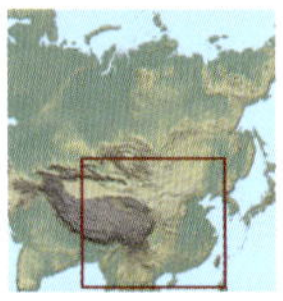

SIGNIFICATION
VARIANTE DE LA BOXE DU SINGE

DATE
DÉBUT DES ANNÉES 1960

FONDATEUR
PLUSIEURS FONDATEURS

SOURCE
CHINE

Cette variante de la populaire boxe du singe (*voir* p. 102) a pour but d'imiter les mouvements d'un singe ivre, afin de troubler l'adversaire. Si les formes sont courtes, le style exige la maîtrise de différentes techniques de saut, de culbute et de chute, associées à des coups de pied à mi-hauteur, ciblant l'estomac et l'aine. Les pratiquants sont encouragés à se relâcher pour exécuter certaines techniques, comme celle de la frappe paume vers le bas.

Assez curieusement, l'imitation de l'ivresse du singe doit débuter à mi-séquence. Lorsque l'imitation débute, l'action qui ponctue les mouvements indique clairement un changement de tactique, de style et d'exécution de la forme.

Un classique de la littérature

Ce style puise son inspiration dans le personnage de Sun Wukong, singe héros d'un classique de la littérature chinoise du XVIe siècle, *La Pérégrination vers l'Ouest*, plus tard popularisé par la série télévisée *Monkey*. Dans un des tableaux de *La Pérégrination*, le singe vole les pêches d'immortalité du royaume céleste et boit le vin réservé à la fête d'anniversaire de la reine mère des Cieux. Le roi Singe, repu, parvient à tenir en échec les guerriers célestes, avant de se soumettre à Bouddha.

Une combativité accrue

Ceux qui développèrent ce système avaient clairement analysé la relation entre l'alcool et la violence – mais aussi ce pouvoir de l'alcool à donner du courage à celui qui le consommait. Si les pratiquants sont incités à imiter l'attitude d'un singe ivre au combat, la consommation d'alcool n'est pas conseillée lors de l'entraînement.

> SINGE DE LÉGENDE
La Pérégrination vers l'Ouest fut portée à l'écran dans les années 1970. La série télévisée narre les exploits du roi Singe.

Cinq principes directeurs

Le système repose sur cinq principes de base. Le singe doit tromper et semer le doute chez ses adversaires, réduire leurs attaques à néant, être imprévisible, les induire en erreur et les effrayer. Lors d'un combat ou d'une démonstration, le pratiquant est invité à exprimer son talent en présentant toutes les facettes de cet art.

^ UN PERSONNAGE MALICIEUX
Le roi Singe, apparaissant entouré de femmes, au centre d'un jardin, descend des cieux pour voler les pêches d'immortalité.

Tong-bei-quan

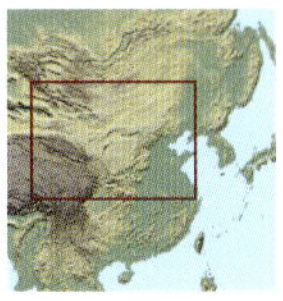

SIGNIFICATION
« BOXE DU DOS » EN MANDARIN

DATE
XVIIe SIÈCLE

FONDATEUR
ANONYME

SOURCE
NORD DE LA CHINE

Le tong-bei-quan et nombre de ses techniques puisent leur force au niveau du dos. Cette énergie circule à travers les épaules et les bras pour être libérée au niveau des poings ou des mains. Ce style aurait vu le jour sous la dynastie Qing et portait à l'époque le nom de « boxe du qi », faisant probablement référence à la série d'exercices d'échauffements et de mise en condition physique propres à un système martial. Le tong-bei-quan regroupe différentes techniques de libération de la force au niveau des poings, incluant notamment des mouvements de transpercement ou de torsion, et de lourdes frappes.

Le système se divise en deux styles. Le style « père » conservateur, enseigné clandestinement, met l'accent sur la puissance, le développement personnel, la discipline et le secret. Le style « jeune » proche du wushu (*voir* pp. 93-99) s'apparente à une gymnastique artistique, souvent enseignée au sein des centres sportifs universitaires chinois.

Da-sheng-men

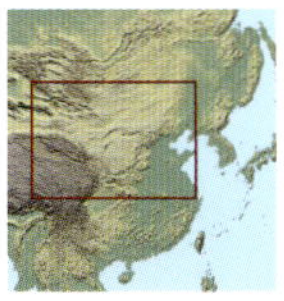

SIGNIFICATION
« VOIE DU GRAND SAGE » EN MANDARIN

DATE
XXe SIÈCLE

FONDATEUR
KAO TZU

SOURCE
NORD DE LA CHINE

Ce style a été baptisé en référence au roi Singe Sun Wukong, héros mythologique de *La Pérégrination vers l'Ouest*. Un système développé par Kao Tzu, alors qu'il était incarcéré pour meurtre. Il se serait inspiré du comportement d'une colonie de singes. Kao Tzu étudia leurs mouvements dans le combat ou le jeu et incorpora leurs tactiques à son système, le « dai-tong », avant de fonder le da-sheng-men. Les cinq tempéraments types des animaux observés par Kao Tzu se retrouvent dans les séquences de la boxe du singe : celle du grand singe, du singe de bois, du singe perdu, du singe de pierre et du singe ivre (*voir* page précédente).

EXPRESSIONS RÉALISTES
Ce combattant doit reproduire le plus fidèlement possible les mimiques d'un singe, comme le veut le style dit de la « boxe du singe ».

Pao-chui

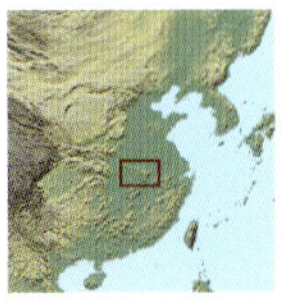

SIGNIFICATION
« BOXE CANON » EN MANDARIN

DATE
INCONNUE

FONDATEUR
ANONYME

SOURCE
PROVINCE DU HENAN, CHINE

Le pao-chui est un art martial réputé pour la puissance de ses coups de poing lourds et répétitifs, comparé par certains au hong-quan. Selon la légende, le style trouverait son origine chez les « Trois Augustes » – trois fondateurs mythiques des trois premières dynasties – qui améliorèrent la vie des Chinois avec leurs pouvoirs magiques.

Le règne de ces demi-dieux fut marqué par une longue période de prospérité et de paix en Chine. L'existence de ces personnages est difficile à confirmer, même s'ils sont mentionnés dans le *Shiji (Mémoires historiques)*, premier ouvrage consacré à l'histoire de la Chine : Fu Xi (premier souverain du royaume du Milieu), Nu Wa (créatrice de l'espèce humaine) et Chen Nong (divin laboureur). En hommage à ces immortels le chen-taiji-quan (*voir* pp. 80-87) – une des quatre grandes écoles de tai-ji-quan – inclut une séquence de pao-chui dans son entraînement.

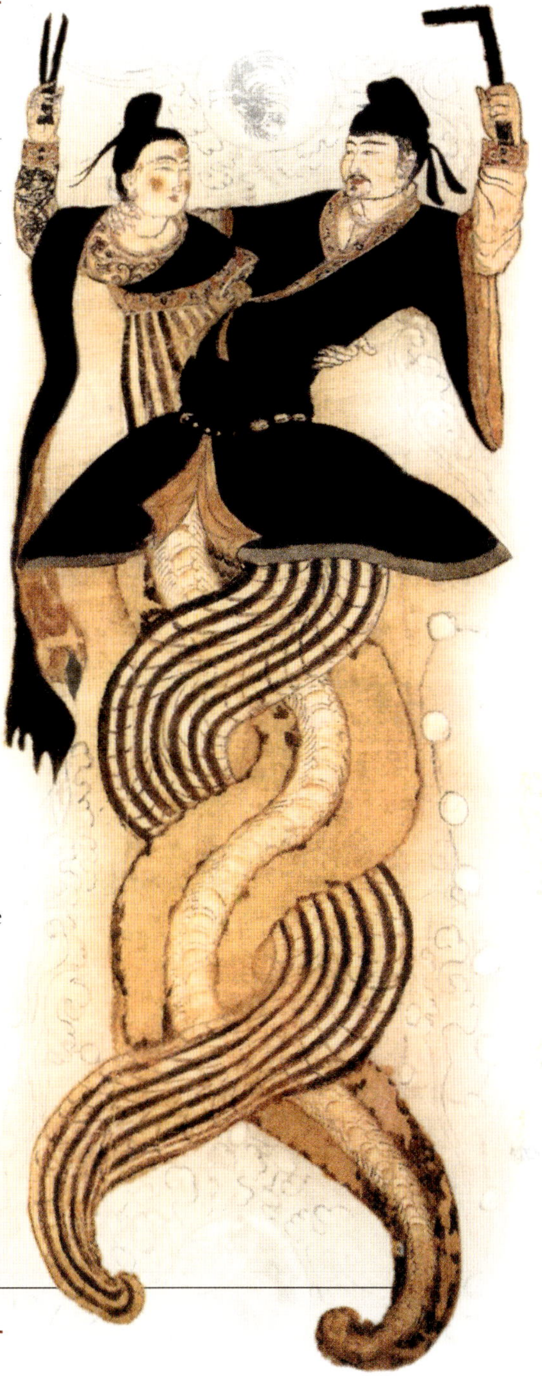

NU WA ET FU XI
Couple mythique, Nu Wa et Fu Xi font figure de « créateurs de l'humanité ».

Ba-fa-quan

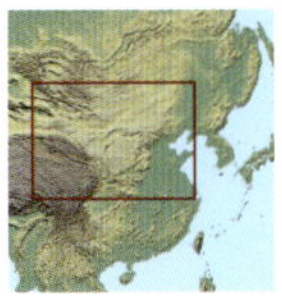

SIGNIFICATION
« BOXE DES HUIT MÉTHODES » EN MANDARIN

DATE
1906

FONDATEUR
LI BE MAO

SOURCE
NORD DE LA CHINE

Pratiquant de chang-chuan, de fanzi-quan, de xing-yi-quan, de pigua-quan, de tong-bei-quan et de tantui-quan (*voir* pp. 103, 92, 88, 101, 102), Li Be Mao fit la synthèse de ces différents styles vers la fin de la dynastie Qing, au début du XXe siècle. Son système fut utilisé par les miliciens engagés à la réorganisation et à l'entraînement des troupes rebelles (notamment dans la province de Shaanxi) qui avaient pour mission de renverser l'impopulaire gouvernement des Qing.

Le système se présentait comme une méthode d'entraînement au combat à mains nues, redoutable et mortel art martial, visant à donner confiance aux miliciens. Nombre de techniques pouvaient être utilisées par un homme à pied ou à cheval. L'apprentissage du maniement de la lance et du sabre (armes familières de la milice) est une caractéristique incontournable de ce système.

Hou-quan

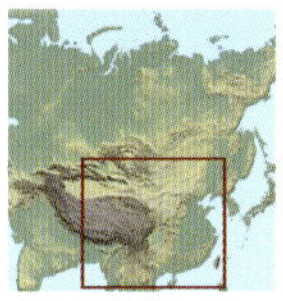

SIGNIFICATION
« BOXE DU SINGE » EN MANDARIN
DATE
200 AV. J.-C.
FONDATEUR
ANONYME
SOURCE
CHINE

Certains s'accordent à penser que le hou-quan aurait été créé par Wong Long qui chercha à imiter les mimiques et les mouvements de singes qu'il observait. Il surprit ainsi différents singes occupés à jouer, à cueillir des fruits ou à se quereller, avant de rejoindre une grotte en courant. Wong Long intégra ces mouvements au style de boxe qu'il connaissait et baptisa son nouveau système hou-quan ou « boxe du singe » – qui présente de nombreuses similitudes avec le da-sheng-men (*voir* p. 101).

Les pratiquants adoptent des mimiques simiesques, tout en imitant les bruits émis par des singes exprimant le plus souvent colère, peur, effroi, confusion ou joie. Un style aussi réputé pour la dextérité de ses mouvements et ses frappes mains ouvertes. Les attaques ciblent généralement l'aine, les yeux, le nez, la gorge et les genoux.

> STYLE DU SINGE
Novice shaolin dans une posture classique de hou-quan.

Tantui-quan

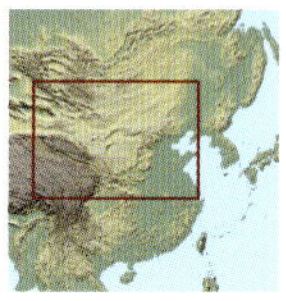

SIGNIFICATION
« BOXE DES JAMBES ÉLASTIQUES » EN MANDARIN
DATE
XVIe SIÈCLE
FONDATEUR
ANONYME
SOURCE
NORD DE LA CHINE

Parfois qualifié de « boxe du nord des jambes élastiques », le tantui-quan se caractérise par l'élasticité de ses techniques de pieds exigeant souplesse, coordination et adresse. Réputée pour la multiplicité de ses tactiques de combat, la discipline concentre l'apprentissage sur quatre domaines majeurs : le travail des mains, du corps, des jambes et des pieds. Les techniques les plus sollicitées associent frappes du pied et actions de crochetage exécutées debout ou au cours d'un saut.

Boxe du nord des serres de l'aigle

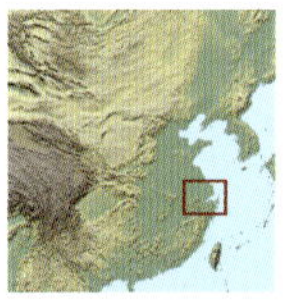

SIGNIFICATION
« TAO LUN » EN MANDARIN
DATE
XIIe SIÈCLE
FONDATEUR
GÉNÉRAL YUE FEI
SOURCE
PROVINCE DU ZHEJIANG, CHINE

Le général Yue Fei, créateur du style de la boxe du nord des serres de l'aigle, devait ses victoires à l'art martial qu'il enseigna à ses troupes. Outre les techniques militaires traditionnelles, exigeant des talents d'archer, de lancier et de cavalier, les hommes apprenaient les 108 techniques du combat à mains nues à la base du style des serres de l'aigle.

Le système présente trois séquences principales et de nombreux mouvements s'appliquent à reproduire l'attitude de l'aigle en vol ou qui fond sur sa proie.

L'attaque plutôt que la défense

Le système de boxe des serres de l'aigle intègre différentes techniques de pieds ainsi que coups de griffe, frappes, coups de poing, projections et attaques visant à déséquilibrer l'adversaire, en une succession d'actions rapides.

Les postures défensives ont été intégrées dans les formes et les techniques, mais ce style de boxe du nord reste essentiellement un art martial offensif qui évolua à partir de techniques éprouvées sur les champs de batailles des guerres et conquêtes qui ravagèrent la Chine ancestrale.

▼ L'ART DE LA GUERRE
Cet art martial développé par le général Yue Fei (à gauche) pour être utilisé sur les champs de bataille privilégie l'attaque à la défense.

Fanzi-quan

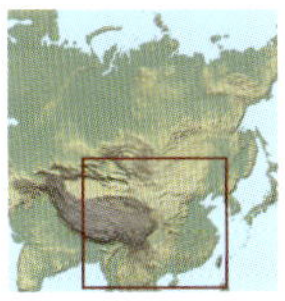

SIGNIFICATION
« BOXE TOURNANTE » EN MANDARIN
DATE
ART AUTOCHTONE
FONDATEUR
ANONYME
SOURCE
CHINE

Ce système d'attaque intégrant de puissantes frappes du pied se base sur des techniques « dures » et « souples ». Les exercices et les formes se concentrent sur les techniques de mains, les coups de poing et les sauts, mais aussi sur de nombreux enchaînements de poings, coulés et percutants.

Un enchaînement type de fanzi-quan se traduit par une succession rapide d'actions, associant manœuvres offensives et défensives, se concluant par une brève série de coups de poing, frappés selon des angles d'attaques inhabituels.

JET LI

Le plus célèbre des pratiquants de fanzi-quan, Jet Li, naît à Pékin, le 26 avril 1963. Sa mère l'inscrit dès l'âge de huit ans à l'école des Sports amateurs de Pékin. Après trois ans d'apprentissage du wushu, Jet Li remporte son premier championnat national. Il quitte l'école à 17 ans, auréolé de nombreux titres. En 1982, il tourne dans son premier long-métrage, *Shaolin Temple*, avant de devenir l'un des acteurs chinois les plus populaires.

Techniques de boxe

Le fanzi-quan fait appel à nombre d'uppercuts semblables à ceux de la boxe occidentale (*voir* pp. 256-263). Ces coups, libérés quand l'adversaire ferme sa garde et se protège en s'accroupissant, sont suivis de frappes directes à la tête et dans le bas du corps.

Le système se divise aujourd'hui en deux branches, celle du nord-est de la Chine et celle du nord-ouest. Deux styles très similaires, même si celui du nord-ouest privilégie la force qui jaillit de la taille, alors que celui du nord-est se concentre sur les actions en force, couplées à une rapidité d'exécution des enchaînements et des techniques.

Un art martial dont la devise pourrait se traduire par « deux poings aussi rapides que les gouttes de pluies ou les lanières d'un fouet ».

Go-ti

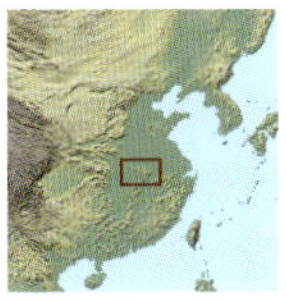

SIGNIFICATION
LUTTE CHINOISE PRIMITIVE
DATE
VERS 2600 AV. J.-C.
FONDATEUR
ANONYME
SOURCE
PROVINCE DU HENAN, CHINE

Ancien système de lutte à main nue, apparu vers 2600 av. J.-C., le go-ti s'apparentait à une forme de combat. À cette même époque, des moines pratiquants développèrent une méthode d'entraînement physique et mentale, baptisée « gong-fu ».

Les moines taoïstes firent la synthèse de ces deux formes d'art qui fusionnèrent en un seul système – un art martial taoïste, essentiellement pratiqué par des adeptes du taoïsme. Pour beaucoup, le go-ti est considéré comme le précurseur de la boxe chinoise moderne.

Shuai-jiao

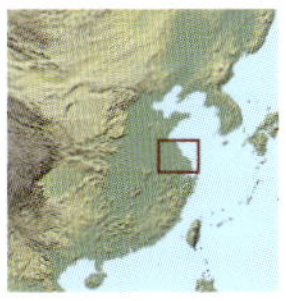

SIGNIFICATION
« FAIRE TOMBER PAR LE JEU DES JAMBES » EN MANDARIN
DATE
VERS 2700 AV. J.-C.
FONDATEUR
ANONYME
SOURCE
NANJING, PROVINCE DU JIANGSU, CHINE

Le shuai-jiao est le plus ancien de tous les arts martiaux chinois. Quatre fois millénaire, il est mentionné dès 2697 av. J.-C. Basé sur des techniques de projection et de lutte, le shuai-jiao a probablement été influencé par la lutte mongole ou bkyukl bökh (*voir* p. 54). À l'origine connu sous le nom de « jiao-di » ou « coup de corne » cette forme de combat, pratiquée par les soldats, consistait à embrocher l'adversaire sur les cornes du casque porté lors des affrontements. Plus tard, ces joutes se transformèrent en un art martial pratiqué sans casque, avant de devenir une discipline civile et sportive sous la dynastie Qin (221-207 av. J.-C.). À cette époque, les vainqueurs de compétitions nationales se voyaient offrir une place dans la garde impériale.

Le shuai-jiao contemporain

Cet art de la lutte est enseigné au sein des forces de police et des académies militaires, en Chine, comme à Taïwan. Nombre des techniques utilisées autrefois sur les champs de bataille restent d'actualité, comme les manœuvres de saisie et de prise, les clés d'articulation ou les attaques ciblant les points de pression. Certaines projections avec immobilisation et dislocation ont été interdites en compétition mais cet art demeure spectaculaire.

> **JEU DE HANCHE**
La hanche est utilisée pour soulever et déséquilibrer l'adversaire, alors que la jambe droite le force à tomber au sol.

« IL Y A DIFFÉRENTES MÉTHODES… [MAIS] VOUS NE POUVEZ PAS ENSEIGNER [À DES ÉTUDIANTS] DES MÉTHODES MORTELLES QU'ILS NE POURRONT PAS UTILISER. »

MAÎTRE DAVID CHANG

EN COULISSES

MAÎTRE DE SHUAI-JIAO

DAVID CHANG EST UN MAÎTRE RÉPUTÉ et respecté, un musulman chinois enseignant la lutte traditionnelle ou shuai-jiao auprès des cadets de l'Académie centrale de police de Taïwan. Son intérêt précoce pour les arts martiaux chinois traditionnels le conduisit plus tard à développer son propre système de shuai-jiao.

David fut initié à l'art du shuai-jiao par son grand-père, Chang Tung Sheng, considéré comme l'un des plus grands lutteurs de son époque.
À ses côtés, il étudia l'herboristerie chinoise et cultive aujourd'hui ses propres plantes, sur une terre du mont Ho Lung, dans le district de Miaoli. Il utilise les plantes pour préparer un alcool médicinal, sorte de « vin d'herbe » traditionnel *(yaojiu)* destiné à ses élèves. Le yaojiu aurait pour vertus de renforcer le « qi » et la faculté des étudiants à surmonter les châtiments physiques.

David débuta l'entraînement physique alors qu'il était encore enfant, ce qui ne l'empêcha pas d'assimiler un des premiers aspects fondamentaux de cette méthode, la mémorisation du poème du shuai-jiao. Chacun des caractères faisait référence à un mouvement d'un enchaînement exécuté par son grand-père. Ces formes constituent la base même de ce système. La méthode associe simplicité et efficacité. L'enseignement privilégie l'aspect sportif, et les affrontements restent amicaux, mais, nombre de mesures sont prises, afin de veiller à la sécurité des élèves. Un encadrement indispensable pour ces techniques millénaires potentiellement mortelles.

> « CERTAINES TECHNIQUES ENSEIGNÉES AUX CADETS SONT POTENTIELLEMENT MORTELLES, COMME LA PROJECTION DE L'ADVERSAIRE, AFIN QU'IL RETOMBE SUR LA TÊTE. »

ACADÉMIE CENTRALE DE POLICE
Pas plus de 250 élèves sont admis chaque année à l'Académie centrale de police de Taïwan. Une sélection sévère départage les 10 000 postulants qui se pressent au concours d'entrée.

ENTRAÎNEMENT INTENSIF
L'enseignement du shuai-jiao de maître Chang répond aux exigences spécifiques de la police, avec l'arrestation comme objectif. Les élèves apprennent à maîtriser rapidement et efficacement un agresseur.

PRÉPARATION COLLECTIVE
Les séances d'échauffement font partie intégrante de l'apprentissage. Étirements, courses, haltérophilie et pompes participent à améliorer l'équilibre, la force et l'endurance des élèves. Ces séances peuvent durer près d'une heure, sans un seul moment de répit.

PASSAGE PAR L'ENTREJAMBE

Ce mouvement appelé « chuan dang » ou « passage par l'entrejambe » se présente comme une projection, visant à aider un pratiquant confronté à un adversaire plus grand qui lui agrippe la nuque. Le plus petit des deux pose un genou à terre, passe un bras entre les jambes de l'adversaire et saisit l'arrière d'une des jambes (saisie en tenaille) afin de basculer ce dernier sur son épaule, avant de le projeter par-dessus l'épaule.

CEINTURES ET CORDES

Les pratiquants de shuai-jiao se servent d'une corde ou de la ceinture de leur uniforme comme d'une arme. Un accessoire utile pour attacher, appréhender ou, selon les circonstances, frapper l'agresseur. Corde de cuir ou chaîne métallique sont utilisées dans les séances d'entraînement les plus avancées.

RECOURS AU MANNEQUIN

Les pratiquants s'exercent à certains mouvements à l'aide d'un mannequin spécialement conçu à cet effet. Un accessoire utilisé pour s'entraîner en solitaire ou limiter les risques de blessures.

OBJETS DU QUOTIDIEN

L'entraînement au shuai-jiao fait souvent appel à des objets du quotidien. Un simple vase en terre cuite permet de travailler la force des bras et des mains, un piquet de bois suffit à s'exercer en conservant un écartement des mains idéal.

ÉTONNANTE SOUPLESSE
Ce pratiquant revêtu de la tunique des moines de Shaolin pratique ses enchaînements dans le parc du Temple du Ciel de Pékin. Ces démonstrations de souplesse, autant que d'art martial, attirent traditionnellement les foules.

FORMES ET ENCHAÎNEMENTS
Ces enchaînements ne se rapportent à aucune forme particulière d'art martial, mais les postures adoptées (de gauche à droite, ci-dessous) évoquent celle du Bouddha endormi de la boxe du singe, le Roi Singe Sun Wukong héros de l'épopée de *La Pérégrination vers l'Ouest*, mais aussi la posture classique du guerrier shaolin.

Lai-tung-pai

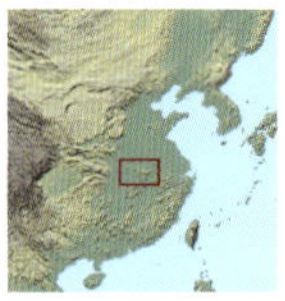

SIGNIFICATION
BOXE DU VILLAGE DE LAI-TUNG
DATE
XVIIe SIÈCLE
FONDATEUR
CHI SHIN-SIM
SOURCE
PROVINCE DU HENAN, CHINE

D'abord qualifié de « poon kuen » ou « poing encerclant », cet art martial externe d'origine shaolin aurait été mis au point par un moine nommé Chi Shin-sim. Son disciple, Yuen Mau, importa cette discipline au sud de Canton. Caché dans un village, il tomba dans une embuscade tendue par un groupe de soldats insoumis. Yuen Mau aidé des villageois réussit à sortir vainqueur de l'affrontement. Ces soldats étant probablement des déserteurs ou des brigands, l'incident ne donna pas lieu à des mesures de représailles. En l'honneur des villageois, Yuen Mau décida de rebaptiser son art martial « lai-tung-pai » ou « boxe du village de Lai-Tung ».

Système de mouvements courts

Le système intègre nombre de techniques basées sur des armes longues, mais reste avant tout perçu comme une boxe du sud, parfois comparée au wing-chun, en raison de ses techniques de combat rapproché, notamment son « coup de poing de 1 et 3 pouces ». De toutes les formes, 12 se présentent comme des techniques courtes à mains nues, présentant entre 24 et 36 enchaînements, à l'exception d'une séquence regroupant près de 300 mouvements individuels pré-arrangés. L'enseignement des armes fait appel au bâton, au sabre et au couteau papillon, mais aussi à l'utilisation d'un *mook-jong* ou « mannequin de bois » qui facilite l'entraînement et se retrouve à travers toutes les écoles de wing-chun.
Les similitudes en matière d'armes et de techniques de combat armé entre le lai-tung-pai et le wing-chun, développé par Ng-Mui (*voir* p. 122) poussent certains à affirmer que cette dernière aurait influencé les pratiquants de lai-tung-pai.

> **MANNEQUIN DE BOIS**
Conçu pour le lai-tung-pai, le *mook-jong*, cette sorte de mannequin de bois est aujourd'hui adopté par les pratiquants de wing-chun.

Choy-li-fut

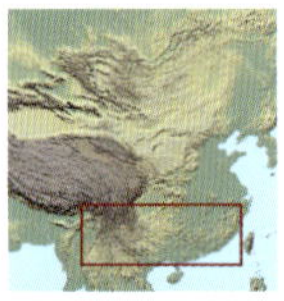

SIGNIFICATION
BOXE DES FAMILLES CHOY, LI ET DU BOUDDHA
DATE
XIXe SIÈCLE
FONDATEUR
CHAN HEUNG
SOURCE
SUD DE LA CHINE

La discipline vit le jour en 1836, sous l'impulsion de Chan Heung, initié aux arts martiaux par son oncle, célèbre boxeur du légendaire monastère de Shaolin, dans la province du Henan.

Le choy-li-fut est avant tout réputé comme un système du sud, incluant les styles du nord et du sud. Cet art martial associe les techniques shaolin inspirées des cinq animaux, le tigre, la grue, le léopard, le serpent et le dragon (*voir* pp. 56, 88, 89, 111, 68, 124, 114).
Il tire son énergie d'un large éventail de postures et les techniques de main, typiques des arts du sud, accompagnent jeu de jambes, coups de pied et manœuvres de jambes propres aux systèmes du nord.

蔡李佛

CHOY-LI-FUT

Méthode originale

La méthode d'entraînement originale mise au point par Heung aurait été conçue de façon à pouvoir former rapidement et efficacement des combattants, alors en lutte contre la dynastie mandchoue au pouvoir. De nombreuses techniques sont accompagnées de cris spécifiques, associés à une forme particulière. Ainsi, le pratiquant qui lance une frappe du poing à partir de la posture du cheval émet un puissant « *wah* », une « griffe du tigre » est exécutée au cri de « *dik* », alors que d'autres, comme « *sik* » ou « *yik* » sont couramment lancés. Ces cris furent probablement intégrés au système comme un signal de reconnaissance qui permettait d'identifier ses alliés au cours d'une bataille.

Méditation et armes

Les étudiants sont initiés au maniement de toutes les armes de combat, y compris au trident des neuf dragons, conçu par Heung en personne. Les exercices internes, comme la méditation et les techniques respiratoires font partie intégrante de l'apprentissage.

> « MON SEUL BUT EST DE PARTAGER MES CONNAISSANCES… AINSI, D'AUTRES POURRONT À LEUR TOUR APPRÉCIER CE STYLE D'ART MARTIAL. »
>
> GRAND MAÎTRE LAY WING SUNG

Poing du dragon

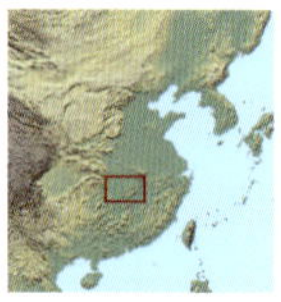

SIGNIFICATION
STYLE DE BOXE INSPIRÉ DE L'ESPRIT DU DRAGON
DATE
XVIIe SIÈCLE
FONDATRICE
NG-MUI
SOURCE
MONTS WUDANG, PROVINCE DU HUBEI, CHINE

Cet art martial aux origines encore obscures aurait été pour certains mis au point par une nonne de Shaolin, Ng-Mui. Cette discipline conçue pour affronter et vaincre un adversaire de force supérieure s'adressait plus particulièrement aux femmes.

Les attaques du pied et les sauts restent rares, au profit de techniques sollicitant mains, paumes et coups de griffe, toutes visant à blesser ou tuer l'adversaire. Les exercices de qi-gong restent au cœur de cet art martial, comme en témoigne ce sifflement puissant, effrayant à entendre, libéré par certains pratiquants lors de l'entraînement.

Le travail des armes puise dans la gamme variée des armes chinoises traditionnelles, comme l'épée et la lance, mais le système du dragon se caractérise par l'usage d'un bâton particulier de 2,70 m de long. Connue sous le nom de « Dragon céleste » cette arme très efficace au combat était aussi utilisée lors de la formation des étudiants, pour montrer comment insuffler poids, puissance et contrôle aux frappes à mains nues.

V L'ESPRIT DU DRAGON
Le système du dragon n'est pas basé sur les mouvements de cette créature légendaire, mais sur ces qualités spirituelles.

Do-pi kung-fu

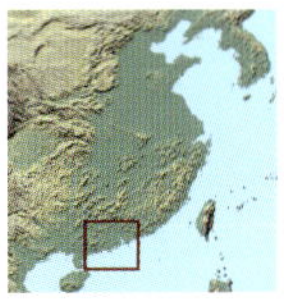

SIGNIFICATION
« STYLE DE LA VOIE » EN CANTONAIS
DATE
ANNÉES 1930
FONDATEUR
CHAN DAU
SOURCE
PROVINCE DU GUANGDONG, CHINE

Ce système relativement récent, créé vers la fin des années 1930, par Chan Dau, vit le jour dans la province du Guangdong (ou de Canton), au sud de la Chine. Chan Dau qui avait connu des débuts difficiles (*voir* ci-contre) était devenu un artiste martial confirmé. Il débuta les arts martiaux à neuf ans, puis pratiqua le hung-gar (voir p. 111), le hop-gar (*voir* p. 55) et le choy-li-fut (*voir* page précédente), avant de développer son propre système.

Le do-pi intègre l'apprentissage de nombreuses formes, afin d'aider les pratiquants dans leur progression. Au nombre de ces enchaînements, on trouve notamment celui des « huit fées ivres » ou de « l'éventail ivre ».

> « LES MOUVEMENTS SIMPLES RESTENT LES PLUS EFFICACES AU COMBAT. »
>
> GRAND MAÎTRE CHAN DAU

LE DISTRICT DE SHAM SHUI PO AUJOURD'HUI

Kidnappé dans la province de Guangdong, alors qu'il était enfant, puis vendu à la puissante famille Yu, Chan Dau débuta son apprentissage avec les encouragements du grand-père de la famille Yu. Il commença par s'initier au hung-kuen mais, un jour, il blessa accidentellement le vieil homme et fut chassé de la maison des Yu.

Chan Dau trouva refuge dans un monastère local et un moine devint son nouvel entraîneur. Il quitta le monastère deux ans plus tard et partit à la recherche de sa famille, qu'il retrouva. Le jeune garçon survécut en vendant des cacahuètes dans la rue. Il réussit un jour à faire impression lors d'une démonstration d'art martial et finit par accéder à la notoriété. Il ouvrit une école à Sham Pui Po, district à l'époque mal famé de Kowloon, à Hong Kong, où il enseigna le do-pi kung-fu, synthèse de différents arts martiaux appris dans sa jeunesse.

Fu-jiao-quan

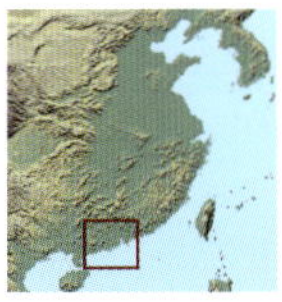

SIGNIFICATION
« BOXE DES GRIFFES DU TIGRE » EN CANTONAIS
DATE
1934
FONDATEUR
WONG BIL HONG
SOURCE
PROVINCE DU HENAN, CHINE

Ce système privilégie les attaques en « griffe du tigre », pour la lacération et le déchirement, associées à des techniques de saisie et de pression des points vulnérables du corps de l'adversaire. Créé au monastère de Shaolin (*voir* p. 56), il vise à développer le corps et l'esprit, à travers la pratique d'exercices d'entraînement exténuants. « Être agressif dans l'attaque, feinte ou directe » résume un des principes directeurs du système. Un art qui encouragerait les pratiquants à adopter une attitude mentale positive.

Un art en constante évolution

Ce système à l'origine connu sous le nom de « hark fu moon » ou « système du tigre noir » fut rebaptisé fu-jiao-quan par son fondateur, le grand maître Wong Bil Hong, en l'honneur du moine shaolin qui avait été son maître. Wong Bil Hong qui maîtrisait déjà le hung-gar (*voir* p. 111) s'inspira des principes directeurs de ce système pour développer son propre style.

Épreuves d'endurance

La méthode d'entraînement privilégie la mise en condition physique, à travers la pratique de techniques comme la « main de fer », conçue pour aider le corps et les mains à supporter les coups. Des épreuves de torture visent à renforcer les tendons, les doigts, les muscles et la peau.

Il n'est pas rare que les entraîneurs frappent les étudiants à l'aide de baguettes de bambou, avant d'utiliser des accessoires plus conséquents, comme le bâton ou la batte de base-ball, afin d'endurcir le corps et l'esprit de leurs élèves. Lors de brutales séances d'entraînement en extérieur, les pratiquants sont encouragés à frapper leurs avant-bras contre des troncs d'arbres, avant de les griffer de leurs doigts, jusqu'à lacérer et détacher l'écorce.

▲ MENTAL D'ACIER
Un entraînement intensif encourage les étudiants à développer une attitude mentale positive – de quoi les aider à libérer des frappes surpuissantes.

> SAGA MYTHIQUE
Jet Li participa à populariser le système de la boxe du tigre dans le film *Il était une fois en Chine*.

ARMES ET ARMURES

ARMES CHINOISES

SOUVENT QUALIFIÉ de « prince des armes » le *jian* ou épée droite à double tranchant est l'une des armes chinoises traditionnelles parmi les plus répandues, au même titre que le *dao* et le poignard. En Chine, les guerriers qui se préparaient au combat avaient pour habitude de porter trois armes sur eux : une arme principale, toujours visible, comme une épée ou un poignard, une arme cachée, comme un fouet ou une chaîne, puis un troisième type d'arme de longue portée, de style dards et dagues ou *bi-shou*. La maîtrise de toutes ces armes exigeait patience et pratique. La qualité de ces premières armes entraîna une diffusion rapide des techniques de forge chinoises vers le Japon et la Corée.

FOURREAU
Souvent très décoratifs, les fourreaux sont traditionnellement rehaussés d'or.

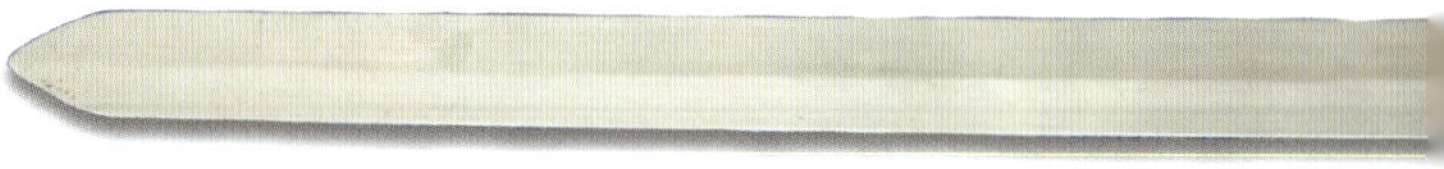

DOUBLE TRANCHANT
Les deux côtés de la lame sont affûtés et l'arme présente une pointe typique taillée en biseau.

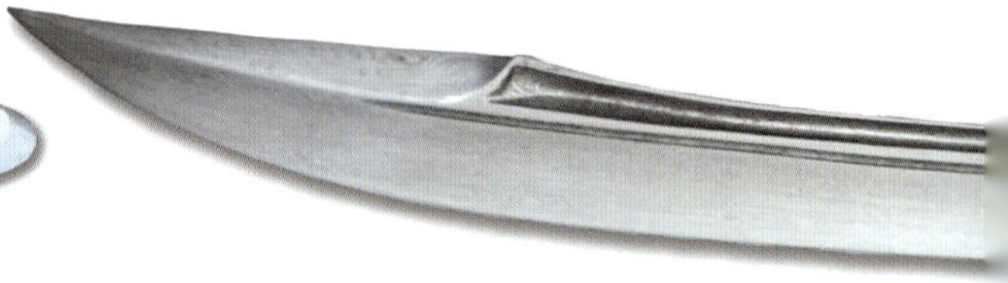

BI-SHOU
Ces courtes dagues étaient faciles à dissimuler dans une paire de bottes. Le foulard fixe à la poignée de cette arme de jet permettait d'équilibrer sa trajectoire lors du lancer.

POIGNÉE
Le jade des poignées des dagues traditionnelles a aujourd'hui cédé sa place au bois.

Pointe tranchante

TAIJI-JIAN
Généralement associé aux arts martiaux taoïstes, le *jian* est une épée droite à double tranchant, de facture classique.

JIAN CLASSIQUE
Cette arme militaire est avant tout utilisée sur les champs de bataille. Elle peut être ornée d'un gland qui a pour vocation de détourner et de distraire l'attention de l'adversaire.

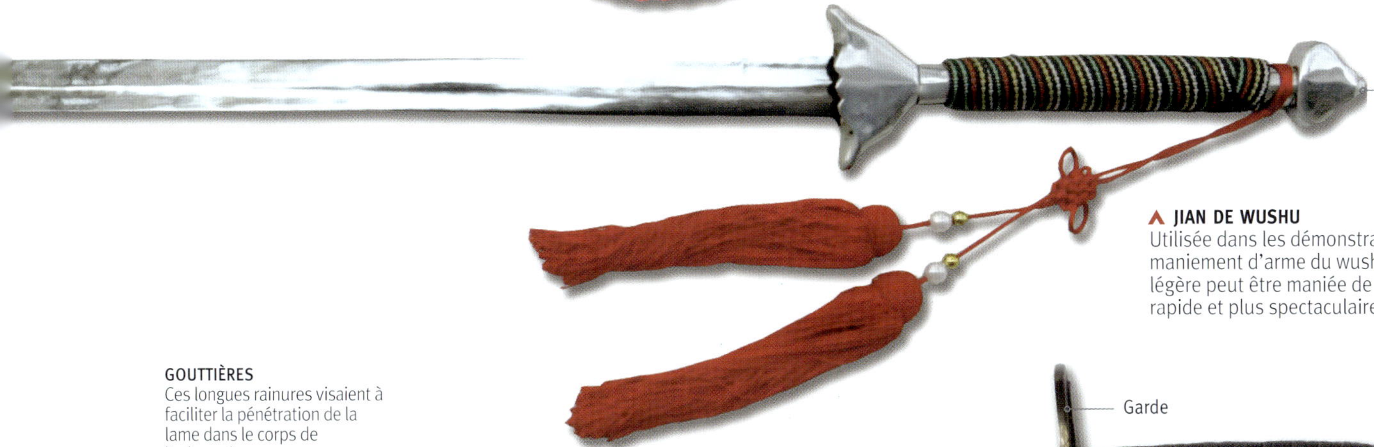

POMMEAU
Un petit contrepoids stabilise et équilibre l'épée.

JIAN DE WUSHU
Utilisée dans les démonstrations de maniement d'arme du wushu, cette épée légère peut être maniée de façon plus rapide et plus spectaculaire.

GOUTTIÈRES
Ces longues rainures visaient à faciliter la pénétration de la lame dans le corps de l'adversaire.

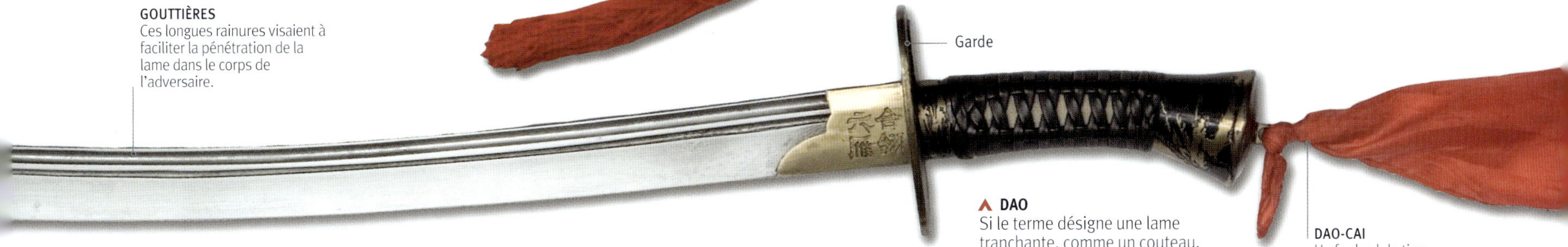

DAO
Si le terme désigne une lame tranchante, comme un couteau, il s'applique plus particulièrement au sabre à lame courbe. Une arme basique à un seul tranchant utilisé pour tailler, trancher et fendre.

DAO-CAI
Un foulard de tissu fixé à la poignée servait à éponger le sang d'une blessure lors d'une bataille.

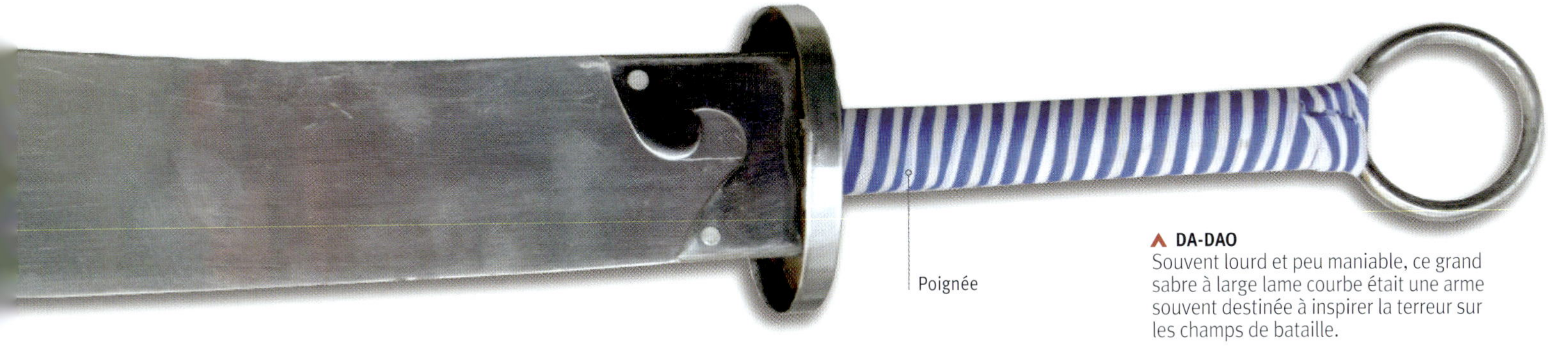

DA-DAO
Souvent lourd et peu maniable, ce grand sabre à large lame courbe était une arme souvent destinée à inspirer la terreur sur les champs de bataille.

FEIYUE
FEIYUE

AU CŒUR DE LA CIBLE
Ce pratiquant de wushu (*voir* pp. 93-99) rebondit après avoir exécuté une spectaculaire technique de frappe aérienne du pied, empruntée au chang-quan (*voir* p. 89).

San soo

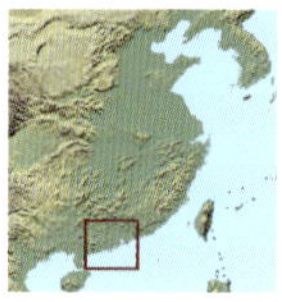

SIGNIFICATION
« MAINS DÉLIÉES » EN CANTONAIS
DATE
Ier SIÈCLE AVANT J.-C.
FONDATEUR
PLUSIEURS FONDATEURS
SOURCE
PROVINCE DU GUANGDONG, CHINE

Selon la légende, le san soo aurait été créé il y a plus de 2 000 ans, par des moines du temple de Kwan-yin, dans la province du Guangdong. Ces moines non armés étaient régulièrement agressés par des bandits lorsqu'ils ramenaient au temple la nourriture et l'argent nécessaires à leur survie. C'est ainsi qu'ils développèrent un système d'autodéfense, à l'origine du san soo contemporain.

Arrivée aux États-Unis

En 1937, le grand maître chinois Jimmy Haw Woo (Chen-Sau-Tsei) importe le san soo aux États-Unis. Installé à Los Angeles, en 1962, il ouvre sa première école et participe à populariser le san soo en Occident.

Ce style sans séquence codifiée séduit par sa polyvalence. Basé sur une connaissance certaine des lois de la physique – intégrant des principes de levier, de puissance et de rapidité – il vise essentiellement deux objectifs : immobiliser ou anéantir l'adversaire en l'espace de trois frappes et achever le combat en moins de dix secondes.

Déplacements classiques

Un pratiquant de san soo libère coups de poing, frappes de pied et projections, afin d'en finir au plus vite avec l'adversaire. Le combattant fait appel à des techniques de projection inédites, mise en œuvre en fin de frappe du poing. Une tactique classique consiste à esquiver une première attaque, à saisir l'adversaire et à le projeter au sol, en le saisissant par la tête ou la taille. L'adversaire à terre essuie une série de frappes du poing, au niveau des points vitaux.

> « VOUS POUVEZ M'ÔTER LA VIE, MAIS VOUS NE RÉUSSIREZ JAMAIS À M'ÔTER MA CONFIANCE EN MOI. »
>
> GRAND MAÎTRE JIMMY HAW WOO

Sanshou

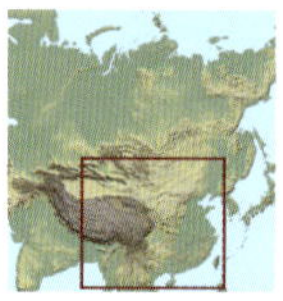

SIGNIFICATION
« MAINS LIBRES » OU « MAINS ALÉATOIRES » EN MANDARIN
DATE
ANNÉES 1960
FONDATEUR
PLUSIEURS FONDATEURS
SOURCE
CHINE

Le sanshou, parfois appelé « sanda », correspond au sport de combat du wushu moderne (*voir* pp. 93-99), pratiqué en Chine après 1949, dont la popularité n'a depuis cessé de grandir à travers le monde.

Le système a été codifié dans les années 1960, afin d'uniformiser les règles du combat sportif en Chine et offrir aux artistes martiaux de toutes disciplines une scène où s'exprimer.

Le sanshou autorise coups de pied, coups de poing, projections et lutte, mais interdit les étranglements, les clés de bras et les immobilisations. Un combattant peut être déclaré vainqueur par uppercut ou aux points.

RAPIDE ET DIRECT
Cet art violent et rapide s'apparente au kickboxing (*voir* p. 331), mais intègre des techniques de projection.

Damo-shu

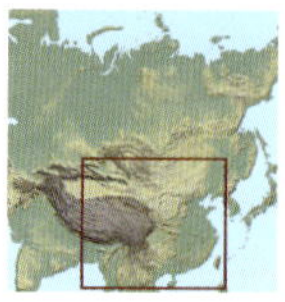

SIGNIFICATION
« MAIN DE DAMO » EN RÉFÉRENCE À BODHIDHARMA ÉGALEMENT CONNU SOUS LE NOM DE PU TI DA MO
DATE
INCONNUE
FONDATEUR
ANONYME
SOURCE
CHINE

Parfois baptisé « main de Damo » ce système intègre la médecine et la science des plantes médicinales. L'entraînement au combat armé et à mains nues se caractérise par des techniques de main ouvertes, utilisant les cinq doigts et le dos de la main, associés au talon de la paume, mais aussi le tranchant et l'arête de la main, comme premières armes d'attaque. Le tranchant de la main correspond à la section comprise entre la base du petit doigt et le poignet, l'arête est formée lorsque le pouce est replié sous les doigts, de façon à frapper du talon de la paume.

Pour l'entraînement des mains et des bras, le style privilégie la méditation et les plantes médicinales aux techniques de la « paume de fer » (techniques qui conditionnent le corps à délivrer de lourdes frappes, sans se blesser soi-même).

Cette discipline encore confidentielle fut baptisée en référence au moine Bodhidharma.

Choy-gar

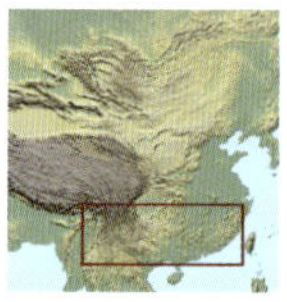

SIGNIFICATION
STYLE DE BOXE ASSOCIANT LES STYLES DU RAT ET DU SERPENT
DATE
XVIIe SIÈCLE
FONDATEUR
CHOY GAU-YI
SOURCE
SUD DE LA CHINE

L'origine de ce style est obscure, mais l'art se serait développé à partir de la synthèse de la boxe du rat ou « cai-jia-quan » enseignée au monastère de Shaolin (*voir* pp. 57-67). Le système évolua en intégrant les techniques de la boxe du serpent (*voir* p. 124).

Ce style du sud, basé sur des postures basses et le travail des jambes, est souvent associé à une morale exigeante destinée à forger et endurcir le caractère.

Nan-quan

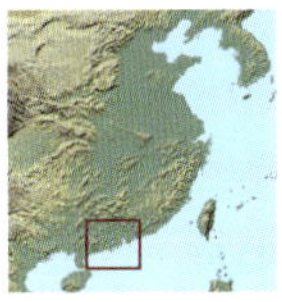

SIGNIFICATION
« POING DU SUD » EN CANTONAIS
DATE
ANNÉES 1960
FONDATEUR
ANONYME
SOURCE
PROVINCE DU GUANGDONG, CHINE

Le nan-quan ou « boxe du sud » est un art martial populaire des provinces du Guangdong et du Fujian. Il privilégie les changements rapides de directions et encourage les balancements de bras, afin d'insuffler élan et puissance aux frappes. Les attaques répétées, ciblant le bas du corps, sont suivies de coups de poing uppercut ou « tao quan ». Ce style, très apprécié des jeunes pratiquants, met l'accent sur le renforcement de chaque partie du corps.

Cette forme du wushu moderne (*voir* pp. 93-99), développée dans les années 1960, intègre des aspects du hung-quan, du choy-li-fut (*voir* p. 114) mais aussi des styles li, liu, mo et cai. La discipline est réputée pour ses expressions sonores ponctuant frappe et action, dans le but de surprendre l'adversaire, comme le « *fa-sheng* », ce cri accompagnant la libération de l'énergie, comparable au « *kiai* » des arts martiaux externes coréens et japonais.

> COMBAT DE COMPÉTITION
Ce boxeur de nan-quan en pleine démonstration, lors d'une rencontre de wushu organisée dans le cadre des Jeux asiatiques, accompagne son attaque d'un sonore « *fa-sheng* ».

Shaolin nam pai chuan

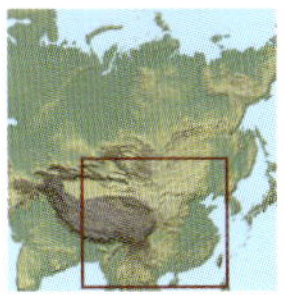

SIGNIFICATION
« POING DU NORD ET DU SUD » EN CANTONAIS
DATE
1978
FONDATEUR
SIFU CHRISTOPHER LAI
SOURCE
CHINE

Ce style de boxe hybride intègre des éléments du judo, du wado-ryu et du taekwondo (*voir* pp. 234-235, 205, 134-135). Un style qualifié de « poing du nord et du sud » associant les techniques de main des systèmes du nord et du sud de la Chine. L'enseignement des techniques de combat armé et à mains nues s'accompagne de l'apprentissage de formes et séquences traditionnelles.

Tang-shou-dao

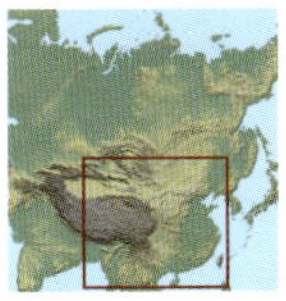

SIGNIFICATION
ESPRIT DU DRAGON, VOIE DE LA MAIN CHINOISE
DATE
ANNÉES 1950
FONDATEUR
HUNG-I-HSIANG
SOURCE
TAÏWAN

Après un voyage au Japon, Hung-I-Hsiang, artiste martial chinois, décida d'appliquer dans son enseignement les méthodes d'apprentissage et de distinctions des systèmes japonais. Le tang-shou-dao associe les éléments majeurs de systèmes chinois internes, comme le xing-yi-quan (*voir* p. 92), le ba-gua-quan et le tai-ji-quan (*voir* pp. 80-87), à des aspects externes de la boxe de Shaolin (*voir* pp. 57-67). Les combats sportifs se déroulent surtout à Taïwan et aux États-Unis, où le système est le plus pratiqué. Les étudiants lors de l'entraînement arborent un plastron, un casque et des protections aux poings et aux pieds.

▲ DANS LES ANNÉES CINQUANTE
Après sa formation auprès de Chang-Chun-Feng, Hung-I-Hsiang (à gauche) développa son propre style.

Feng-shou

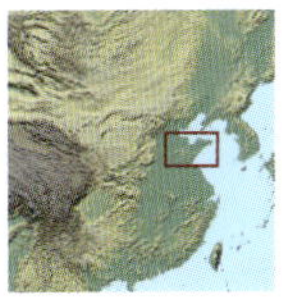

SIGNIFICATION
« MAIN DU VENT » EN CANTONAIS
DATE
VERS LE Ier SIÈCLE
FONDATEUR
ANONYME
SOURCE
PROVINCE DU SHANDONG, CHINE

Forme interne de tai-ji-quan (*voir* pp. 80-87), système d'autodéfense, le feng-shou fait référence à Feng Bo, personnage mythologique qui, disait-on, maîtrisait le vent. Basé sur les enchaînements fluides et les « mains collantes » du style li du tai-ji-quan, le feng-shou est un art trompeur – sa devise « la douceur des ailes du papillon, mais la dureté de l'acier ». Mouvements circulaires des mains, attaques rapides et continues et blocages en sont les caractéristiques.

Wing-chun

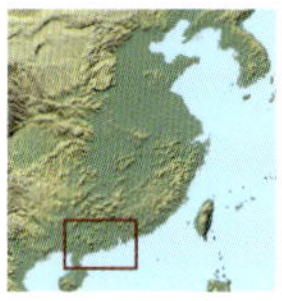

SIGNIFICATION
« BOXE DU PRINTEMPS RADIEUX » EN CANTONAIS

DATE
XVIIe SIÈCLE

FONDATRICE
YIM WING-CHUN

SOURCE
PROVINCE DU GUANGDONG, CHINE

Style très populaire, dédié au combat rapproché, le wing-chun inspira la philosophie et les disciplines de combat pratiquées par Bruce Lee. Selon la légende, ce système aurait été enseigné par une nonne bouddhiste à une jeune femme, prénommée Yim Wing-chun, originaire du sud de la Chine. Prisonnière d'un seigneur de guerre local qui voulait la prendre pour épouse, elle avait relevé le défi de l'affronter au combat. Sa victoire lui assurerait la liberté et le libre choix de l'élu de son cœur. À la surprise générale, Yim Wing-chun remporta le combat, épousa son ami d'enfance et lui enseigna la discipline qui l'avait aidée à vaincre. À son tour, son mari enseigna l'art à d'autres disciples et nomma le style « wing-chun ».

Un tronc commun

Le wing-chun se décline en différents styles, la plupart intégrant six formes, dont trois de combat à mains nues, une au mannequin de bois et deux de combat armé. Basé sur une économie de mouvements, le wing-chun exige des pratiquants la recherche d'une ouverture dans la garde de l'adversaire, avant la frappe des cibles d'une succession de coups de poing explosifs et de piques des doigts. Balayages et techniques de déviation de force sont utilisés pour désorienter l'adversaire et le forcer à décaler sa garde par rapport à la ligne centrale. Au combat, le pratiquant dévie ou intercepte les frappes, avant de piéger ou d'attaquer l'adversaire. Le wing-chun présente une attaque unique, avec projection du poing à partir du centre de la poitrine, et non depuis la hanche, la taille ou la garde, comme dans les autres styles.
Souplesse et relâchement sont travaillés à travers l'entraînement et la pratique. La force brutale est à éviter, car elle rigidifie les membres et offre à l'adversaire l'occasion de retourner la situation à son avantage. Ce dernier sera capable d'anticiper le mouvement, et de dévier la force pour l'utiliser à son profit. Le « mook-jong » ou mannequin de bois facilite l'apprentissage des 108 mouvements ou formes du système. Il permet à l'étudiant de s'entraîner seul et de parfaire ses techniques de blocages, mais aussi de mains, de poings, de bras et de pieds, à travers une succession de frappes explosives contre le bois.
L'entraînement au « mook-jong » incite aussi à se concentrer sur les angles de frappe et d'attaque.

永春

WING CHUN

MAÎTRE IP CHUN

En 1967, maître Ip Chun, l'un des maîtres de du wing-chun, commença à enseigner cette discipline à Hong Kong. Entre 1985 et 2000, le maître anima séminaires et conférences sur le sujet à travers le monde. Depuis 2001, Ip Chun réserve son enseignement à de petits groupes de privilégiés.

› FORME DU WING-CHUN
L'enseignement du wing-chun présente deux formes armées, l'une au couteau papillon (ci-contre), l'autre au bâton long.

EXERCICES D'ENTRAÎNEMENT AU WING-CHUN

1 Faisant face à un adversaire imaginaire, le pratiquant adopte une posture basse, alors que ses mains exécutent un double blocage.

2 En remontant rapidement les poignets, il se dégage de la prise de l'adversaire.

3 La main droite revient dans sa position initiale. Se tournant à 90° vers la gauche, il lance une frappe du pied à hauteur de taille.

4 La main droite pare un coup de pied, la main gauche protège le « cœur » – le centre du torse – cible privilégiée des attaques dans ce système.

5 Coup de poing de la main gauche, la main droite protège le cœur d'une possible attaque. Coup de poing de la main droite, la main gauche protège le cœur.

6 La main gauche revient dans sa position initiale, la main droite délivre un coup de poing dynamique, contractant les muscles du bras lors de la frappe.

Hong-cha

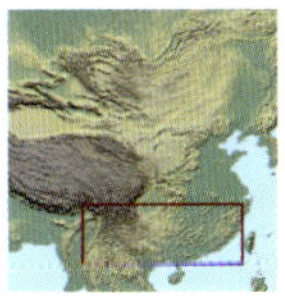

SIGNIFICATION
ART MARTIAL DU SUD DE LA CHINE

DATE
INCONNUE

FONDATEUR
ANONYME

SOURCE
SUD DE LA CHINE

Cette boxe du sud d'origine inconnue présente des similitudes avec le hung-gar (*voir* p. 111). Influencée par les systèmes basés sur les principes des cinq animaux – notamment le tigre et le dragon –, la discipline privilégie frappes de pied et de poing, associées à des techniques de combat au sol caractérisées par des postures basses, mais aussi à des techniques de respiration profonde (chaque animal possède la sienne) et à l'enseignement du principe des cinq éléments : le bois, l'eau, le feu, le métal et la terre.

Fut-gar

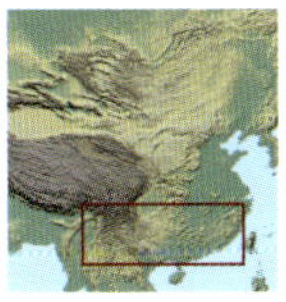

SIGNIFICATION
« BOXE DU BOUDDHA » EN CANTONAIS

DATE
INCONNUE

FONDATEUR
ANONYME

SOURCE
SUD DE LA CHINE

Un style de boxe caractérisé par un jeu de jambes évasif, des coups de pied bas et des frappes de la paume. Aucun fondateur n'a véritablement pu être identifié, mais cet art martial aurait été développé à partir du luohan-quan (*voir* p. 69). Le nom de cet art désignait à l'origine tous les styles de boxe utilisés par les moines bouddhistes, mais fait aujourd'hui référence à une discipline à part entière. Système à la fois externe et interne, le fut-gar associe les aspects durs de la force physique aux aspects souple du qi-gong, pour proposer un style complet intégrant mouvements d'attaque et de défense.

Techniques offensives réputées (comme le coup de poing marteau ou le coup de poing circulaire), jeu de jambes évasif et utilisation d'armes inédites – comme l'épée du dragon – participent à inscrire la tradition au cœur de cet art martial de caractère.

« L'ATTAQUE SUCCÈDE INSTANTANÉMENT À LA DÉFENSE, EN UN MOUVEMENT ININTERROMPU. »

MANTRA D'ENTRAÎNEMENT AU FUT-GAR

Boxe de la mante religieuse du sud

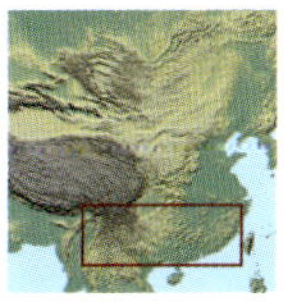

SIGNIFICATION
ART MARTIAL DU SUD DE LA CHINE

DATE
XVIIIe SIÈCLE

FONDATEUR
ANONYME

SOURCE
SUD DE LA CHINE

Ce style issu d'un système de boxe chinoise du sud se décline en une multitude de variantes, dont le chow-gar, le chu-gar, le jooklam (« forêt de bambou ») ou la forme du « bœuf de fer ».

La boxe de la mante religieuse du sud est un système de combat efficace et brutal, dépourvu de toute considération esthétique. Les frappes de pied sont exécutées à hauteur et en dessous du niveau de la taille, afin d'atteindre des points vulnérables, comme aine, hanches, genoux, chevilles et cous-de-pied. Les piques des mains ciblent les parties du corps au-dessus de la taille – reins, côtes, plexus solaire, gorge, yeux et tempes. Ces techniques obéissent au principe selon lequel aucune fraction de seconde ne doit être perdue pour attaquer une cible lors d'un combat.

Mise en condition physique

L'entraînement intègre généralement formes de poing, exercices en duo, exécution et répétition de mouvements basiques et exercices physiques éreintants, visant à renforcer les instruments de frappe, comme les poings, les doigts et les avant-bras.

Les pratiquants se prêtent à des exercices d'écrasement et de pression des bras et des jambes, sous le poids de leur partenaire qui exerce une pression considérable sur leur corps, selon différents angles. L'objectif est d'apprendre à l'élève à respirer, avec les exercices de qi-gong, et de l'aider à développer sa résistance physique.

NOTE DE L'AUTEUR

Mes premiers souvenirs de cet art renvoient à des séances d'entraînement laborieuses. Pour mieux assimiler le jeu de jambes, je dus trois mois durant m'exercer le long d'un morceau de moquette marqué de points précis. Adolescent, je rêvais de sauter comme Bruce Lee, mais je réalisais plus tard que la victoire en combat résulte avant tout de la qualité du jeu de jambes.

Liu-gar

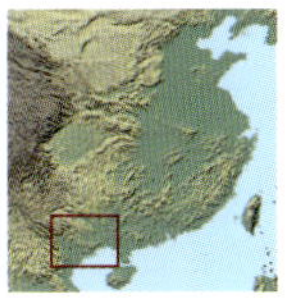

SIGNIFICATION
« BOXE DE LA FAMILLE LIU » EN CANTONAIS

DATE
XVIIIe SIÈCLE

FONDATEUR
LIU SAN YAN

SOURCE
PROVINCE DU GUANGXI, CHINE

Le liu-gar ou « boxe de la famille Liu » compte au nombre des systèmes de boxe majeurs du sud de la Chine. Les origines de cette pratique remontent à un temple de Guilin, dans la province chinoise occidentale du Guangxi. Un chasseur de tigre local, surnommé « Liu à trois yeux », serait le fondateur de la discipline. Les techniques de combat de ce style s'inspirent des mouvements des cinq animaux de Shaolin (*voir* p. 125). Entraînement mental et stratégies de combat dérivent de la philosophie bouddhiste et du « qi-gong ».

École et apprentissage

Traditionnellement, les arts martiaux chinois n'intègrent pas de système de classification. Les étudiants des écoles d'arts martiaux sont classés en fonction de leur ancienneté et non de leur adresse. Ainsi, les novices doivent respect aux anciens, même si au fil du temps ils se révèlent plus talentueux que leurs « aînés ».

> **MONTRER L'EXEMPLE**
Maître Yau, chef de file du liu-gar en pleine démonstration d'une posture avec la main en griffe de tigre.

Selon leurs aspirations, les élèves intègrent à leur programme d'entraînement de rigoureux exercices physiques qui s'ajoutent aux séances de course, de saut et d'haltérophilie. Dans les établissements les plus récents, la boxe occidentale et le kickboxing sont associés à l'apprentissage des techniques de combat.

Le chef de file actuel du liu-gar, maître Jeremy Yau, introduisit le système au Royaume-Uni, en 1961, pour en faire le plus populaire des styles de boxe chinoise pratiqués dans ce pays.

Hung-sing

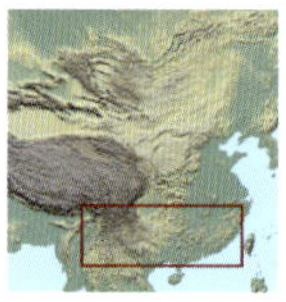

SIGNIFICATION
« VICTOIRE GLORIEUSE » EN CANTONAIS

DATE
XIXe SIÈCLE

FONDATEUR
JEONG HUNG-SING

SOURCE
SUD DE LA CHINE

Ce style de boxe est une variante du choy-li-fut (*voir* p. 114) enseigné dit-on à travers plus de 100 *kata* ou formes. Le système a été importé aux États-Unis en 1931, par Law Bun qui enseignait des manœuvres de combat défensives au sein d'une association de bienfaisance de San Francisco.

Réputé pour ses attaques explosives et directes, ce style fut développé par Jeong Hung-sing qui utilisa son expérience de vigile pour mettre au point son système. Cette pratique, dont l'enseignement resta longtemps réservé aux seuls Chinois d'origine, s'est généralisée aux États-Unis, surtout à San Francisco.

QUARTIERS GÉNÉRAUX
Façade du bâtiment abritant la Hop Sing Tong Association, là où le système du hung-sing fut pour la première fois enseigné aux États-Unis.

Boxe du serpent

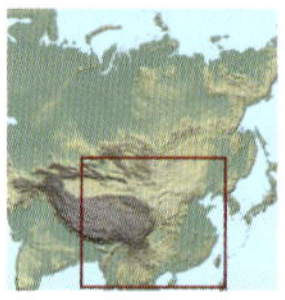

SIGNIFICATION
STYLE DE BOXE CHINOISE

DATE
INCONNUE

FONDATEUR
ANONYME

SOURCE
CHINE

Considérée comme un des arts martiaux chinois dits des cinq formes parmi les plus populaires, la boxe du serpent se divise en deux branches principales, distinguant le « style du nord » et le « style du sud ». Ces deux variantes se caractérisent par des mouvements fluides comparables à ceux du serpent, dans les manœuvres défensives et offensives. La fluidité de mouvement est en parfaite adéquation avec les principes des arts martiaux internes. Les différentes formes de mains s'appuient sur des attaques particulières, exécutées du bout des doigts, en imitant les mouvements du cobra et du python.

Frappes et piques

Puisée au niveau de la colonne vertébrale, la force se propage jusqu'au bout des doigts selon un flux ondulatoire. Piques et frappes du bout des doigts ciblent les points vulnérables de l'adversaire, comme l'aine, les yeux et la gorge. Les pieds sont solidement collés au sol, mais leurs mouvements doivent être fluides pour enchaîner les postures. Beaucoup d'autres arts martiaux asiatiques présentent des techniques de frappes du bout des doigts sous des angles inédits. Ces actions tirent probablement leur origine des mouvements si particuliers de la boxe du serpent.

PIQUE DES DOIGTS
On les projette contre les points vulnérables du corps.

Quan-fa

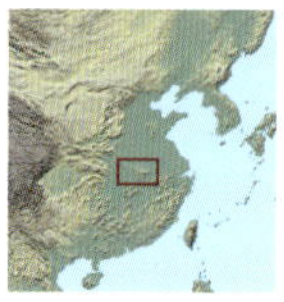

SIGNIFICATION
« TECHNIQUES DU POING » EN MANDARIN

DATE
INCONNUE

FONDATEUR
PLUSIEURS FONDATEURS

SOURCE
PROVINCE DU HENAN, CHINE

Si les origines du quan-fa restent obscures, de nombreux spécialistes font remonter cette pratique à la boxe chinoise de Shaolin (*voir* pp. 57-67). D'autres attribuent la création de cet art au médecin Hua To (190-265) et au général Yue Fei de la dynastie Song.

Le quan-fa, souvent qualifié de kempo chinois, est un système où tous les coups sont permis, basé sur des stratégies offensives et défensives privilégiant frappes de main et de pied, immobilisations et maîtrise, luxations, combat armé et méthodes thérapeutiques, comme le qi-gong. On distingue plusieurs styles de quan-fa, mais les formes martiales des cinq animaux – tigre, grue, léopard, serpent et dragon (*voir* pp. 56, 88, 89, 111, 124) influencent les techniques de base. L'équilibre de nombreux systèmes repose sur les principes des « 18 mains de Luo Han » (*voir* p. 56), de la grue blanche du Fuijian (*voir* p. 111) et du ju-jutsu (*voir* p. 216-217).

CRÉATEUR SUPPOSÉ
Le médecin chinois Hua To serait un des fondateurs du quan-fa.

Boxe des cinq formes

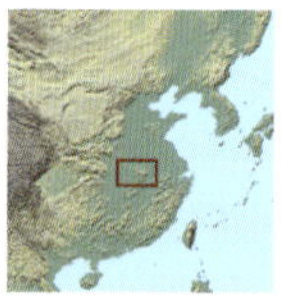

SIGNIFICATION
SYNTHÈSE DES 5 STYLES DE BOXE DE SHAOLIN BASÉS SUR L'OBSERVATION DES ANIMAUX

DATE
XIIIe SIÈCLE

FONDATEUR
JUE YUAN, LI CHENG, BAI-YU-FENG

SOURCE
PROVINCE DU HENAN, CHINE

Cette forme populaire d'art martial, largement pratiqué dans le sud de la Chine, regroupe des éléments de la boxe du tigre, de la grue, du léopard, du serpent et du dragon (*voir* pp. 56, 88, 89, 111, 68, 124, 114).

Les racines de ces styles plongent au cœur du monastère de Shaolin, dans la province du Henan. Au XIIIe siècle, un des moines de Shaolin, Jue Yuan, développa les « 18 mains des Luo Han » – les 18 techniques originales des arts martiaux de Shaolin – avant de compiler 72 formes différentes. Soucieux de parfaire son art, le moine décida de voyager et rencontra Li Cheng, alors maître de hong-quan. Tous deux retournèrent dans la province du Henan et Li Cheng présenta à Jue Yuan un maître d'arts martiaux internes, nommé Bai-Yu-Feng. Tous trois développèrent les 72 formes de Jue Yuan en un système regroupant près de 170 formes, codifiées en cinq styles inspirés de l'observation des animaux.

Force de frappe

Cette boxe se distingue par des techniques de paume, de poing et de griffe, et par l'efficacité avec laquelle l'énergie, canalisée à partir de la taille, pour rejaillir au niveau de la main, alimente la puissance des frappes.

Zui-quan

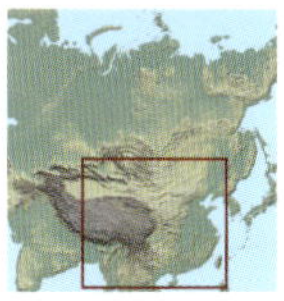

SIGNIFICATION
« BOXE DE L'HOMME IVRE » EN MANDARIN

DATE
INCONNUE

FONDATEUR
ANONYME

SOURCE
CHINE

Système de boxe chinoise et de wushu populaire et original, le zui-quan est un style qui s'applique à masquer ses attaques, en reproduisant les mouvements confus et les actions d'un homme ivre, afin de mieux tromper l'adversaire.

Une des techniques inédites de ce système, celle de la « main en coupe », demande au pratiquant d'orienter sa main vers son corps, puis de replier légèrement l'index et le pouce autour d'un verre de vin de riz imaginaire. Ce mouvement de frappe se révèle aussi efficace pour bloquer un coup de poing direct ou circulaire. Ce style vit probablement le jour au monastère de Shaolin (*voir* pp. 57-67) ou sous l'impulsion de guerriers se faisant passer pour des moines de Shaolin. La consommation d'alcool leur inspira plus tard la création d'un système basé sur les qualités de ces breuvages qui insufflaient force et courage.

Récente popularité

Le zui-quan se fera connaître en Occident sous les traits d'un héros populaire de jeux vidéos, « Jackie Chan Stuntmaster », dont la pratique relève de l'exploit. La discipline a aussi inspiré nombre de films hongkongais d'arts martiaux, dont le célèbre *Drunken Master* distribué en 1978, avec Jackie Chan dans le rôle-titre, ou encore le plus récent *Last Hero in China*, avec Jet Li en vedette.

Les enchaînements de zui-quan relèvent de l'acrobatie, mais les formes traditionnelles se concentrent sur des techniques de combat impliquant trébuchements et titubations. Ce système trompeur a pour effet de déconcentrer l'adversaire.

▲ ART TROMPEUR
Ce pratiquant affronte deux adversaires en adoptant l'attitude d'un homme ivre. La main gauche semble prête à relâcher sa garde.

> « MON CRÂNE, MES YEUX, MON NEZ, MES MÂCHOIRES, MES ÉPAULES, MA POITRINE, DEUX DOIGTS, UN GENOU… ENFIN TOUT, DE LA TÊTE AUX PIEDS. »
>
> JACKIE CHAN ÉVOQUANT SES FRACTURES

Liq-chuan

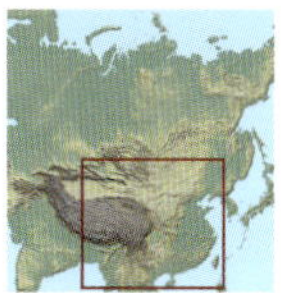

SIGNIFICATION
« ART DE L'ESPRIT ET DU CORPS » EN CANTONAIS

DATE
ANNÉES 1970

FONDATEUR
CHIN LIK KEONG

SOURCE
CHINE

Cet art martial hybride a été créé dans les années 1970, par Chin Lik Keong, avant d'être développé en Malaisie. Le liq-chuan met l'accent sur l'énergie interne, en rapport avec l'attitude mentale et la perception. Un style basé sur la synthèse du poing en œil du phénix du li-gar et du feng-yang-liu-yi. Le système se présente sous deux formes principales, la forme des 21 mouvements et la forme du papillon, chacune privilégiant différents aspects.

Cet art martial, influencé très tôt par des concepts ésotériques, comme les principes yin et yang du taoïsme et perçu comme un art interne, est très populaire aux États-Unis.

Ssireum

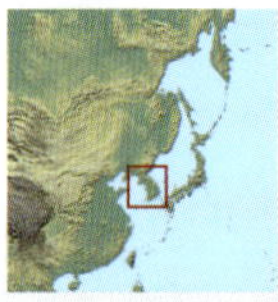

SIGNIFICATION
« VAINCRE » EN CORÉEN
DATE
VERS 3000 AV. J.-C.
FONDATEUR
ANONYME
SOURCE
CORÉE

ARÈNE DE SABLE
Ces lutteurs de ssireum tirent chacun de leur côté sur le « staba » ou ceinture de l'adversaire en cherchant à le déséquilibrer et à le mettre au sol.

Forme de lutte traditionnelle, aux origines remontant à plus de 3000 ans, le ssireum est devenu le sport national coréen le plus populaire du pays. Les combats opposent deux lutteurs, évoluant dans un cercle de sable. Cette arène offre un cadre sûr aux élèves qui s'entraînent à maîtriser les principes de levier et de redirection de la force.

Personne ne connaît l'origine exacte du nom de cette lutte. Certains pensent que le terme *ssireum* viendrait de *silum* désignant la lutte mongole. D'autres suggèrent qu'il dériverait de *ssirunda* signifiant « lutter dans l'espoir de vaincre ».

FRESQUE DE MANDCHOURIE
Des fresques du IVe siècle, mises au jour en Mandchourie, montrent des pratiquants de ssireum s'affrontant d'une manière comparable à celle des lutteurs d'aujourd'hui.

Tournois de ssireum

Les équipes professionnelles sont soutenues financièrement par de grandes sociétés coréennes. Les contrats publicitaires et les primes versées aux lutteurs sont cependant loin d'égaler ceux des sumos japonais (*voir* pp. 226-233). Les lutteurs de ssireum participent parfois à des rencontres mêlant plusieurs disciplines (*voir* pp. 318-327). Pour être déclaré vainqueur, un lutteur doit forcer son adversaire à toucher terre, avec n'importe quelle partie de son corps au-dessus du genou. Coups de pied, coups de tête et frappes sont interdites. Les lutteurs arborent le traditionnel *staba* (large ceinture enroulée autour de la taille et de la cuisse droite), utilisé pour saisir l'adversaire dans les techniques de projection. Une mise à terre ne suffit parfois pas à clôturer le combat. Durant les trois minutes du combat, le premier lutteur inscrivant trois mises à terre d'avance est autorisé à disputer la manche suivante.

Soo-bahk-do

SIGNIFICATION
« MAIN ADROITE » EN CORÉEN
DATE
ART AUTOCHTONE
FONDATEUR
ANONYME
SOURCE
CORÉE

Art martial coréen traditionnel, le soo-bahk-do aurait beaucoup inspiré le taekwondo (*voir* pp. 134-135). Selon les historiens, cette discipline confidentielle qui aurait vu le jour il y a près de cinq siècles, sous la dynastie Yi, apparaît comme un système majeur dans l'évolution des arts martiaux coréens. L'importance accordée aux techniques de pied se justifierait par l'origine géographique des premiers pratiquants, montagnards du nord aux jambes solides. Pour certains, la qualité du jeu de jambes des amateurs de soo-bahk-do s'expliquerait par l'habitude des mères de porter leurs bébés dans le dos, dans une position favorisant la souplesse des hanches. D'autres évoquent l'habitude des Coréens à prendre leur repas au sol, jambes croisées et dos droit. Une coutume qui justifie pour les hommes le port de pantalons amples ou *baji* facilitant les mouvements.

US ET COUTUMES
Les mères coréennes portent leurs enfants dans le dos. Une position qui participe à la souplesse des hanches.

Nouvelles écoles

Sous l'occupation japonaise en 1909, les arts martiaux sont bannis de Corée, ce qui n'en limite pas la pratique confidentielle, jusqu'à la libération, en 1945. Des écoles sont ouvertes à Séoul, chacune dédiée à une discipline. En 1955, ces pratiques de combat à mains nues sont regroupées sous le terme générique de taekwondo.

Yusul

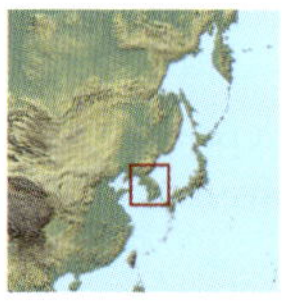

SIGNIFICATION
« ART SOUPLE » EN CORÉEN
DATE
ART AUTOCHTONE
FONDATEUR
ANONYME
SOURCE
CORÉE

Forme de lutte ancestrale, le yusul présente des similitudes avec le ju-jutsu contemporain (*voir* pp. 216-217). Les lutteurs dévient la force de l'adversaire par des techniques de projection et de clés, ou par le principe de levier pour faire pression sur les articulations. Aujourd'hui connu sous le nom de gong kwon yusul, ce style emprunte pour l'essentiel au ju-jutsu japonais, mais aussi aux projections et aux enchaînements du judo.

Tukong moosul

SIGNIFICATION
« ARTS MARTIAUX DES FORCES SPÉCIALES » EN CORÉEN

DATE
ANNÉES 1970

FONDATEUR
GÉNÉRAL CHANG OE

SOURCE
CORÉE

Ce système, développé par le général Chang Oe, commandant l'unité sud-coréenne Tu Kong, afin d'entraîner les troupes à la pratique d'arts martiaux aux frappes mortelles, fut mis au point en réaction à la création de la 8e unité spéciale d'attaque nord-coréenne. La formation distingue quatre domaines particuliers, en fonction de la distance séparant les combattants. On distingue les techniques de projection, de poing, de pied et de maniement des armes. Le système actuel s'inspire de la tradition martiale du temple bouddhiste Daeyeon Sa, mais aussi des arts martiaux chinois, comme le tai-ji-quan (*voir* pp. 80-87) et le qi-gong.

Kyuk ki do

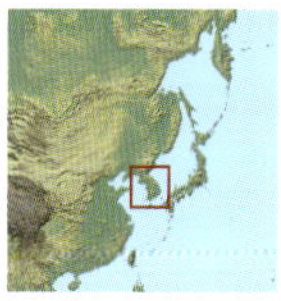

SIGNIFICATION
« VOIE DE L'ÉNERGIE COMBATTANTE » EN CORÉEN

DATE
1979

FONDATEUR
GRAND MAÎTRE MIN KYUNG HO

SOURCE
CORÉE

Art martial hybride, le kyuk ki do associe les éléments d'attaque du taekwondo, les techniques de projection et de lutte du judo et du ju-jutsu, et les clés d'articulation de l'hapkido (*voir* pp. 134-135, 234-235, 216-217). L'enseignement de cet art intègre parfois le maniement des armes traditionnelles coréennes. Les étudiants mémorisent la chorégraphie de techniques et formes offensives et défensives, et sont tenus au respect de six grands principes : courtoisie, humilité, intégrité, persévérance, maîtrise de soi et indomptabilité de l'esprit. L'élève est encouragé à concentrer sa force sur la plus petite cible possible et à diriger son énergie sur le point d'impact, en libérant un cri au moment de la frappe, qualifié de *kihap*. Il apprend à maintenir équilibre et stabilité, et à développer la puissance de ses frappes.

MIN KYUNG HO

Le grand maître Min Kyung Ho est le fondateur et le dirigeant de la fédération américaine de kyuk ki do (AKF). Ceinture noire 9e dan en kyuk ki do et ceinture noire 9e dan en judo, il fut l'un des premiers à reconnaître l'intérêt de l'apprentissage de plusieurs disciplines martiales. Diplômé du Korea Yudo College, où il décrocha une ceinture noire en judo et en tang-soo-do, Min Kyung Ho importa le concept du kyuk ki do aux États-Unis, en 1967, et baptisa son art en 1979.

Kwon-bup

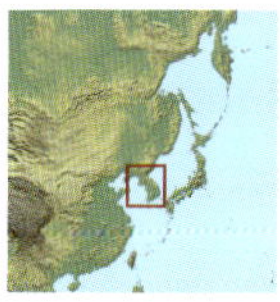

SIGNIFICATION
« MÉTHODE DE POING » EN CORÉEN

DATE
ART AUTOCHTONE

FONDATEUR
ANONYME

SOURCE
CORÉE

Cette discipline regroupe des techniques de poing, probablement originaires de Chine. Des fresques mises au jour dans le nord-est de la Chine montrent des guerriers coréens utilisant des techniques comparables à celles du kwon-bup. Clés d'articulation, jeux de jambes élaborés, attaques aériennes rapproche ce système des disciplines martiales de Shaolin. L'entraînement inclut l'apprentissage de mouvements privilégiant l'autodéfense et l'éveil de la conscience. Ces exercices ont pour objectif d'aider le pratiquant à appréhender la nature transitoire de toute chose et l'inéluctabilité du principe universel du changement.

Haidong gumdo

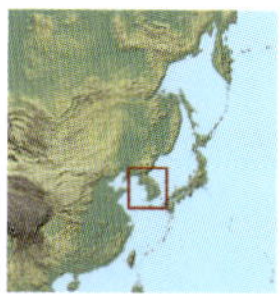

SIGNIFICATION
« VOIE DU SABRE » EN CORÉEN

DATE
ANNÉES 1920

FONDATEUR
ANONYME

SOURCE
CORÉE

Le haidong gumdo est un art du sabre coréen moderne et populaire, aux méthodes d'entraînement, aux tenues et aux règles de compétition comparables à celles du kendo (*voir* pp. 220-221). Après l'occupation japonaise de la Corée, le kendo fut intégré au premier programme d'éducation physique qui vit le jour dans le pays. Au début des années 1920, le terme « gumdo » se généralise parmi les artistes martiaux coréens.

Haidong gumdo et kendo

Une des grandes différences entre les deux disciplines tient au fait que les pratiquants de haidong gumdo sont encouragés à se lancer dans des manœuvres offensives dynamiques, basées sur l'usage de combinaisons mêlant attaques frontales agressives et projections. Il est vrai que cet art fut conçu pour être utilisé sur les champs de bataille, où les pratiquants étaient confrontés à de multiples adversaires. Art japonais populaire de la période Edo (1603-1868), le kendo pratiqué en duel privilégiait, quant à lui, la perfection de la frappe unique. Les pratiquants de haidong gumdo portent un casque et des protections corporelles comparables à celles des pratiquants de kendo. Plusieurs techniques de sabre coréennes ont été influencées par les arts martiaux chinois, notamment ceux du général Qi Jiguang de la dynastie Ming qui développa un système à partir du *katana* (sabre japonais) et de ses méthodes.

> MANIEMENT DU SABRE
Une pratique régulière à l'aide de sabres de bois ou de bambou favorise l'acquisition de la maîtrise du haidong gumdo.

> **PRATIQUE ET SPIRITUALITÉ**
Seule au sommet d'une montagne noyée dans la brume, cette pratiquante de haidong gumdo, figée sabre à la main, pointant vers les cieux, puise sa force intérieure dans la sérénité de son esprit.

Tae-kyon

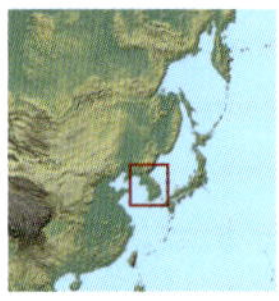

SIGNIFICATION
« FRAPPE DE PIED » EN CORÉEN

DATE
ART AUTOCHTONE

FONDATEUR
ANONYME

SOURCE
CORÉE

Reconnu par le gouvernement coréen en 1983, mais peu connu en dehors de la Corée, le tae-kyon est une discipline martiale athlétique s'apparentant à une danse traditionnelle. Les manœuvres offensives et défensives s'appuient sur de puissantes frappes de pied d'une précision mortelle.

La pratique peut être accompagnée de danse et de chant – basés sur un rythme ternaire et non quaternaire, comme les autres arts martiaux – qui rappellent son origine mongole. Les enchaînements de base, complexes, présentent des angles d'attaque inédits particulièrement efficaces pour faire chuter l'adversaire.

Pour certains spécialistes, cette discipline reste avant tout un sport.

Jeu de jambes axé sur le triangle

Les techniques de combat associent action de saisie ou *sonkisul*, coups de tête, lutte, mouvements de feinte, mais aussi coups de pied, poussées, balayages, écrasements et crochetages ou *palgisul*. Des manœuvres associées à un jeu de jambes inédit ou *pumbalki*, avec une chorégraphie axée sur la forme du triangle, censée reproduire l'allure d'un cheval au galop. Les pratiquants de tae-kyon sont tenus de combattre en restant sereins et détendus, sans se focaliser sur l'agressivité ou une attitude mentale négative. Ce principe a pour effet de limiter la tension musculaire, mais aussi d'accélérer le temps de réaction et les réflexes. De plus, en limitant la peur, on améliore les performances.

NOTE DE L'AUTEUR

Je me suis rendu à Séoul, en Corée du Sud, afin d'apprendre le tae-kyon, auprès de l'un des rares maîtres encore en vie. Je découvris une méthode d'entraînement unique, basée sur des compétitions connues sous le nom de batailles de gang de tae-kyon. En 25 ans d'études, de recherches et d'enseignement des arts martiaux, je n'avais jamais été confronté à une méthode aussi spectaculaire. Deux équipes de cinq hommes, dépourvus d'équipements de protection, se battent l'une contre l'autre. Le réalisme de ces mises en situation participe à développer la vision périphérique et permet à chacun d'évoluer plus naturellement dans un combat l'opposant à un ou plusieurs adversaires, susceptibles de l'attaquer à tout moment.

Regain de popularité

Banni à une certaine époque, cet art martial semble avoir récemment renoué avec la popularité. La discipline était autrefois pratiquée par des fermiers, des paysans et des bandits qui s'entraînaient et se formaient auprès de multiples sources. Cet art qui vise avant tout la victoire au combat exige aujourd'hui un apprentissage rigoureux, l'utilisation d'un nombre limité de techniques performantes et un niveau de compétence élevé.

« PATRIMOINE CULTUREL IMMATÉRIEL »

TITRE DÉCERNÉ PAR LE GOUVERNEMENT CORÉEN, EN 1983

FRAPPE DU PIED
Deux élèves en pleine démonstration de tae-kyon traditionnel. Une frappe du pied classique semble réduire à néant la parade de l'adversaire et son mouvement de bras défensif.

Hapkido

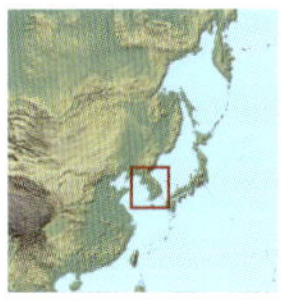

SIGNIFICATION
« VOIE DES ÉNERGIES UNIFIÉES » EN CORÉEN
DATE
ANNÉES 1950
FONDATEUR
CHOI YONG SHUL
SOURCE
CORÉE

L'hapkido est une forme codifiée de combat faisant appel à des techniques de projection, de prises, de clés, d'étranglement, de coups de pied et de frappes. Un système décrit dans le poème de l'hapkido : « Comme le fleuve bouillonnant pénétrant et contournant les obstacles, comme la chute d'eau pénétrant la pierre, la force de l'hapkido pénètre et traverse l'adversaire ». Concentration, équilibre et principes de levier sont au cœur de l'hapkido. Les notions de durée et de mouvement appliquées sur le plan physique sont aussi abordées sur les plans intellectuel, émotionnel et spirituel.

Un art sous influences

L'hapkido est influencé par une tradition martiale de plus de 2 000 ans, notamment par d'anciennes techniques tribales (« sado-mu-sool ») d'archer ou de combat au sabre et au couteau, exécutées à dos de cheval. Alors que le confucianisme en était encore à développer sa philosophie, le bouddhisme demandait à ses guerriers de se responsabiliser et d'agir avec bienveillance. Les arts comme le judo, le ju-jutsu et le karaté ont aussi participé au développement des techniques de l'hapkido. Les techniques de pied et d'attaque des arts coréens, comme le tae-kyon et le soo-bahk-do (*voir* pp. 130, 126) ont instillé dans l'arsenal technique de l'hapkido une certaine façon de vivre, bien plus que de se battre.

L'hapkido contemporain

Fondé dans les années 1950, par Choi Yong Shul, l'hapkido sous sa forme moderne resta longtemps réservé à de petits groupes. Plus tard, sous l'impulsion de Ji Han Jae, entraîneur de la garde rapprochée présidentielle, la pratique de l'hapkido commença à se généraliser en Corée et à l'étranger.

La discipline met l'accent sur l'autodéfense, plus que sur le sport. Les élèves apprennent le maniement des armes, ainsi que différentes façons de se défendre face à un adversaire non entraîné. L'élève apprend aussi à frapper les points de pression ou d'acupuncture, afin de déséquilibrer l'agresseur, avant de le projeter, de l'immobiliser ou de l'anéantir.

Pour devenir maître d'hapkido, le pratiquant doit comprendre, appliquer et vivre selon trois principes essentiels : l'eau contourne un objet sans rien perdre de sa force, le cercle est un mouvement continu et sans fin, l'harmonie intérieure doit se manifester à l'extérieur face à toutes situations.

▲ **FORCE D'OCCUPATION**
Les Japonais qui occupèrent la Corée de 1909 à 1945 interdirent la pratique des arts martiaux locaux, mais importèrent le judo, le ju-jutsu et le karaté.

▼ **PROJECTION D'HAPKIDO**
Démonstration d'une technique de projection d'hapkido, associée à une luxation du poignet.

CHOI YONG SHUL

Adolescent, Choi Yong Shul étudia le daito-ryu aki-jutsu au Japon. À son retour en Corée, il enseigna le yu-sool, une technique de poing douce, avant de développer l'hapkido moderne dans les années 1950, avec son premier disciple, Suh Bok Sop.

> « S'IL Y A DE LA BEAUTÉ EN VOUS, IL Y AURA DE L'HARMONIE DANS VOTRE MAISON. S'IL Y A DE L'HARMONIE DANS VOTRE MAISON, IL Y AURA DE L'ORDRE DANS VOTRE PAYS. »

ANCIEN PROVERBE CHINOIS, ATTRIBUÉ À CONFUCIUS

Sin-moo-kwan

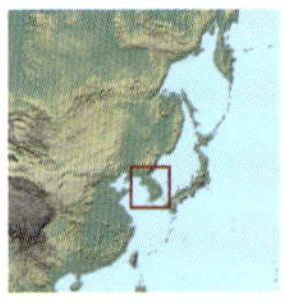

SIGNIFICATION
« CONTEMPLATION ZEN DE L'ENNEMI » EN CORÉEN
DATE
1945
FONDATEUR
YANG-IK
SOURCE
CORÉE

Art martial d'inspiration bouddhiste peu connu, le sin-moo-kwan s'appuie sur l'entraînement physique et la méditation pour conduire les étudiants vers l'illumination. Probablement d'origine zen (*son* en coréen), cet art fondé après 1945 fut enseigné au temple de Bom-Oh, en Corée, dans les années 1960.

L'entraînement compte un exercice étonnant, baptisé *tol palki*, qui consiste pour les élèves à sauter de rocher en rocher au sommet d'une montagne, jusqu'à atteindre cet état particulier de vacuité ou « non-pensée ».

› CÉRÉMONIE DU THÉ
Aspect inédit de l'entraînement du sin-moo-kwan, la cérémonie du thé a pour objectif d'élever l'esprit et de discipliner le mouvement.

« L'ESSENCE DE LA VOIE DU THÉ : FAIRE BOUILLIR DE L'EAU, METTRE LE THÉ À INFUSER, ET LE BOIRE — RIEN DE PLUS ! CELA EST BON À SAVOIR. »

POÈME ZEN DU THÉ

Yongmudo

SIGNIFICATION
« ART MARTIAL DE YONG » EN CORÉEN
DATE
1999
FONDATEUR
UNIVERSITÉ YONGIN
SOURCE
CORÉE

Développé par une équipe de scientifiques s'intéressant au sport professionnel et d'anciens médaillés d'or de l'université de Yongin, en Corée, le yongmudo est un art martial hybride visant à développer l'activité physique et l'endurance mentale, ainsi que les fonctions mettant en application ces qualités. Élément incontournable de l'éducation physique des étudiants, le yongmudo distingue trois niveaux de difficultés ou rangs – débutant, moyen et supérieur. La discipline associe les techniques de pied du taekwondo, les techniques de déplacement et de projection de l'hapkido (*voir* p. 131) et les techniques de projection du judo (*voir* pp. 234-235). Un art intégrant aussi des éléments du ssireum et de l'escrime.

Gwon-gyokdo

SIGNIFICATION
« VOIE DE L'ATTAQUE DU POING » EN CORÉEN
DATE
ANNÉES 1970
FONDATEUR
JUNG DO MO
SOURCE
CORÉE

Plus connu sous le nom de « kun-gek-do », cet art martial hybride intègre les techniques de différentes disciplines coréennes, mais aussi du muay-thai (*voir* pp. 158-165). Fondé par Jung Do Mo qui étudiait le muay-thai, le gwon-gyokdo associe les frappes de pied du taekwondo aux techniques de pied et de boxe pieds-poings du muay-thai. Les techniques de main ouverte sont absentes de la discipline, en raison des risques de blessures aux doigts.

En Corée, la pratique du gwon-gyokdo se présente sous la forme d'un sport de compétition, techniques de combat de ring et 27 techniques d'autodéfense. La formation intègre des techniques proches de la boxe pieds-poings, comme l'allonge du genou ou les frappes de l'épaule. La discipline se concentre exclusivement sur le *wai gong* ou maîtrise de l'énergie externe. Les élèves développent leur force physique en pratiquant exercices d'haltérophilie, répétition des techniques et renforcement des mains et des pieds, par un travail de frappes répétées sur une planche de bois entourée d'une corde en paille de riz.

Hwarang-do

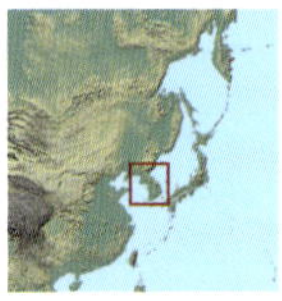

SIGNIFICATION
« VOIE DE LA JEUNESSE FLORISSANTE » EN CORÉEN
DATE
ANNÉES 1950
FONDATEUR
JOO BANG LEE & JOO SANG LEE
SOURCE
CORÉE

Ce système offensif et défensif fut baptisé en référence à une caste de nobles guerriers de l'ancienne Corée, les Hwa-rang, fondée à l'époque des Trois Royaumes (57 av. J.-C.-668), dans la région de Silla, au sud du pays.

Le style contemporain

Deux frères, Joo Bang Lee et Joo Sang Lee développèrent la méthode après avoir étudié la discipline auprès d'un moine nommé Suahm Doosa, au temple de Suk Wang Sa, en Corée du Nord. Ils se réfugièrent en Corée du Sud à la prise de pouvoir par les communistes. Au cours des années 1960 et 1970, les deux frères firent l'objet de nombreux reportages télévisés diffusés dans le monde. Les téléspectateurs découvrirent stupéfaits la force extraordinaire et la concentration de ces deux artistes martiaux qui écrasaient des briques d'une frappe du front et supportaient le poids d'un camion sur leur abdomen.

Le système mis au point par les deux frères fait appel à la pratique de 108 armes différentes et présente trois catégories de combat, en fonction de la distance séparant les adversaires. On distingue ainsi les frappes des mains, des pieds et de la tête, ou l'usage des armes, des techniques de levier, de lutte, de projection du combat rapproché et du corps à corps du combat au sol.

Les étudiants apprennent les exercices de qi-gong (*ki-gong* en coréen), méditation, respiration, entraînement au corps à corps et au combat rapproché, les enchaînements et les exercices quotidiens. L'objectif ultime de cet art est de trouver son équilibre et de vivre en harmonie avec les autres et la nature.

› SÉANCE D'ENTRAÎNEMENT
Photographie de 1967 montrant des maîtres et des entraîneurs de hwarang-do en pleine séance d'exercice.

Kun-mudo

SIGNIFICATION
« ART DU COUP DE POING » EN CORÉEN
DATE
1957
FONDATEUR
JONG-HYO-HA
SOURCE
CORÉE

Le kun-mudo est un art martial coréen basé sur la danse et la musique, remis au goût du jour en 1957, par Jong-Hyo Ha. Proche du tai-ji-quan (*voir* pp. 80-87), cet art méditatif associe néanmoins la pratique des armes et différentes techniques de frappes rapides et explosives, assez proches de celles des arts martiaux de Shaolin. L'origine de cet art remonte probablement aux danses et musiques traditionnelles des soldats du royaume de Silla, au IVe apr. J.-C., et de la danse du sabre ou « musa chum » exécutée par le corps d'élite militaire des Hwa-rang (*voir* p. 132).

Les pratiquants s'exercent à libérer leur esprit et à « faire le vide » au timbre éthéré du gayageum, un instrument à cordes semblable à une cithare. De récentes fouilles archéologiques ont mis en évidence l'utilisation du gayageum dès le Ier siècle av. J.-C. L'instrument se présente sous la forme d'une planche de bois de paulownia sur laquelle sont tendues 12 cordes de fil de soie tressée, dont la tension est ajustée en tournant des sortes de chevilles ou *tolgwae*.

> SANJO GAYAGEUM
Le gayageum s'apparente au sanjo gayageum du XIXe siècle, un instrument mis au point pour jouer le « sanjo », musique traditionnelle coréenne.

Kuk-sool won

SIGNIFICATION
« ART MARTIAL NATIONAL » EN CORÉEN
DATE
1958
FONDATEUR
IN-HYUK-SUH
SOURCE
CORÉE

Art martial assez récent, le kuk-sool won fait référence aux techniques et traditions ancestrales, même si la discipline intègre quelques aspects plus modernes dans l'entraînement physique, comme les étirements des ligaments et des tendons, la musculation, l'assouplissement et la gymnastique cardio-vasculaire, associés à un travail d'entretien du squelette et des articulations. Le kuk-sool won présente de nombreuses techniques de frappes de pied aériennes et circulaires, dont le coup de pied qui brise le béton. La pratique des armes fait appel au couteau long et court, au sabre simple ou double, au bâton de différentes longueurs, au fléau à riz, à la lance, à la corde, à la canne, à l'éventail et à l'arc. Nombre de techniques de main sont issues des arts martiaux basés sur l'observation des animaux (mante religieuse, grue, dragon, ours, serpent, aigle et tigre). Les élèves sont aussi initiés à la médecine par les plantes, à l'acupuncture et aux principes de circulation de l'énergie interne, comme le qi-gong (*ki-gong* en coréen).

V TECHNIQUE DU DOUBLE SABRE
Pratiquante de kuk-sool won en tenue traditionnelle, armée de deux sabres, faisant une démonstration de son adresse.

Taekwondo

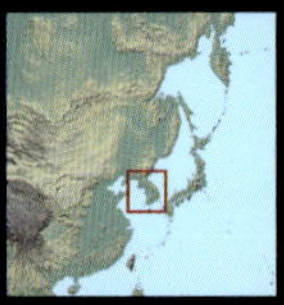

SIGNIFICATION
« VOIE DES MAINS ET DES PIEDS » EN CORÉEN

DATE
1955

FONDATEUR
CHOI HONG HI

SOURCE
CORÉE

Le taekwondo est une méthode de combat à mains nues dont les origines remontent à plus de deux millénaires. La discipline, modernisée en 1955, par Choi Hong Hi, bénéficia vers la fin du XXe siècle de l'apport de différents arts martiaux et se présente aujourd'hui à la fois comme sport et pratique martiale d'autodéfense. Un art dynamique, visuellement étonnant, associant techniques de main et de pied, centré sur l'attaque de l'adversaire à l'aide de frappes de pied. Le taekwondo est à vrai dire le seul art martial privilégiant les coups de pied au-dessus de la taille. Devenu la discipline martiale la plus populaire au monde, le taekwondo comptait en 2008 près de 50 millions de pratiquants. Le taekwondo accéda au rang de discipline olympique, en 1980, à Sydney.

< ART ET TRADITION
Soldat en pleine démonstration d'un art traditionnel décrit dans le *Muye Dobo Tongji*. Ce traité martial présente les techniques utilisées dans le taekwondo.

Deux arts séculaires

La discipline tire l'essentiel de son enseignement de deux arts martiaux traditionnels, le tae-kyon (*voir* p. 130) – art de combat et sport réputé pour ses combinaisons de coups de pied rapides, exécutés selon des angles inédits, et ses frappes en rafale – mais aussi le soo-bahk-do (*voir* p. 126), un art du poing conçu pour les champs de bataille et l'entraînement des premiers guerriers coréens. Les systèmes de boxe poings-pieds du nord de la Chine, dont les tactiques guerrières s'appuient largement sur les coups de pied, influencèrent aussi le taekwondo ; ainsi, le coup de pied aérien et latéral et le coup de pied sauté latéral étaient à l'origine des techniques utilisées pour désarçonner les guerriers. En 1392, peu de temps après l'expulsion des Mongols par la dynastie Yi qui étendit son pouvoir à la Corée, le pays adopta le confucianisme qui aux pratiques guerrières préférait la littérature. C'est ainsi que les arts martiaux furent éclipsés de la scène publique. Maîtres et disciples disparurent de la société, mais continuèrent à pratiquer leurs arts dans des sites montagneux reculés, dont des monastères bouddhistes. En 1790, un premier ouvrage sur les arts martiaux fait son apparition en Corée, le *Muye Dobo Tongji*. Ce traité offrait une compilation de 24 disciplines martiales, connues sous le nom de « muyi 24 gi », faisant aujourd'hui l'objet de démonstrations publiques au sein de la forteresse de Suwon, près de Séoul, par des soldats en tenue traditionnelle (*voir* ci-dessous, à gauche). Le *Muye Dobo Tongji* présente notamment 38 planches illustrées, décrivant des techniques de main qui ont été intégrées à la pratique du taekwondo contemporain.

Le taekwondo moderne

En 1909, les Japonais qui occupaient la Corée interdirent l'usage du coréen et la pratique des arts martiaux, alors condamnés à la clandestinité. En 1945, à la fin de l'occupation japonaise, les arts martiaux coréens sortirent de

« FIDÉLITÉ ENVERS TA PATRIE. RESPECTE TES PARENTS. FIDÉLITÉ À TON ÉCOLE. NE QUITTE JAMAIS UNE BATAILLE. NE PRENDS JAMAIS DE VIE INJUSTEMENT. »

CINQ COMMANDEMENTS DU TAEKWONDO

CHOI HONG HI

Le général Choi Hong Hi apprit les techniques de pied originales du tae-kyon dans sa jeunesse, avant de partir pour le Japon où il s'initia au karaté. Il retourna en Corée et développa son propre système qu'il enseigna au personnel militaire et aux soldats américains combattant en Corée. En 1955, son système est officiellement baptisé taekwondo. En 1960, Choi Hong Hi introduit la discipline aux États-Unis, avant de fonder un peu plus tard la fédération internationale de taekwondo.

l'ombre, les disciplines se structurèrent et bénéficièrent d'une nouvelle popularité. Plusieurs systèmes ou « kwan » émergèrent. En 1955, le général Choi Hong Hi (*voir* p. 134), considéré comme le père du taekwondo moderne, présenta au public un art martial de sa création. Si l'origine de certaines techniques de poing dans le taekwondo soulève la controverse, notamment celle du coup de poing inverse, très proche d'une technique du karaté (*voir* pp. 198-199), il paraît probable que ces techniques de main aient été inspirées par les arts martiaux chinois. Elles furent introduites dans les îles japonaises de l'archipel d'Okinawa et plus tard incorporées au karaté, avant d'être réintroduites en Corée. Le nom de taekwondo fut choisi en raison de sa ressemblance avec celui d'un système de combat basé sur les frappes de pied, le tae-kyon. Plusieurs des techniques martiales acrobatiques mises en scène à l'écran, comme dans *Opération dragon*, dérivent du taekwondo, une pratique vite devenue familière dans le monde des cascadeurs. Ainsi, dans le coup de pied à 360°, le pratiquant tourne et saute en exécutant un tour complet de façon à frapper la tempe ou la mâchoire de l'adversaire, souvent avec une puissance dévastatrice. Bruce Lee intégra probablement des techniques du taekwondo dans son art martial, le jeet-kune-do (*voir* pp. 316-317).

SYDNEY OLYMPIQUE
Kim Kyong-Hun attaque l'Australien Daniel Trenton, dans l'espoir d'assurer une médaille d'or à la Corée du Sud, en taekwondo, dans la catégorie hommes de plus de 80 kg, lors des Jeux olympiques de Sydney, en 2000.

Règles et réglementation

Le taekwondo moderne distingue deux branches principales. L'International Tae Kwon Do Federation (ITF) est représentée en Autriche, en Corée du Nord et au Canada. La World Tae Kwon Do Federation (WTF) siège en Corée du Sud et coordonne les compétitions internationales, y compris les rencontres olympiques. Les pratiquants de taekwondo arborent une sorte de kimono appelé *dobok*. Selon la réglementation en vigueur au sein de la WTF, les combattants s'affrontent en trois rounds, sur une aire de combat de 10 x 10 m. En catégorie junior, chaque round dure 1 minute, avec 30 secondes de temps mort entre chaque reprise. Dans la catégorie senior, chaque round dure 3 minutes, avec 1 minute de temps mort entre chaque reprise.

Comptage des points

Les coups de pied et de poing doivent être frappés avec suffisamment de force pour rapporter des points. Un coup de pied ou de poing au niveau du corps rapporte un point, un coup de pied touchant la tête rapporte deux points. Un point supplémentaire est accordé lorsque l'adversaire se retrouve à terre après une frappe régulière. Les coups de poing à la tête ne sont pas autorisés. Pour être déclaré vainqueur, le combattant doit comptabiliser sept points d'avance sur l'adversaire ou être le premier à marquer 12 points. En cas d'égalité s'applique la règle du point en or.

TECHNIQUES DE POING
Mise en application de techniques de poing lors d'un entraînement de taekwondo opposant deux pratiquants ceinture noire.

DÉMONSTRATION DE FORCE
Soldats sud-coréens en pleine démonstration de taekwondo, lors de la 59e édition de la cérémonie rendant hommage aux forces armées, à Gyeryong, au sud de Séoul.

Tang-soo-do

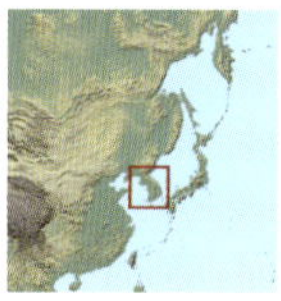

SIGNIFICATION
« VOIE DE LA MAIN CHINOISE » EN CORÉEN
DATE
ART AUTOCHTONE
FONDATEUR
ANONYME
SOURCE
CORÉE

Cet art martial très populaire se développa à partir des techniques de pied du tae-kyon (*voir* p. 130) et du soo-bahk-do (*voir* p. 126). Assez proche du taekwondo (*voir* pp. 134-135), le tang-soo-do revendique son héritage culturel et la transmission de valeurs traditionnelles, comme maîtrise de soi, respect et discipline dans la voie de l'accomplissement personnel. Une discipline imprégnée des notions d'humanité, de sagesse, de bienséance et de confiance.

Cette pratique populaire aux États-Unis, est parfois qualifiée de karaté ou de karaté coréen par les Américains. En Occident, Chuck Norris reste certainement le plus populaire de ses pratiquants ; un professionnel classé dans la catégorie poids moyen, six fois champion du monde de karaté, maître martial de Steve Mc Queen et Priscilla Presley.

> GRAND ÉCRAN
Chuck Norris, pratiquant de tang-soo-do, défie Bruce Lee dans une scène du film américain *Le Jeu de la mort*, sorti sur les écrans en 1978.

Ham-ku-do

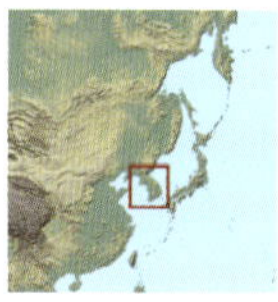

SIGNIFICATION
« VOIE CORÉENNE DU SABRE » EN CORÉEN
DATE
1986
FONDATEUR
MYUNG JAE NAM
SOURCE
CORÉE

Art du maniement du sabre, le ham-ku-do (HKD) est un système dont les techniques de base sont axées sur les lettres de l'alphabet coréen ou *hangul*. Une disciple qui se réfère aux principes fondamentaux d'attaques multiples sur des adversaires multiples. Développé par Myung Jae Nam, cet art attira l'attention du public lors de la troisième édition des Jeux internationaux de HKD, en 1997.

Réputé pour être le plus scientifique des alphabets, le hangul, facile à apprendre, regroupe 24 caractères (10 voyelles et 14 consonnes). La correspondance entre techniques de sabre et caractères de l'alphabet facilite leur apprentissage et leur mémorisation.

Won-hwa-do

SIGNIFICATION
« VOIE DE L'HARMONIE CIRCULAIRE » EN CORÉEN
DATE
1986
FONDATEUR
BONG KI HAN
SOURCE
CORÉE

Art martial hybride, basé sur des rotations à 360° qui génèrent de la puissance dans les frappes, le won-hwa-do s'appuie sur le principe selon lequel la nature ne présente ni lignes droites ni angles. Cette pratique finit à long terme par endommager les articulations et les tendons. L'enseignement intègre le travail des armes, comme le bâton court, le couteau et le sabre. Ses techniques offensives et défensives sont issues du *bi son*, rythme utilisé lors des prières et danses traditionnelles.

V FORCE CIRCULAIRE
La simplicité, la beauté et la force qui émanent de cette chorégraphie mettent en évidence la puissance générée.

Han-mu-do

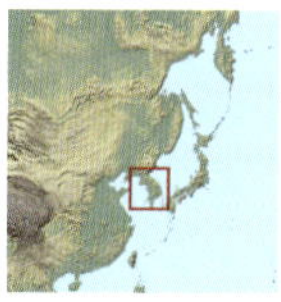

SIGNIFICATION
« VOIE CORÉENNE DE L'ART MARTIAL » EN CORÉEN
DATE
1990
FONDATEUR
HE-YOUNG-KIM
SOURCE
CORÉE

Art martial hybride de combat libre à mains nues, le han-mu-do fait la synthèse de nombreuses techniques, comme les clés d'articulation du hapkido (*voir* p. 131) ou les frappes et coups de pied du taekwondo (*voir* pp. 134-135).

Éventail de techniques

Ce système complet a rapidement connu le succès, comme en témoignent ses 44 écoles réparties à travers le monde. Son fondateur, le docteur He-Young-Kim, détenait une ceinture noire 5e dan en judo kokodan et faisait figure d'expert en taekwondo et hapkido. L'objectif de He-Young-Kim fut de développer un système où le pratiquant pouvait brusquement marteler l'adversaire, avant de le déséquilibrer, puis de le projeter violemment ou lui luxer une articulation. Les techniques de crochetage ciblent traditionnellement le poignet et l'épaule, mais les clés de jambe et les luxations sont aussi pratiquées, souvent à partir de la position assise. He-Young-Kim intégra aussi à son système des techniques de main du taekwondo, notamment celle de la « main en lance » ou encore les frappes du tranchant de la main. Le travail des armes traditionnelles, comme le sabre ou les bâtons long et court, est aussi encouragé.

Hankido

SIGNIFICATION
« VOIE CORÉENNE DE L'ÉNERGIE » EN CORÉEN

DATE
ANNÉES 1980

FONDATEUR
MYUNG JAE NAM

SOURCE
CORÉE

Cet art hybride intègre des aspects de l'aikido (*voir* pp. 238-239) et techniques de frappe et de pied, sauts acrobatiques et coups de pied inspirés du taekwondo (*voir* pp. 134-135). Les étudiants apprennent à maîtriser le *ki* – le qi en coréen – ainsi que 12 mouvements de base d'autodéfense et 24 techniques de respiration. Ils travaillent coordination, rythme et souplesse en exécutant vrilles et danses. La philosophie de l'hankido se concentre sur les notions de « cercle », de « flux » et de « cœur », chacune associée à des exercices. L'exercice du cercle ou *jeon hwan bup* enseigne des mouvements circulaires défensifs, des techniques de levier et de projection. L'exercice du flux ou *young myu bup* incite les étudiants à considérer le mouvement comme une interaction continue entre eux et l'adversaire, afin de développer leur courage et les inciter au relâchement dans l'action. L'exercice du rameur ou *shim bwa bup* encourage le cœur à montrer un esprit combatif.

Hoi-jeon-moo-sool

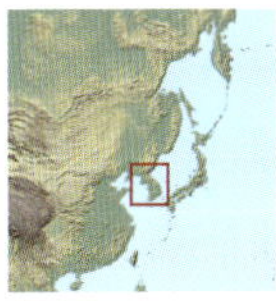

SIGNIFICATION
« ART MARTIAL DU MOUVEMENT CIRCULAIRE » EN CORÉEN

DATE
ANNÉES 1960

FONDATEUR
MYUNG JAE OK

SOURCE
CORÉE

Un art basé sur des mouvements circulaires et tournoyants pour générer de la puissance dans les frappes. Un éventail de manœuvres complexes, notamment associées à des armes, développe les fonctions cérébrales, la mémoire et l'orientation spatiale. Les armes incluent le sabre, le bâton, l'éventail et la canne. Les étudiants s'entraînent à la maîtrise de l'énergie interne *(nae-ki)* par des exercices de respiration développant le *ki* – terme coréen pour qi – indispensable pour supporter les coups. Les techniques d'autodéfense associent projection, étranglement et frappes des mains et des pieds.

LOGO SYMBOLIQUE
Le rouge symbolise le ciel, le bleu la Terre, et le blanc, l'Homme. Au centre, l'idéogramme désignant le *ki*.

Haidong-gumdo

SIGNIFICATION
« VOIE DU SABRE DE HAIDONG » EN CORÉEN

DATE
1982

FONDATEUR
KIM JEONG-HO

SOURCE
CORÉE

Cet art coréen du sabre est réputé pour ses manœuvres d'attaque rapide, faites d'une succession de tailles et de coupes. Les pratiquants utilisent un *jukdo* (sabre en bambou), un *mokgum* (sabre en bois) et un *jingum* (vrai sabre). La discipline s'inspirerait du gicheon, un ancien art martial comparable au tai-ji-quan (*voir* pp. 82-83), comme le décrit le *Muye Dobo Tongji* (*voir* p. 134), premier ouvrage consacré aux arts martiaux. L'objectif ultime du pratiquant est de parvenir au *shim gum*, union de la pensée, du corps et de l'esprit. Les démonstrations publiques de haidong gumdo mettent souvent en scène un pratiquant aguerri tranchant d'un coup de sabre une cible de bambou ou une botte de paille humide. La cible reste en équilibre, alors que le pratiquant continue à l'entailler, avant qu'elle tombe à terre en morceaux. Cette pratique des frappes multiples est née de l'expérience acquise sur les champs de bataille, où les assaillants attaquent simultanément. À l'opposé, l'art du sabre japonais se concentre sur une frappe unique et parfaite, dans un pays où les duels étaient chose commune et où une simple attaque suffisait à distinguer le vainqueur du vaincu.

ART DU SABRE
Maître Youn Ja-kyung, initiée au haidong-gumdo dès l'âge de 13 ans, en pleine démonstration de son talent au sabre.

SUD-EST ASIATIQUE ET OCÉANIE

Regain de vitalité

Alors que les nations et les peuples de cette région du monde émergent d'années de conflits et de privations, les arts martiaux traditionnels renouent avec la popularité. Les pratiques martiales ancestrales du Cambodge se retrouvent dans les bas-reliefs qui ornent les temples d'Angkor Vat, édifiés au XIIe siècle. Les arts du Myanmar, essentiellement basés sur des techniques nées de l'observation des animaux, ont survécu sans trop subir l'influence de disciplines martiales et sportives plus récentes. Plusieurs styles thaing – terme générique désignant les systèmes de combat (armé et à mains nues) et d'autodéfense en Birmanie – sont essentiellement axés sur la lutte et les frappes. Pratiqué depuis des siècles au Myanmar, le lethwei (*voir* pp. 146-147), sport de combat traditionnel, ne cesse de gagner en popularité.

Chauvinisme patriotique

Tout au long de son histoire mouvementée, le Viêt Nam fit figure d'exception avec ses arts martiaux sous influence chinoise qui échappèrent toujours à la codification de leurs formes. Les styles se transmettaient d'une génération à l'autre, alors que sous l'occupation française, de 1859 à 1964, la pratique fut forcée à la clandestinité. Ces arts martiaux aujourd'hui sortis de l'ombre présentent

RITES DE PASSAGE
Les membres de nombreuses tribus indigènes de cette région se soumettent à des rites initiatiques, souvent accompagnés de douloureuses séances de tatouages.

SPECTACLE POPULAIRE
Ces combats de boxe à mains nues du village de Phayathonzu, en Birmanie – à moins de 2 km de la frontière thaïlandaise – attirent les foules venues célébrées les fêtes du Nouvel An karen.

« AU CŒUR DES ARTS MARTIAUX THAÏLANDAIS SUBSISTE LA CROYANCE SELON LAQUELLE LE COMBAT, LORSQU'IL EST NÉCESSAIRE, DOIT GARANTIR L'ANÉANTISSEMENT DE L'ADVERSAIRE. »

JASON WEBSTER, EXPERT EN KRABI KRABONG

▲ UN PASSÉ GLORIEUX
De nombreux bas-reliefs du complexe d'Angkor Vat, édifié au XIIe siècle, rendent hommage aux traditions martiales ancestrales de cette région du monde.

pour certains de forts accents nationalistes, comme le vovinam (*voir* p. 168), fondé en 1938, comme un art martial vietnamien, conçu pour les Vietnamiens.

Les arts martiaux en Australie

En Océanie, la majorité des techniques et systèmes de combat font usage d'armes rudimentaires, comme pierres, frondes ou bâtons, mais aussi de lances de métal, sabres et autres armes à lames. Des pratiques martiales néo-zélandaises, on retiendra le mau rakau (*voir* p. 186), un art martial traditionnel maori. Cette discipline qui visait à développer l'autodiscipline et le sens des responsabilités, exigeait que le pratiquant se soumette à un douloureux rituel d'initiation, à travers le tatouage qui marquait son entrée dans la caste des guerriers. Nombre d'arts martiaux hybrides se sont développés en Australie et en Nouvelle-Zélande, notamment au cours des années 1970, âge d'or des films et séries télévisées mettant en vedette des artistes martiaux excellant dans des techniques de combat et d'autodéfense.

▼ UN ART, DES FORMES
Les artistes martiaux de l'île indonésienne de Bali pratiquent le bali silat, une des nombreuses formes du silat primitif, une discipline martiale basée sur l'autodéfense.

ENTRAÎNEMENT MILITAIRE
Initiation aux arts martiaux traditionnels birmans pour les soldats de la Karen National Union (KNU), au quartier général de Manerplaw.

Bando-thaing

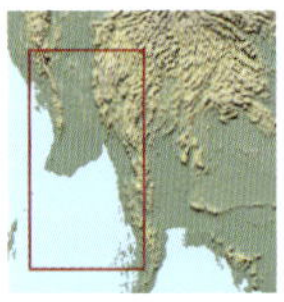

SIGNIFICATION
« STYLE D'AUTODÉFENSE » EN BIRMAN

DATE
ART AUTOCHTONE

FONDATEUR
ANONYME

SOURCE
BIRMANIE (MYANMAR)

Parfois simplement qualifié de « bando », cet art martial inspiré du buffle, de l'aigle, du cobra, de la panthère et du singe, reflète les comportements propres à chacun de ces animaux. L'enseignement se concentre sur une discipline stricte, le développement de soi et l'autodéfense.

Selon la légende, des moines indiens importèrent leurs arts martiaux dans le Sud-Est asiatique. Le bando-thaing trouve son origine dans les arts martiaux pratiqués par les bouddhistes dans les temples, ce qui explique que l'essentiel de sa philosophie puise dans ce système de pensée. La discipline est placée sous l'égide de l'International Bando Association, créée en 1946, en hommage à toutes les victimes de la Seconde Guerre mondiale originaires du Myanmar, de Chine et d'Inde.

Armes et écoles

Les pratiquants utilisent différentes armes – lance, bâton ou sabre. La stratégie consiste à esquiver les attaques, avant de contre-attaquer, souvent sous différents angles, par une réponse en trois phases. La première est un mouvement de blocage ou de détournement, suivi d'une attaque soudaine. La deuxième fait appel à des techniques d'immobilisation ou de lutte, la troisième se traduit par une projection ou l'utilisation d'une arme. Le bando est enseigné sous différentes formes, selon les écoles du Myanmar. Les formes les plus réputées sont celles de l'école « dure » et de l'école « souple », ou encore de l'école du Royal Palace et du Serpent. L'école de la province Shan montre une nette influence chinoise. La plupart se basent sur un système de grades ou ceintures. Une ceinture noire sanctionne au moins cinq ans d'apprentissage et d'expérience.

> « UN ART D'UNE ADMIRABLE BRUTALITÉ... FORT HEUREUSEMENT ILS SONT À NOS CÔTÉS. »
>
> LORD MOUNTBATTEN, APRÈS AVOIR ASSISTÉ À UN COMBAT DE BANDO AU MILITARY ATHLETIC CLUB, EN 1937

AUX ORIGINES
La découverte de gravures et de manuscrits religieux a aidé les historiens à retracer l'évolution des arts martiaux birmans.

Bando-yoga

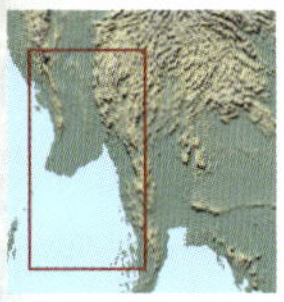

SIGNIFICATION
« YOGA DE L'AUTODÉFENSE » EN BIRMAN
DATE
VERS 1000
FONDATEUR
ANONYME
SOURCE
BIRMANIE (MYANMAR)

La pratique de cet art ancestral fait plus particulièrement référence aux guerriers du nord du Myanmar. Un système inspiré des formes du yoga tantrique et bouddhiste, probablement développé dans les monastères bouddhistes, il y a plus d'un millénaire.

Autodéfense

Le bando-yoga occupe une place majeure dans le système du bando à vocation défensive. Il privilégie la condition physique et la protection contre les maux et les maladies, afin d'encourager l'aptitude au combat et ainsi recouvrer la santé et guérir de blessures reçues au combat. L'entraînement fait appel au yoga, au maniement du bâton, aux exercices en duo et aux étirements.

Banshay

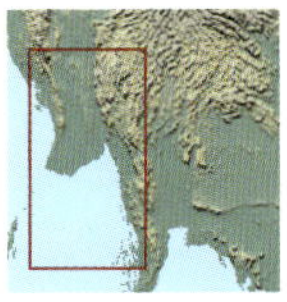

SIGNIFICATION
ART DE COMBAT ARMÉ
DATE
ART AUTOCHTONE
FONDATEUR
ANONYME
SOURCE
BIRMANIE (MYANMAR)

Art martial basé sur le travail des armes, la banshay est une discipline sous l'influence de systèmes chinois et indien. Les techniques de défense visent à désarmer l'adversaire.

Les techniques offensives utilisées sur les champs de bataille font appel à des piques, des écrasements, des projections, des frappes, des parades et des blocages, à l'aide d'armes telles que sabre, lance et bâton. Chose rare, l'entraînement comme le combat se déroulent souvent en laissant la lame du sabre dans son fourreau – les guerriers se battaient ainsi autrefois et parvenaient à désarmer l'adversaire sans le tuer.

Min-zin

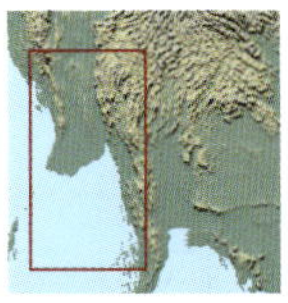

SIGNIFICATION
DISCIPLINE DE SANTÉ ET DE BIEN-ÊTRE
DATE
ART AUTOCHTONE
FONDATEUR
ANONYME
SOURCE
BIRMANIE (MYANMAR)

Cette discipline, basée sur la préservation de la santé, se concentre sur le développement de l'énergie interne à travers des postures d'étirement et de réalignement. Nombre de ces exercices semblent avoir été influencés par le qi-gong chinois (exercices respiratoires thérapeutiques), probablement enseigné par des moines bouddhistes qui voyagèrent dans la région, entre 500 av. J.-C. et 300 apr. J.-C.

Le min-zin a pour principes le contrôle des aspects destructeurs et négatifs de l'esprit, la préservation de la santé et du bien-être, la recherche d'un équilibre spirituel. Il privilégie la protection des aspects physique, mental et spirituel de l'individu.

Pongyi-thaing

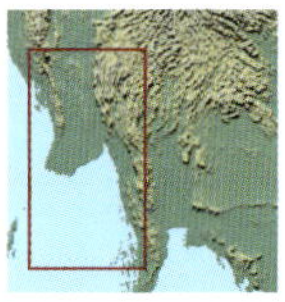

SIGNIFICATION
SYSTÈME NON-VIOLENT DES MOINES
DATE
ART AUTOCHTONE
FONDATEUR
ANONYME
SOURCE
BIRMANIE (MYANMAR)

Art martial très enraciné dans les traditions hindoue et bouddhiste, le pongyi-thaing se base sur des principes de non-violence. Un art parfois qualifié de « système martial des moines ». Le pongyi-thaing n'est pas une religion, mais sa pratique met l'accent sur les méthodes de développement de l'âme, du corps et de l'esprit de l'individu, afin que celui-ci vive en harmonie avec son entourage. La philosophie du pongyi-thaing a pour finalité de ne pas blesser l'autre. L'entraînement insiste sur le contrôle des émotions dans une confrontation et l'autodiscipline émotionnelle permettant de se maîtriser face à la peur. Confiance en soi, sourire amical, calme, voix posée face à un agresseur suffisent souvent à désamorcer la violence.

Naban

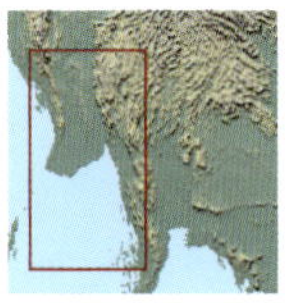

SIGNIFICATION
LUTTE BIRMANE
DATE
ART AUTOCHTONE
FONDATEUR
ANONYME
SOURCE
BIRMANIE (MYANMAR)

Cet art de lutte est pratiqué lors des fêtes, par différentes minorités ethniques de Birmanie (Kachin, Karen ou Chin). Probablement basé sur d'anciens styles de lutte indiens, le naban serait originaire de ces villages où séjournèrent des moines venus d'Inde et de Chine. La discipline est aujourd'hui pratiquée en même temps que le lethwei ou boxe birmane (*voir* pp. 146-147).

Clés d'articulation, points de pression et étranglements sont utilisées. Dans sa forme primitive le naban inclut des techniques de soumission, à base de piques, coups perforants et frappes à l'aine, jamais utilisées lors de rencontres amicales.

> MANŒUVRE DE SOUMISSION
Ce lutteur birman s'emploie à éroder la résistance de l'adversaire en prolongeant une prise au niveau du cou, sous le regard attentif de l'arbitre.

Lethwei

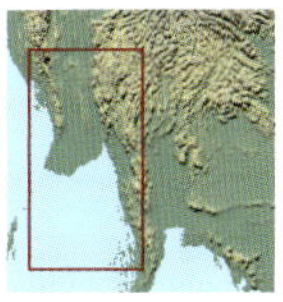

SIGNIFICATION
BOXE BIRMANE

DATE
ART AUTOCHTONE

FONDATEUR
ANONYME

SOURCE
BIRMANIE (MYANMAR)

Cet art traditionnel de boxe poings-pieds s'apparente au muay thai, au tomoi et au pradal serey (*voir* pp. 158-165, 168-169). Si le muay thai est souvent qualifié de « science des huit membres », le lethwei est parfois appelé « science des neuf membres », en raison de la variété de ses frappes, incluant coups de tête, des mains, des pieds, des épaules et des genoux.

Boxe à poings nus

Du point de vue stylistique, le lethwei puise son inspiration dans les disciplines de combat indiennes – et de la tradition occidentale de la boxe à poings nus – plus que du muay thai ou d'autres arts du Sud-Est asiatique. Les mouvements sont caractérisés par leur lenteur et leur puissance, alors que les frappes lourdes des boxeurs visent à anéantir l'adversaire.

Autrefois, les boxeurs birmans se contentaient d'envelopper leurs mains de bandages de chanvre ou de tissu. Si le lethwei est devenu un sport de compétition, les origines de cette boxe à poings nus continuent d'influer sur l'esprit et la méthode de cet art.

Les rencontres de lethwei se déroulent en extérieur, dans un cercle de sable, où toutes les stratégies sont autorisées, y compris piques et coups perforants. Le vainqueur est celui qui réussit à anéantir l'adversaire, après l'avoir assommé de façon propre ou technique. Les rencontres donnent souvent lieu à des effusions de sang et se soldent parfois par la mort d'un combattant. Cette brutalité conduit les boxeurs à se concentrer sur leur condition physique et leur endurance. L'essentiel de l'entraînement a pour objectif de préparer le corps à absorber l'impact des coups et de renforcer les armes de frappe, notamment les poings, les genoux et la tête.

Style et modernité

La pratique fut modernisée dans les années 1930, avec l'introduction d'équipements de protection, comme le protège-tête ou les gants de boxe. Le ring fit son apparition, la durée des rounds fut réglementée et les coups de tête interdits. En 1996, la discipline entra dans une ère plus commerciale, avec la création du Myanmar Traditional Boxing, dont le but est de concurrencer le muay thai.

< SPECTACLE NOCTURNE
Les habitants du Myanmar défendent fièrement la boxe traditionnelle de leur pays, partie intégrante de leur héritage national.

V VIOLENCE LÉGALISÉE
Un boxeur de lethwei aux cuisses tatouées assène une frappe violente en lançant son pied gauche sur la tête de son adversaire.

Krabi krabong

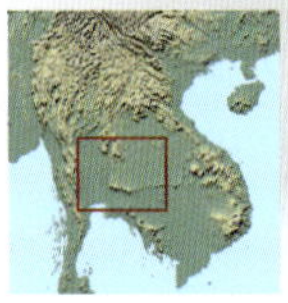

SIGNIFICATION
« SABRE ET BÂTON » EN BIRMAN

DATE
ART AUTOCHTONE

FONDATEUR
ANONYME

SOURCE
THAÏLANDE

Ce système de combat armé s'apparente au banshay et au silat (*voir* pp. 145, 172-173). L'arsenal utilisé comprend le *krabi* (sabre à un seul tranchant), le *krabong* (bâton), le *loh* (bouclier), le *plong* (bâton court), le *ngow* (hallebarde), les *drabb song mue* (paire d'épées courtes, une dans chaque main) et les *maisun* (paire de massues en bois, portées sur les avant-bras). La pratique privilégie le krabi, même si la discipline intègre des formes à mains nues. Le krabi krabong a été mis en scène dans *L'Homme au pistolet d'or*.

Histoire et influences

Le travail des armes relève d'une longue tradition en Thaïlande, mais le krabi krabong tel que nous le connaissons dériverait d'un art apparu il y a près de quatre siècles. La discipline était pratiquée par l'élite des gardes du corps ou « Wat Putthaiswan » d'Ayutthaya, ancienne capitale du royaume de Siam qui prospéra de 1350 à 1767. Cet art létal est encore enseigné aux membres de la garde rapprochée du roi de Thaïlande.

Certains spécialistes relèvent des similitudes avec les styles de combat au sabre chinois et indiens, et avec le bojutsu (*voir* p. 219), introduit par les premiers colons et marchands japonais qui s'implantèrent en Indochine et au Siam. L'influence du bojutsu participa à parfaire les techniques de bâton.

Rituel de bénédiction

Lors du rituel de bénédiction du maître ou *kru*, ce dernier utilise un sabre d'Ayyuthaya pour bénir ses disciples qui, en s'élevant, dans la hiérarchie gagnent le droit de porter le nom de leur école. Les combats se déroulent sur fond musical et dans une aire délimitée par un cercle. Les lames tirées de leur fourreau ne sont pas utilisées pour frapper l'adversaire. Les juges départagent les combattants en se basant sur leur adresse technique et l'énergie dont ils font preuve.

> DUEL À LA HALLEBARDE
Deux pratiquants de krabi krabong s'entraînant au combat, armés de *ngow* (hallebarde) aux lames émoussées. Alors que l'un s'apprête à frapper d'un mouvement de fente avant, l'autre se place en position défensive, afin d'absorber la force adverse.

> « LES PRINCIPES DIRECTEURS [DU KRABI KRABONG] SONT CEUX DE L'ÉQUILIBRE ET DE LA VOIE MÉDIANE, DANS LA PENSÉE, LA PAROLE ET L'ACTION. »
>
> MUAY THAI SANGHA

NOTE DE L'AUTEUR

J'ai eu la chance lors d'un récent voyage en Thaïlande de pratiquer le krabi krabong et de m'entraîner au maniement de la hallebarde, du simple sabre et de la double épée, sous la direction de Sumi Masamura qui enseigne cette discipline aux militaires thaïlandais. J'observais, avant l'entraînement, le rituel d'une danse exécutée à l'unisson, sur un rythme hypnotique. La danse aidait autrefois les guerriers à se préparer au combat, mais elle sert aujourd'hui à exercer la concentration des pratiquants. Après une matinée de préparation exténuante, nous sommes passés à l'entraînement en extérieur où régnait une humidité record, sous un soleil impitoyable. Après quelques échanges armés de doubles épées, nous nous sommes appliqués à suivre des formes classiques de combat contre un ou plusieurs adversaires. Les pratiquants doivent mémoriser rapidement les mouvements et les enchaînements, entre 50 et 60 techniques offensives et défensives. Ces séquences sont ensuite répétées à vitesse réelle et lors de vrais combats, épuisants, tant sur le plan physique que mental, en raison de l'extrême concentration exigée par ces exercices. Je pris un réel plaisir à la chose, mais fus contraint d'abandonner après quelques heures, alors que ma vigilance commençait à décroître.

EN COULISSES

KRABI KRABONG

LES ORIGINES DE CET ART remontent au début du XVIIe siècle. Discipline de combat brutale et létale, le krabi krabong s'est épanoui dans la Thaïlande contemporaine sous la forme d'une pratique cérémonielle, conduite en hommage aux guerriers du passé.

Le krabi krabong est une pratique, autrefois mise en œuvre par les soldats cherchant à se défendre sur les champs de bataille, aujourd'hui encore enseignée aux militaires thaïlandais. Cet art revêt un aspect spirituel, probablement lié à sa nature létale. Avant de s'engager dans une bataille, les guerriers qui envisageaient la possibilité d'être tué ou d'avoir à tuer, passaient un long moment à méditer et à prier.

Ces traditions nous aident à mieux comprendre les pratiques associées aujourd'hui à cet art. La force n'est plus utilisée pour tuer mais, avant chaque séance d'entraînement ou le début d'une rencontre, les élèves des écoles de krabi krabong prient pour ces héros morts pour la nation. L'entraînement est dur et soutenu, concentré sur l'exécution de séries de mouvements répétitifs, dont la complexité varie en fonction des aptitudes de chacun. Des armes à lames émoussées sont utilisées pour les exercices, mais le « krabi » (sabre à un seul tranchant) ou le « ngow » (hallebarde) maniés lors des tournois présentent des lames réellement tranchantes. L'élève doit néanmoins apprendre à rester calme et concentré en toutes circonstances, en restant attentif aux leçons de son maître.

SÉLECTION DES ARMES
Avant l'entraînement, les élèves sélectionnent leurs armes, des modèles conçus pour l'apprentissage. Ainsi, les armes des plus jeunes sont réalisées en bambou, d'autres sont gainées de caoutchouc. Les élèves travaillent en duos et s'exercent dès le début de la journée au maniement des armes, en répétant les manœuvres basiques de combat. Les lames nues sont réservées à la compétition et aux démonstrations.

RITUEL AVANT L'ENTRAÎNEMENT

Comme d'autres arts martiaux thaïlandais, le krabi krabong dérive du bouddhisme. Avant l'entraînement, la tradition veut que les pratiquants s'agenouillent pour prier. Au cours de ce rituel, les élèves rendent hommage à leur maître et à la discipline, mais avant tout à la bravoure des anciens guerriers. Après la prière, chaque étudiant se concentre sur l'apprentissage et la répétition d'enchaînement codifiés (à droite).

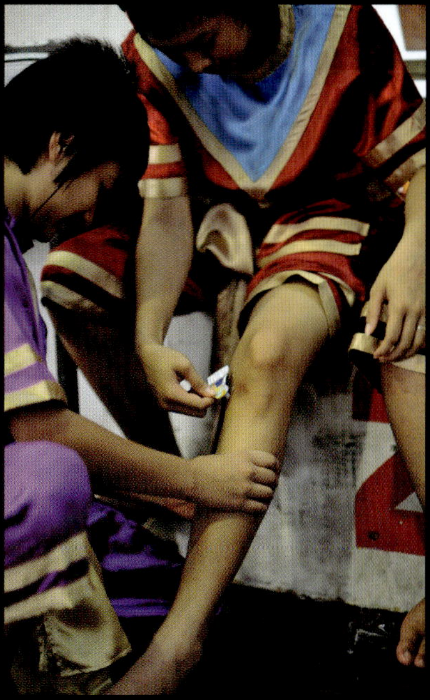

COUPS ET BLESSURES

Les séances de combat se déroulent avec des armes à lames émoussées, mais les élèves sont invités à faire preuve d'ardeur. Ci-contre, une jeune fille frappe d'un puissant coup de pied direct la poitrine de son adversaire. Au cours de l'affrontement, cette dernière se verra infliger une blessure à la jambe gauche, nécessitant l'intervention d'un soigneur.

JOUR DE COMPÉTITION

Après l'entraînement matinal au gymnase, les élèves prennent souvent part à des rencontres se déroulant l'après-midi, en extérieur. Emportant avec eux tout l'équipement nécessaire, chacun se prépare et en profite pour se restaurer ou se reposer, avant le début de la compétition.

PRATIQUE SPIRITUELLE

Une fois la scène en place, la compétition est précédée d'un moment de méditation et de prières collectives. Tous les combattants prennent place et s'assoient face à un temple bouddhiste, le maître de l'école est présent, au premier rang. Au son de la musique, le maître allume l'encens et s'incline, en même temps que le groupe dédie ses prières aux anciens maîtres de la discipline.

BÉNÉDICTION DU MAÎTRE

Avant de rejoindre l'aire de combat, chaque duo s'incline devant le maître de krabi krabong qui fait brûler de l'encens et bénit les élèves, tour à tour. Chaque pratiquant se ceint la tête d'une corde spéciale, sorte de talisman qui protège des blessures celui qui le porte et jette un sort à l'adversaire.

RITUEL AVANT LE COMBAT

Une fois parvenu sur le tapis de combat, chacun des participants se lance dans une danse rituelle, au son de la musique. Une chorégraphie exécutée avec un sabre ornemental, puis à mains nues. Ce rituel s'apparente à la danse du *ram muay wai kruh* qui précède traditionnellement les combats de muay thai (*voir* pp. 158-165).

COUP DE PIED SAUTÉ
Aux abords d'un somptueux palais de Bangkok, deux jeunes filles répètent les enchaînements d'une séquence de combat de krabi krabong. La combattante en vert esquive une frappe de sabre, avant de se redresser et de délivrer un coup de pied sauté en direction du torse de l'adversaire.

DUEL À LA HALLEBARDE
Deux combattants s'affrontent armés de *ngow* ou hallebardes. Le jeune garçon en rouge pare une attaque haute, puis change brusquement de direction, contre-attaquant par un mouvement de balayage de la hallebarde au ras du sol qui propulse l'adversaire à terre.

ARMES ET ARMURES

ARMES DU KRABI KRABONG

LA DISCIPLINE TIENT SON NOM D'UN SABRE à un seul tranchant, connu sous le nom de *krabi*, et d'un bâton qualifié de *krabong*. Cet art martial fait appel à d'autres armes traditionnelles, comme le *loh* (bouclier), les *maisun* (paire de massues en bois, portées sur les avant-bras) ou la *ngow* (hallebarde, *voir* photo pp. 148-149). Les armes à lames émoussées – faites de bambou ou gainées de caoutchouc – sont utilisées pour les séances d'entraînement et les lames tranchantes réservées à la compétition ou aux cérémonies. La force de frappe aujourd'hui sollicitée n'a plus pour objectif la mort de l'adversaire, mais les armes utilisées restent dangereuses. Pour les combattants, calme et vigilance constante sont exigés, afin d'éviter les blessures.

∨ MAISUN
Traditionnellement en bois, ces armes attachées aux avant-bras sont utilisées pour l'attaque et la défense. Ces sortes de massues servent à assommer ou à parer les coups de l'adversaire.

POIGNÉE
La main utilise un des pitons en guise de poignée et se trouve protégée par l'autre.

PROTECTION
La semelle de l'arme est faite de bois dur.

∧ PARFAIRE LA TECHNIQUE
Une jeune élève revêtue d'une tenue traditionnelle vert et or répète quelques techniques offensives de krabi krabong, armée d'un sabre à lame émoussée.

LOH
Utilisé comme accessoire de protection ou d'attaque, le *loh* ou bouclier peut être réalisé en différents matériaux, dont le rotin, le cuir, le bois ou le métal. Un accessoire de forme circulaire ou rectangulaire.

BOUCLIER PRATIQUE
Un modèle léger, souvent réalisé en rotin.

BOUCLIER ORNEMENTAL
Un modèle de compétition souvent rehaussé de motifs peints.

BOUCLIER LONG
Un modèle long, fin et lourd, autrefois utilisé sur les champs de bataille.

KRABI ET KRABONG
Fonctionnels ou réservés à un usage cérémoniel, le *krabi* (sabre) et le *krabong* (bâton) distinguent les modèles réservés aux séances d'entraînement, des modèles conçus pour la compétition.

KRABONG
Long bâton de combat en bambou.

POINTE ÉMOUSSÉE
Modèle de sabre d'entraînement à pointe émoussée.

LAME COURBE
Un sabre en métal à lame conçue pour entailler et trancher.

POINTE EFFILÉE
Un modèle de compétition à pointe effilée.

POIGNÉE
Les poignées de sabre sont finement décorées, comme cette poignée rehaussée de nacre.

SABRE DE CÉRÉMONIE
La pointe des lames de sabre de cérémonie est parfois plaquée d'or.

GARDE
Cette garde en argent protège les doigts du pratiquant.

TWINS SPECIAL
VIGO
in the Perfect

Muay thai

SIGNIFICATION
« BOXE THAÏLANDAISE » EN THAÏLANDAIS
DATE
ART AUTOCHTONE
FONDATEUR
ANONYME
SOURCE
THAÏLANDE

Cette discipline s'apparente au pradal serey (*voir* p. 167), au tomoi (*voir* p. 169) et au muay lao du Laos. Elle dérive probablement du muay boran (*voir* p. 166) et du krabi krabong (*voir* pp. 148-149). Également connu sous les noms de boxe thaïlandaise ou thaï kick-boxing, le muay thai, classé sport national, connaît une popularité grandissante dans le monde, en partie liée à la diffusion de rencontres sur les chaînes télévisées thaïlandaises et à la sortie sur les écrans de *Ong-Bak*, dans lequel le héros mêle cascades acrobatiques et boxe thaïlandaise.

Le muay thai est souvent qualifié d'art (ou de science) des huit membres, en raison de l'utilisation par les boxeurs de huit « armes » d'attaque : pieds, mains, épaules et genoux. Par comparaison, la boxe anglaise n'en utilise que deux, les poings.

Premiers combats de muay thai

Les origines du muay thai restent obscures. En 1767, les Birmans ont détruit toutes traces et témoignages se rapportant à l'ancien royaume de Siam. Selon la légende, en 1560, le roi de Siam Naresuen, surnommé le « prince noir », parvient à triompher d'un prince birman lors d'un combat de muay thai. Sa victoire aurait conduit le roi birman Bayinnaung à renoncer à l'invasion du Siam. En 1774, se déroule à Rangoon la première rencontre de muay thai, lors d'une fête organisée par le roi Mangra de Birmanie, en l'honneur du bouddhisme. À cette occasion, un boxeur thaïlandais, nommé Nai Khanom Tom, réussit à venir à bout de neuf boxeurs birmans.

Le muay thai moderne

Un combat de muay thai se déroule généralement en cinq reprises de 3 minutes, avec 2 minutes de pause entre chaque round. Art du ring (tactiques et stratégies de combat), préparation physique et forme physique sont à la base de la réussite. Comme dans la boxe anglaise, l'arbitre peut mettre fin à un combat en pratiquant un décompte de 10 secondes s'il juge que l'un des boxeurs court un danger particulier ou fait l'objet de trois K.-O. consécutifs au cours d'une même reprise.

Les boxeurs s'enveloppaient traditionnellement les mains de bandelettes de tissu, enduites de colle liquide et armées de verre pilé, ce qui ajoutait à la brutalité de ces rencontres. En 1929, la pratique fut interdite et les boxeurs se contentent désormais de gants de boxe classiques, par-dessus des bandelettes qui protègent les articulations. Chaque boxeur est équipé d'une coquille de protection, d'un short à bande élastique et de protège-chevilles élastiques facultatifs.

Les combats sont rythmés par la musique du *muay si* jouée par un quatuor d'instrumentistes, associant *shing* (cymbales), *klong kaek* et *kon* (tambours) et *pi java* (clarinette).

Danse rituelle et posture de combat

Au cours de la danse rituelle précédant le combat (*ram muay wai kruh* ou *kruh*), chacun rend hommage à son entraîneur et jette un sort à l'adversaire. Lors d'un exercice destiné à contrôler la respiration, à oxygéner les muscles et à prendre confiance, les boxeurs émettent souvent de stridents sifflements en expirant l'air à travers leurs dents.

La posture de combat ressemble à celle des boxeurs occidentaux, mais la garde est plus haute et les poings légèrement plus éloignés du visage, afin de se protéger des coups d'épaule et de pied. Les boxeurs se déplacent d'avant en arrière, tout en prenant appui sur un pied. Ils tournent les épaules vers l'intérieur, pour se protéger le corps et faciliter les mouvements de garde qui protègent les côtes lors d'une attaque.

Coups de pied et de poing

La frappe emblématique du muay thai est un coup de pied bas et circulaire, ou un crochet, dirigé à hauteur de cuisse de l'adversaire. Conçue pour démoraliser l'adversaire et limiter sa mobilité, cette attaque est souvent délivrée avec le tibia et les orteils crochetés vers l'intérieur. Les boxeurs renforcent leurs tibias en s'entraînant à frapper des troncs de bambou. Les techniques de poing s'apparentent à celles de la boxe anglaise, avec des coups de poing directs, croisés, en crochet, circulaire remontant et circulaire descendant.

< COMBAT AU CORPS À CORPS
Accrochés aux cordes du ring, ces boxeurs thaïlandais, corps à corps, continuent de lutter afin de prendre l'avantage.

« LA BOXE THAÏE EST… TOUJOURS LÀ. ELLE EST L'ANCÊTRE DE TOUS LES AUTRES TYPES D'ARMES ET SUPÉRIEURE À TOUS. »

LE MUAY THAI : LE PLUS REMARQUABLE DES ARTS MARTIAUX, PANYA KRAITHAT ET PITISUK KRAITUS

ATTAQUE ET DÉFENSE
Un des boxeurs lance un coup de pied circulaire de côté, mais l'adversaire incline la tête et tente de se défendre à l'aide de ses bras.

NOTE DE L'AUTEUR

J'ai récemment passé plus d'un mois à m'entraîner dans un camp de jungle près de Phuket, dans l'espoir de saisir l'esprit du muay thai. Je dois dire que je me suis amusé et que j'ai aussi réalisé l'injustice faite à cet art considéré comme macho et agressif. À l'entraînement soutenu du matin succédaient quelques enchaînements, suivis d'exercices de combinaisons sur le tapis, sous l'autorité d'un entraîneur. La journée se terminait par un combat intensif. Nous étions poussés au-delà de nos limites physiques, mais avec calme et détermination. Alors que je m'étais froissé un muscle de l'épaule lors d'un entraînement, je m'attendais à ce que le combat se poursuive, mais l'entraîneur arrêta la rencontre, me massa l'épaule d'un peu d'huile et m'ordonna de me reposer. Ces solides combattants prennent au sérieux la moindre blessure qui, négligée, peut finir par handicaper sérieusement un boxeur sur le ring, voire mettre fin à sa carrière.

EN COULISSES

BOXEURS DE MUAY THAI

COMPARÉS aux boxeurs professionnels occidentaux – qui connaissent de longues semaines d'inactivité entre deux combats –, les boxeurs thaïlandais de muay thai se soumettent à une implacable discipline. Tous partagent les quartiers d'habitation du gymnase et mènent une vie entièrement dédiée à leur art.

L'entraînement d'un boxeur de muay thai vise à développer vitesse, précision et puissance. Un boxeur doit être discipliné, suivre les règles du gymnase et se tenir aux instructions de son maître en toutes circonstances. Une journée d'entraînement débute à 5 heures du matin, par une course de fond de 10 à 15 km, suivie d'exercices d'échauffements et d'étirements, avant un copieux petit déjeuner. Ce moment de détente offre aux boxeurs l'occasion d'échanger et de discuter entre eux des rencontres à venir. Après une période de repos, tous retournent dès le début de l'après-midi sur l'aire d'entraînement, pour des séances prolongées d'étirements, d'haltérophilie, de travail au sac de frappe et aux paos, ou d'entraînement au combat avec un partenaire, sous l'autorité de leur entraîneur. L'après-midi s'achève par un repas, suivi d'un moment de repos. Vers 20 heures, les boxeurs, au mieux de leur forme, rejoignent le stade de boxe et combattent une grande partie de la nuit.

MOMENT DE DÉTENTE

La journée type d'un boxeur de muay thai est faite de séances d'entraînement intensif, ponctuées de moments de détente et de récupération. En réalité, le petit déjeuner qui fait suite à la course de fond matinale est un des rares moments où les boxeurs s échangent quelques mots. Cette existence confinée explique que les conversations s'écartent rarement du sujet qui leur tient à cœur, le muay thai.

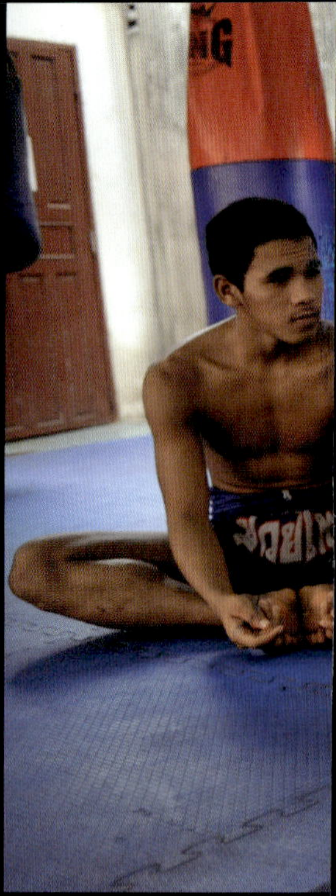

ÉTIREMENT ET HALTÉROPHILIE

Discipline très physique, le muay thai bien plus que tout autre sport sollicitent exagérément les muscles et les articulations des boxeurs. Avant le travail au sac de frappe et l'entraînement au combat, les boxeurs débutent leur journée par une séance d'échauffement. Après un travail au sol, essentiellement consacré à l'étirement des muscles des bras et des jambes, succèdent des exercices d'haltérophilie, conçus pour renforcer le haut du corps, avant une série d'enchaînements.

SAC DE FRAPPE ET PAOS

Le temps passé par un pratiquant de muay thai à travailler avec son entraîneur (appelé *padman*) au sac de frappe et aux paos reste une des clés de la réussite d'un boxeur sur le ring. Le sac de frappe et les paos permettent au boxeur de parfaire ses techniques, sans être distrait par un partenaire d'entraînement.

FIN DE JOURNÉE

Après une longue et éreintante journée d'entraînement, les boxeurs sont autorisés à prendre un peu de repos, le temps de manger et de se préparer aux combats du soir. Responsables du maintien en état du gymnase, ils commencent par ranger leur équipement, avant de pouvoir apprécier les bienfaits d'une douche froide.

APPLICATION D'HUILE

Dans les vestiaires, juste avant le combat, le visage et le corps des boxeurs sont enduits d'huile. Un stratagème qui permet aux frappes de glisser, limite les risques de coupures et d'abrasion de la peau, tout en facilitant le dégagement du boxeur lors d'une lutte au corps à corps. Les massages à l'huile participent au relâchement des tensions musculaires et réduisent du même coup les risques de blessures. Une bénédiction clôture la séance de massage.

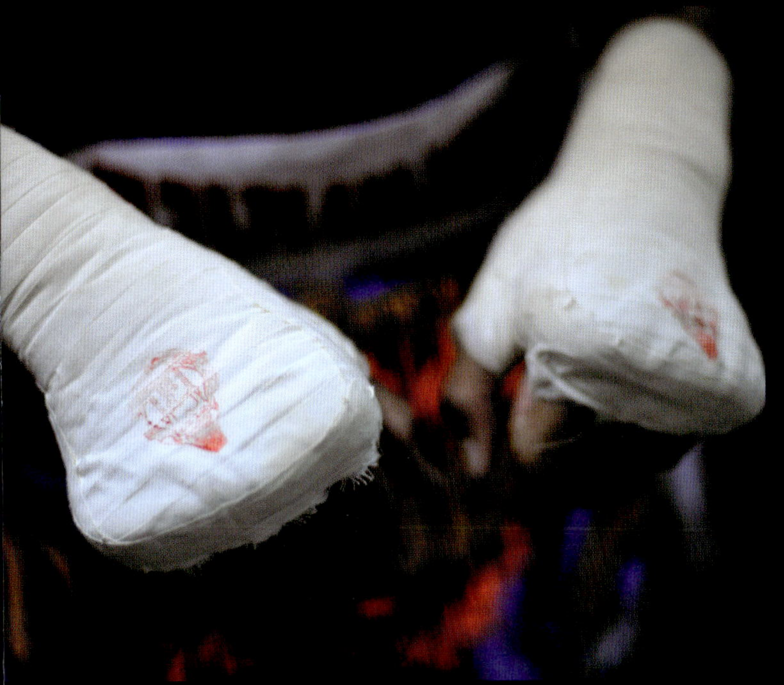

ULTIMES VÉRIFICATIONS

Afin de prévenir toute tricherie – au niveau du poids des gants par exemple –, la fédération de muay thai désigne pour chaque rencontre des juges chargés de contrôler la préparation des boxeurs. Les bandages des mains sont inspectés et leur conformité attestée. Les gants de boxe une fois enfilés sont fixés au ruban adhésif, puis inspectés une nouvelle fois.

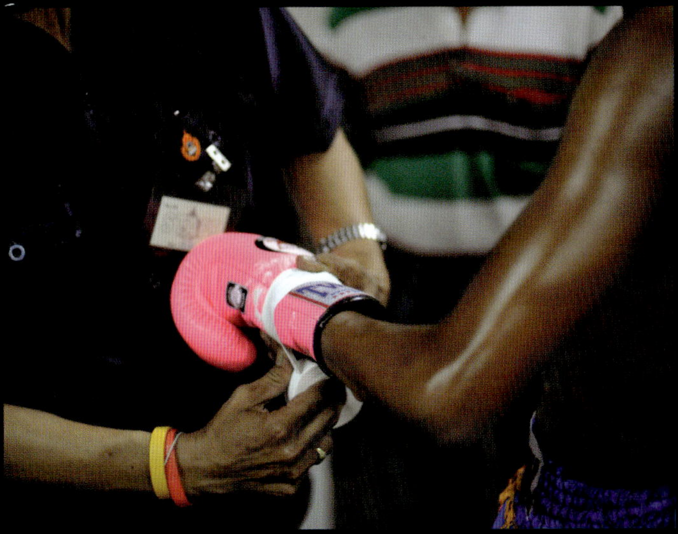

LA SOLITUDE DU BOXEUR

Après avoir reçu une bénédiction et une guirlande de fleurs en guise de porte-bonheur, le boxeur s'isole, quelques secondes avant la montée sur le ring. Il profite de ce moment pour réguler sa respiration, faire une prière et se concentrer sur le combat à venir.

AVANT LA BATAILLE
La danse rituelle du *ram muay wai kruh* qui précède le combat – au cours de laquelle les boxeurs rendent hommage à leurs entraîneurs et jettent un sort à l'adversaire – est une tradition incontournable du muay thai. Une fois le combat engagé, les boxeurs passent quelques secondes à se défier, avant la frappe libératrice.

ATTAQUE INITIALE
Les combats sont très intenses et de lourdes frappes pleuvent dès le début de l'affrontement. Ici, le boxeur en short rouge conduit l'attaque. Forcer l'allure dans un combat est un travail éreintant, mais les deux minutes de pause entre chaque reprise aident les boxeurs à récupérer. Un seau d'eau froide permet de rafraîchir le corps du boxeur.

RETOUR SUR LE RING

En milieu de reprise, le boxeur en short bleu passe à l'attaque. Il délivre une frappe du genou en règle (ci-contre) au niveau du ventre de l'adversaire. Les deux boxeurs accusent la fatigue et profitent de toutes les occasions pour souffler un peu, notamment lors des corps à corps.

ISSUE INCERTAINE

Le combat approche de la fin et l'issue reste incertaine, chacun des boxeurs prenant tour à tour l'avantage. Mais un violent coup de poing circulaire descendant, délivré de la main droite par le boxeur en short rouge, atteint sa cible et projette l'adversaire au sol. Celui-ci ne se relevant pas avant la fin du décompte de l'arbitre, l'adversaire est déclaré vainqueur. Les deux boxeurs passeront le reste de la nuit à assister aux combats de leurs camarades. Après une brève nuit de repos, une nouvelle journée d'entraînement commencera dès 5 heures du matin.

Vovinam

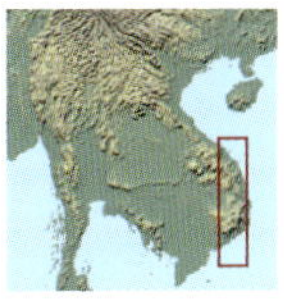

SIGNIFICATION
« ART MARTIAL DU VIÊT NAM » EN VIETNAMIEN

DATE
1938

FONDATEUR
NGUYEN LOC

SOURCE
VIÊT NAM

Nguyen Loc, le fondateur du vovinam, grandit dans un Viêt Nam sous occupation française. Animé par un réel élan patriotique, Nguyen Loc était persuadé qu'une nation solide ne pouvait exister sans une jeunesse initiée à la clairvoyance de l'esprit, à la pureté de l'âme et à la force physique. Il étudia les arts martiaux, la philosophie, la théologie, puis s'intéressa à une approche scientifique de la santé. Il structura et codifia un art vietnamien, conçu pour le peuple vietnamien.

Techniques clés

Aussi connue sous le nom de « vovinam viet-vo-dao » la discipline regroupe techniques de combat à mains nues et armées. Les élèves sont initiés au maniement d'armes inédites, comme la hache ou l'éventail. Les exercices classiques présentent coups de pied en diagonale, revers du poing aux tempes et crochetage des jambes, afin de déséquilibrer l'adversaire. Frappes des coudes et des genoux, coups de pied et techniques de lutte sont aussi sollicités. Le vovinam s'est spécialisé dans les mouvements défensifs, visant à parer des attaques par l'arrière et des attaques armées lorsque le pratiquant combat à mains nues.

Paix de l'esprit

Le vovinam insiste sur l'union des principes philosophiques chinois du yin et du yang. Les élèves, revêtus du « gi », tenue d'entraînement bleu ciel, sont initiés au principe bouddhiste consistant à cerner son ego pour se libérer de son influence. Devenus tolérants et généreux, ils apprennent que la conscience de soi mène à l'harmonie et à la paix. Selon la devise du vovinam et sa salutation, « main de fer pour un cœur bienveillant », la force doit uniquement être utilisée en dernier ressort.

< FORCE ET SOUPLESSE
Deux pratiquants expérimentés de vovinam répètent des enchaînements armés de bâtons de bambou, au temple Quan Thanh de Hanoi. La force et la souplesse du bambou symbolisent pour beaucoup l'esprit même de cet art.

Cuong-nhu

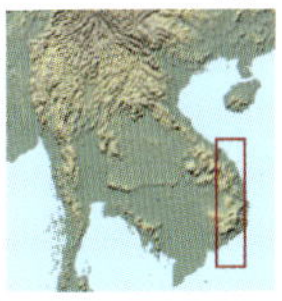

SIGNIFICATION
« DUR ET SOUPLE » EN VIETNAMIEN

DATE
1965

FONDATEUR
NGO DONG

SOURCE
VIÊT NAM

Développé par le docteur Ngo Dong, en 1965, le cuong-nhu est un art martial vietnamien hybride mêlant techniques de karaté et méthodes basiques de lutte. Une discipline aussi inspirée du tai-ji-quan, du wing-chun, du karaté shotokan, de la boxe, de l'aikido et du vovinam (*voir* pp. 80-87, 122, 203, 256-263, 238-239, ci-contre).

Le premier dojo de cuong-nhu aux États-Unis ouvrit ses portes en 1971, après que Ngo Dong fuyant la guerre du Viêt Nam s'y fut réfugié.

L'entraînement de base fait appel aux éléments externes durs du karaté – comme coups de pied et blocages – associés aux techniques de renversement, roulade et projection du judo. Au fil de la progression de l'élève sont intégrés des éléments proches du tai-ji-quan. Ces techniques mettent l'accent sur la diversion de la pensée opposée à l'usage de mouvements directs visant à l'immobilisation. L'élève développe ainsi une souplesse qui l'aide à faire face sereinement à une attaque, en recourant aux éléments durs ou souples de l'entraînement. Le travail des armes, généralement réservé aux pratiquants les plus expérimentés, inclut le maniement du *bo* (bâton long), du *tonfa* (bâton court à deux poignées), du *sai* (dague) et de la lance.

Un art éthique

Fidèle au principe d'introspection et aux techniques martiales, l'enseignement du cuong-nhu vise aussi à apprendre aux élèves l'art de l'élocution, la poésie, la philosophie et la peinture. Ce système complet s'appuie sur le développement de soi, à travers maîtrise et modestie. Les élèves sont aussi encouragés à montrer une attitude positive. Un véritable code éthique gouverne le cuong-nhu.

> « POUR INSUFFLER MORALE ET SPIRITUALITÉ À SON STYLE, LE GRAND MAÎTRE DONG INSTILLA DES ÉLÉMENTS DE SA PROPRE PHILOSOPHIE, FAITE DE DÉPASSEMENT DE SOI, D'ESPRIT DE SERVICE, D'AMOUR ET DE RESPECT DES AUTRES. »
>
> CUONGNHU.COM

Tomoi

SIGNIFICATION
« COUDES ET GENOUX » EN MALAIS

DATE
VERS 1800

FONDATEUR
ANONYME

SOURCE
MALAISIE

Discipline dont le nom signifie « coudes et genoux », le tomoi peut être considéré comme la version malaise du muay thai (*voir* pp. 158-165). La pratique se retrouve au Cambodge, sous le nom de pradal serey (*voir* p. 167) et au Myanmar, où elle prend le nom de lethwei (*voir* pp. 146-147). À la fois sport et art de combat, inspiré des arts martiaux indien, chinois et thaïlandais, le tomoi se pratique plus généralement au nord de la Malaisie. En 1990, cette pratique, comme d'autres traditions malaises, fut interdite par le gouvernement de l'État de Kelantan. Nombre de pratiquants remplacèrent le terme de tomoi par celui de muay thai. En 2006, suite à la levée de l'interdiction, le tomoi connut un regain de popularité et retrouva son nom original.

Les origines de cet art restent obscures, mais certains spécialistes pensent que la discipline aurait été introduite en Malaisie vers 1800, suite à l'arrivée d'ethnies thaïlandaises qui importèrent leurs traditions de combat et leurs cultures.

ULTIMES PENSÉES
Deux boxeurs de krabi krabong (*voir* pp. 148-157) se font face. Prière et méditation avant l'affrontement font partie des pratiques incontournables des arts martiaux thaïlandais.

Penjak silat

SIGNIFICATION
STYLE D'AUTODÉFENSE

DATE
ART AUTOCHTONE

FONDATEUR
ANONYME

SOURCE
INDONÉSIE

« LE SILAT DÉVELOPPE ET RENFORCE LA CONSCIENCE DE SOI, L'AUTODISCIPLINE, L'INTÉGRITÉ, LA RESPONSABILITÉ, LA LOYAUTÉ ET LA COOPÉRATION ENTRE SES PRATIQUANTS. »

FÉDÉRATION DE PENJAK SILAT DU ROYAUME-UNI

Le penjak silat est pratiqué dans plus de 800 écoles d'arts martiaux, réparties dans les 13 000 îles de l'archipel indonésien. Selon la légende, ces styles de combat auraient été utilisés contre l'envahisseur hollandais. Ce système hybride, plus tard interdit par l'occupant, est connu à Java et Bali sous le nom de penjak, mais porte le nom de silat à Sumatra. L'appellation de penjak silat, reconnue officiellement en 1973, remonte à l'unification de l'Indonésie. Certains systèmes récents de silat ont adopté la tradition martiale japonaise consistant à distinguer les grades au moyen de ceintures de couleurs. Après avoir acquis une renommée internationale, le penjak silat s'est affirmé en tant que discipline sportive, disposant de ses propres championnats du monde.

La lignée du penjak

Cette discipline, transmise oralement de maître à disciple, a laissé peu de témoignages écrits. On sait que soldats et guerriers du royaume de Srivijaya à Sumatra pratiquaient une forme de silat, entre les VIIe et XIVe siècles, comme ceux du royaume de Majapahit à Java, entre le XIIIe et le XVIe siècle. L'archéologie suggère néanmoins que cette pratique daterait du VIe siècle.

L'origine du système enseigné par nombre d'écoles de silat remonte aux guerriers bugis, mercenaires réputés pour leur adresse au combat. Au cours de l'occupation hollandaise, entre le XVIIe et le XXe siècle, le silat rejoint la clandestinité, avant de s'affirmer à nouveau au grand jour, en 1949, après l'indépendance. Danses traditionnelles et rituels indonésiens comporteraient certains aspects de cet art.

Styles et armes

Le penjak silat ne fait l'objet d'aucune codification de ses techniques, les différences entre les écoles dépendant de leur environnement. Les techniques de jambes des styles urbains diffèrent de celles des styles pratiqués dans la jungle. Le peuple javanais considère le penjak silat comme un art d'autodéfense, même si le programme d'entraînement se concentre sur les techniques à mains nues, suivies de séances de travail des armes.

Les armes utilisées regroupent certaines des armes indonésiennes traditionnelles, comme le bâton court, le bâton long et la canne de bambou, d'acier ou de bois. Le *tjabang* est une sorte de couteau à trois fourches dérivé du trident. Le *kerambit* est une petite lame courbe que les femmes dissimulaient souvent dans leurs cheveux. L'*arit* s'apparente à une faucille, utilisée comme arme de parade, de frappe et de taille. La lame en forme de vague du *keris* ou poignard est trempée dans une solution acide. Le *pedang* est une épée classique à deux ou unique tranchant.

Maître et élève

La multitude d'écoles de penjak silat s'explique par le nombre de styles très localisés ayant vu le jour à travers l'archipel, lorsqu'un maître s'installait dans un village et enseignait sa propre méthode. Cet enseignement pouvait inclure divers aspects du chamanisme, de l'animisme, de la médecine traditionnelle et d'autres pratiques spirituelles. La plupart des pratiquants de silat intègrent la spiritualité à leur pratique et apprennent à exploiter ce qu'il pense être des forces surnaturelles.

En règle générale, un maître traditionnel reçoit des offrandes de ses futurs élèves, souvent un couteau, symbole d'acuité et de vigilance de l'esprit, et un drap blanc roulé que le maître conserve dans un endroit sacré, destiné à envelopper le corps de l'étudiant si ce dernier venait à mourir.

Le sang d'un poulet sacrifié est répandu sur le sol de l'école où l'élève espère étudier – un symbole du sang que verserait l'étudiant en combattant si son entrée dans l'école lui était refusée. La relation entre le maître et l'élève s'apparente aux liens du sang qui unissent un fils à son père.

Multiples influences

Les frappes de mains et de pieds, les techniques de blocages et les projections, suggèrent des influences indiennes et chinoises. Les projections – typiquement amorcées à partir de postures très basses ou accroupies – sont souvent considérées comme l'enchaînement emblématique du silat.

Entre les VIIe et XIIe siècles, l'Indonésie vécut sous l'influence du bouddhisme mahâyâna (Grand Véhicule) et bénéficia de l'apport des arts, des armes et des systèmes philosophiques importés par les Indiens et les Chinois. Cette diversité participa à l'évolution du penjak silat.

< POSTURE DU SILAT
Un pratiquant intercepte une frappe de la main, puis contre-attaque d'un coup de coude dans le plexus solaire de l'adversaire. Les techniques sont plus efficaces lorsqu'elles sont exécutées à partir d'une posture stable.

▲ SIXIÈME SENS
Ce jeune élève répète quelques techniques d'enchaînements. Dès leur plus jeune âge, les pratiquants de penjak silat sont initiés à l'éveil des sens. Lors d'un combat, les mains et les yeux sont instinctivement sollicités pour bloquer une attaque.

Liu seong kuntao

SIGNIFICATION
STYLE DE COMBAT RAPPROCHÉ HYBRIDE

DATE
XXe SIÈCLE

FONDATEUR
WILLEM A. REEDERS

SOURCE
INDONÉSIE

Art martial hybride, mêlant des influences chinoise et indonésienne, le liu seong kuntao est parfois qualifié de système aux « mains chinoises et pieds indonésiens ». Fort d'un héritage hollandais et indonésien, son fondateur, Willem A. Reeders, s'initia à différentes disciplines martiales dans sa jeunesse. Son grand-oncle Liu Seong lui enseigna les techniques de systèmes de combat rapproché dérivés du kuntao, mais Reeders se concentra sur les variantes locales du penjak silat (*voir* pp. 172-173), avant de développer son propre système. Il importa plus tard, avec succès, son style aux États-Unis.

Synthèse de principes d'anatomie, de psychologie et de physique, la signature du système tient dans l'exécution rapide d'attaques multiples à courte distance. Les postures visent à protéger les zones vitales majeures, une méthode qualifiée de mouvement de « fermeture du corps ». Le travail des armes, généralement réservé aux pratiquants les plus expérimentés, reste un des aspects essentiels de cet art fidèle à la tradition indonésienne qui insiste sur l'état de conscience : rester « affûté comme une lame ».

◄ ATTAQUE ÉCLAIR
En combat rapproché le mouvement permet au pratiquant de délivrer ses frappes, avant d'adopter une posture de protection.

Techniques de combat

La nature évasive des attaques et les techniques de main ouverte ont été comparées à celle du ba-gua-zhang (*voir* p. 78), un système du nord de la Chine qui s'inspira des symboles du *bagua*, tirés de l'ouvrage chinois classique, le *Yi-jing* ou *Livre des changements*. Le jeu de jambes, typiquement indonésien, favorise la mobilité et les postures basses. L'entraînement s'applique à mettre en œuvre des séquences de combat pré-arrangées (*juru-juru*) assez proches des *kata* des arts martiaux japonais. L'art privilégie l'autodéfense, bien plus que le sport de compétition. Les pratiquants s'entraînent à échanger des coups, de façon mesurée et maîtrisée, afin d'éviter les blessures, ce qui aide les étudiants à parfaire leurs mouvements, en s'adaptant au rythme et à la fluidité du combat.

Sindo

SIGNIFICATION
STYLE DÉRIVÉ DU PENJAK SILAT

DATE
1972

FONDATEUR
KAK JIMMY THAIBSYAH

SOURCE
INDONÉSIE

Version moderne du penjak silat (*voir* pp. 172-173) le sindo regroupe nombre de techniques d'autodéfense et de méthodes d'entraînement d'arts martiaux internes. Une discipline développée par Kak Jimmy Thaibsyah, pratiquant du très controversé kateda, soupçonné par ses détracteurs de liens avec le crime organisé et de dérives sectaires. À ce jour, le sindo semble avoir échappé aux critiques et à une telle réputation.

► FRAPPES DU POING
Un groupe de pratiquants de sindo, près de Cibogo, à Java, s'entraîne à frapper des poings une cible solide. Hormis le risque de blessures, ce genre d'exercice, se révèle excellent pour endurcir les mains.

KAK JIMMY THAIBSYAH

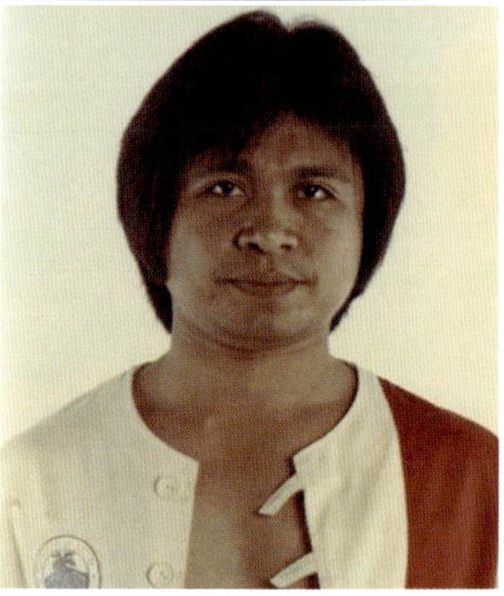

En 1972, achevant une maîtrise d'anglais à l'université de Jakarta, Kak Jimmy Thaibsyah rencontra Lionel Nasution, fondateur du kateda, et commença à s'initier à des techniques d'autodéfense. Plus tard, il se rendit à Londres où il enseigna et étudia aux côtés de Nasution. En 1987, il ouvre sa première école de techniques d'autodéfense, en Indonésie. Son style, le penjak silat tenaga dasa (PSTD) sera rapidement enseigné dans d'autres écoles. En 1999, il rebaptise son système sindo.

Bersilat

SIGNIFICATION
« COMBATTRE » EN MALAIS

DATE
XVe SIÈCLE

FONDATEUR
ANONYME

SOURCE
MALAISIE

Art martial à mains nues dérivé du penjak silat (*voir* pp. 172-173), le bersilat fut aussi influencé par des disciplines indiennes. La pratique s'apparente à une méthode de sport et de danse appelée *sila-pulat*. Le style se décline en plusieurs grandes écoles, dont celle de *lintan*, de *medan* et de *sila-buah*. La pratique met l'accent sur la retenue et apprend à réserver cette discipline à l'autodéfense. Les maîtres sont souvent de hautes autorités morales dans leurs communautés.

Avant l'entraînement, les élèves prêtent le serment de ne pas révéler les secrets de leur art. L'apprentissage intègre les techniques de poing, de projections, de saisies, de clés et d'étranglement. Le système présente nombre de frappes de points névralgiques et la méthode inclut souvent l'étude des 12 centres nerveux du corps, vulnérables à la douleur d'une frappe de la main. Ces techniques sont souvent appliquées face à un adversaire plus imposant, limité à l'usage de la force brutale. On dit que la confiance qui émane d'un pratiquant de bersilat suffit souvent à intimider un agresseur potentiel. Le ministre de la Culture, de la Jeunesse et des Sports de Malaisie qualifie le bersilat en ces termes : « En tant que posture, il encourage la recherche de l'esthétique au sens culturel du terme. En tant que discipline sportive, il entretient la santé. En tant que pratique spirituelle, il développe des qualités telles que le calme, la tolérance, l'écoute, le mental, le courage et la confiance en soi ».

> « EXCELLENTE DISCIPLINE PHYSIQUE ET SPORTIVE, LE BERSILAT EST AUSSI UN ART D'UNE GRANDE VALEUR SPIRITUELLE, PARTICIPANT, SELON SES FIDÈLES, À PROMOUVOIR LE DÉVELOPPEMENT SPIRITUEL DE CHACUN. »
>
> MINISTRE DE LA CULTURE, DE LA JEUNESSE ET DES SPORTS DE MALAISIE

▲ MUSIQUE ET DANSE
Le sila-pulat, cette forme de danse dérivée du bersilat, est souvent exécuté sur fond musical.

▲ PRÊTS À BONDIR
Deux pratiquants de bersilat se font face, avant de s'engager dans un combat au corps à corps, lors d'un mariage malais traditionnel.

Kali sikaran

SIGNIFICATION
ART MARTIAL À MAINS NUES PHILIPPIN

DATE
ART AUTOCHTONE

FONDATEUR
ANONYME

SOURCE
PHILIPPINES

Art martial à mains nues, le kali sikaran regroupe techniques d'engagement (passer outre le coup de l'adversaire, afin de le frapper à courte distance), techniques de pied et d'escrime (*voir* pp. 268-269). La discipline s'inspire de deux anciens arts martiaux – le système de combat armé du kali et le système de frappes de pied du sikaran – et fait la synthèse de techniques indigènes de combat au bâton et de techniques d'escrime, introduites par les Espagnols qui occupèrent les Philippines quatre siècles durant. Le kali sikaran présente également des techniques et méthodes d'entraînement du dumog, de l'espada y daga (*voir* pp. 182-183), du panantukan (pangamut) et du kadena de mano (*voir* ci-contre). La plupart des systèmes dérivés du kali peuvent se pratiquer armé d'une machette, comme le démontra au cours de la Seconde Guerre mondiale une milice locale qui s'opposa à l'envahisseur japonais. La discipline est placée sous l'autorité de l'International Kali, Arnis and Eskrima Federation.

L'entraînement met l'accent sur la vitesse, l'énergie, la force, la coordination et les réflexes, mais aussi sur l'aptitude à mettre en œuvre les techniques de combat.

Kadena de mano

SIGNIFICATION
« CHAÎNE DE MAINS » EN TAGALOG

DATE
ART AUTOCHTONE

FONDATEUR
ANONYME

SOURCE
PHILIPPINES

Cet art martial associe plusieurs techniques de combat à mains nues à des techniques de combat au couteau d'origine philippine. Une série de mouvements courts et rapides, exécutés des deux mains et des coudes, servent à mettre en œuvre frappes et blocages simultanés. Combinaison de techniques et réaction en chaîne restent les aspects essentiels de cet art. Semblant évoluer au rythme d'une musique, le pratiquant lance une série de frappes puissantes et enchaînées, en réaction à une attaque ou à une menace. L'entraînement vise à aider le pratiquant à varier ses angles d'attaque, tout en restant relâché, afin de délivrer de violentes frappes explosives, particulièrement efficaces en combat rapproché.

Clé, frappes et piégeage

Le système compte nombre de techniques de clés, dont l'enchaînement classique, « clé, frappes, piégeage », consistant à faire suivre une immobilisation de frappes répétées ou d'une technique de piégeage. L'exercice a pour objectif d'aider les étudiants à réduire le temps de réaction nécessaire pour neutraliser une attaque entrante agressive.

ORIGINES TRIBALES
Les guerriers mangyans des tribus de l'île de Mindoro sont réputés pour leur adresse au buno.

Buno

SIGNIFICATION
« LANCER » OU « TUER » EN TAGALOG

DATE
ART AUTOCHTONE

FONDATEUR
ANONYME

SOURCE
PHILIPPINES

Art de lutte philippin, comparable au dumog (*voir* p. 183), le buno est très pratiqué par les Mangyans de l'île de Mindoro. Une des formes classiques, le « harimaw buno », associe techniques de projection, clés contrôlées, manipulations d'articulations, frappes, techniques de lutte au sol et d'arraché. Les élèves sont initiés au maniement de différentes armes, dont le couteau, la lance, l'arc et les flèches. La formation intègre des méthodes d'entraînement inédites, autrefois utilisées par les tribus philippines indigènes – comme l'entraînement dans la boue, la grimpe d'arbres, la pratique de la pirogue et le maniement de lourds troncs de bois, afin de développer la force.

« ON DÉNOMBRE DES CENTAINES DE STYLES DE BUNO, PRATIQUÉS À TRAVERS TOUTES LES PHILIPPINES, MAIS LE « HARIMAW BUNO », AUTREFOIS APPELÉ « HARIMAW LUMAD » (LUTTE DU ROI TIGRE) EST UNE PRATIQUE PROPRE AUX MANGYANS DE L'ÎLE DE MINDORO. »

BASE DE DONNÉES SUR LES ARTS MARTIAUX

FORCE LÉTALE
La lutte au sol est un aspect majeur du buno. La technique exécutée ci-dessus est potentiellement mortelle.

Kuntaw

SIGNIFICATION
« FRAPPE SACRÉE » EN TAGALOG
DATE
ART AUTOCHTONE
FONDATEUR
ANONYME
SOURCE
PHILIPPINES

Un des plus anciens systèmes de combat des Philippines, dont les origines, selon certains, seraient antérieures à 1365. Cet art martial présente nombre de combinaisons de frappes de pied et à mains nues, mais aussi de saisies et de clés. Pour les spécialistes, ce système, aux techniques de guérilla efficaces, était souvent utilisé en même temps que le kali (*voir* p. 175), basé sur le travail des armes. L'entraînement compte pas moins de 43 formes ou enchaînements. Remis au goût du jour dans les années 1960, le kuntaw connaît une popularité croissante aux Philippines et en Amérique du Nord. Le nom de cette discipline d'origine probablement chinoise pourrait être tiré de celui d'un ancien art martial chinois, le « kuntao ». Le système présente des aspects durs et souples, et vise au développement interne et externe de l'énergie ou qi. La discipline intègre aussi des techniques complexes de frappes des points vitaux, situés au niveau des centres nerveux, des os fragiles, des articulations faciles à briser et des organes vitaux.

LOGO DE LA FÉDÉRATION INTERNATIONALE DE KUNTAW

Kuntaw lima-lima

SIGNIFICATION
« FRAPPE SACRÉE COMPLÈTE » EN TAGALOG
DATE
ANNÉES 1950
FONDATEUR
CARLOS LANADA
SOURCE
PHILIPPINES

Cet art martial philippin est aussi connu sous le nom de « kuntaw arnis ». Le terme *kuntaw* désigne les techniques de combat poings-pieds, le terme *lima* (« cinq ») fait référence au nombre de formes armées maîtrisées par les pratiquants ayant atteint un niveau ceinture marron ou supérieur. L'association *lima-lima* signifie « complet ». Ce système, très influencé par le kuntaw fait appel aux mains, aux pieds et aux coudes, mais aussi à la dague ou au bâton. Les techniques ont pour objectif de parer, dévier et rediriger les attaques. Les étudiants sont initiés aux 25 mouvements de base – cinq frappes, cinq coups d'estoc, cinq blocages, cinq désarmements et cinq clés – mais aussi incités à développer leur force physique, à travers des exercices d'haltérophilie, de tension dynamique et de mécanique du corps. Cet art au passé obscur est aujourd'hui enseigné librement.

« PERSONNE NE CONNAÎT EXACTEMENT… L'ORIGINE DU KUNTAW, MAIS CE STYLE S'EST RÉVÉLÉ UN ART DE COMBAT EFFICACE. »

GRAND MAÎTRE LANADA, *KUNTAW – THE ANCIENT FILIPINO MARTIAL ARTS*

Pangamut

SIGNIFICATION
« COMBAT À MAINS NUES » EN TAGALOG
DATE
INCONNUE
FONDATEUR
ANONYME
SOURCE
PHILIPPINES

Le pangamut est un art de combat à mains nues, enseigné par Dan Inosanto, intégrant diverses techniques de lutte, mais aussi frappes de poing, coups de pied, balayages de jambes, piégeage de pieds, morsures et piques. Les étudiants d'arts martiaux philippins commencent par apprendre le travail des armes, avant l'initiation aux techniques à mains nues, contrairement à la plupart des arts martiaux orientaux où l'enseignement commence par les techniques à mains nues, le temps que l'élève atteigne un niveau ceinture noire, avant d'aborder le travail des armes. L'enseignement débute par l'initiation au maniement du bâton, du couteau et de la dague, armes traditionnelles des Philippines. Les artistes martiaux formés aux Philippines possèdent peu ou pas d'expérience en matière d'entraînement à mains nues. Le pangamut comble ce vide en enseignant les techniques avec armes, mais aussi à mains nues. Ainsi, lorsque l'adversaire brandit un couteau ou un bâton en direction de votre visage, une manœuvre classique consiste à parer la frappe de la main droite, de façon à établir un contact avec son poignet, tout en saisissant son coude de la main gauche en exerçant une poussée vers l'avant, avant que la main droite délivre un coup de couteau. Cette dernière action peut être remplacée par un coup de poing ou coup du tranchant de la main, en exécutant un enchaînement en tous points identiques à celui exécuté arme à la main.

GURU DU PANGAMUT
Entraîneur de légende, Dan Inosanto (à droite) pose pour la gloire dans l'école baptisée de son nom, ouverte à Los Angeles, en Californie.

Gokusa

SIGNIFICATION
SYNTHÈSE DE KUNTAO ET DE BALINTAWAK
DATE
ANNÉES 1960
FONDATEUR
JOSE « JU GO » MILLAN
SOURCE
PHILIPPINES

Système hybride développé sur l'association d'éléments du kuntao et du balintawak (voir p. 182), le gokusa vit le jour sous l'impulsion de Jose Millan, surnommé « Ju Go », disciple du grand maître Anciong Bacon, expert philippin du combat au bâton. La pratique met l'accent sur l'art de décaler le poids du corps et d'aligner la colonne vertébrale, au moment de libérer l'énergie des 12 techniques d'attaque et de défense du système.

Changement de nom

Parfois qualifiée de « gokosha », cette discipline portait autrefois le nom de « *tat-kun-tao* » (« voie du poing de combat » en mandarin). L'adoption du terme *gokosha* reflète probablement la volonté de rompre avec les techniques chinoises, au profit de techniques indigènes philippines. Un parti pris en accord avec cet élan de nationalisation des arts martiaux philippins.

CROISER LE FER
Deux pratiquantes de krabi krabong exécutent un blocage lors d'un tournoi. Les rencontres se déroulent en extérieur, sur un grand tapis de combat.

> MOMENTS D'ATTENTE
Boxeurs de muay-thai (*voir* pp. 158-165) attendant de monter sur le ring, au stade Lumpini de Bangkok. Les foulards ceinturés à leurs bras sont censés les protéger.

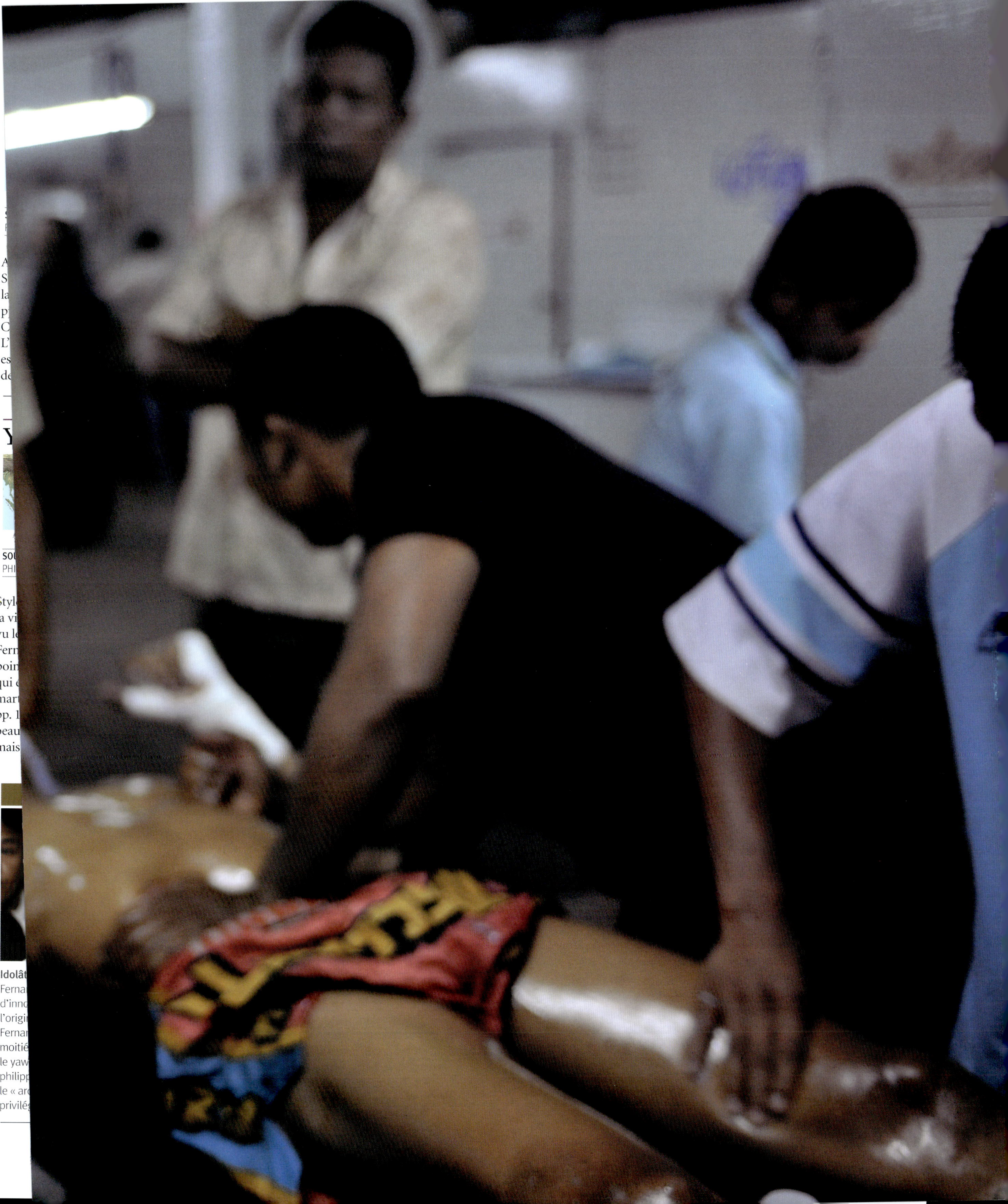

JAPON ET OKINAWA

CULTURE ET INFLUENCES

JAPON ET OKINAWA

À LA SEULE ÉVOCATION DU JAPON MODERNE une multitude d'images et d'impressions nous assaillent. Ses bars à nouilles noyés de vapeur, ses artères fourmillantes, son stylisme, ses technologies de pointe, son innovation, sans oublier la beauté de ses paysages naturels… Mais sous le vernis de cette culture si variée bat un cœur millénaire. Les arts guerriers ancestraux ont profondément influencé la culture, la pensée et l'histoire du Japon, mais en matière d'arts martiaux, les disciplines au succès planétaire – comme le karaté, l'aikido ou le judo – sont apparues relativement récemment.

1

2

3

4

5

LE JAPON EST L'UNE DE CES RÉGIONS majeures d'où sont issus la plupart des arts martiaux pratiqués dans le monde. Seules la Chine et la Corée peuvent s'enorgueillir d'un tel héritage. Outre l'influence de ses traditions ancestrales et de ses arts guerriers, le Japon contribua maintes fois et de façon déterminante à l'évolution de la pratique martiale moderne. Au nombre de ces apports, le plus largement adopté est probablement le système de couleurs de ceintures – pour classer les étudiants en fonction de leur rang et de leur expérience. La gamme des couleurs, déclinées du blanc au noir, reprend celles de l'arc-en-ciel, après quoi sont attribués différents degrés ou « dan ». Mis au point au XIXe siècle, par Kano Jigoro, fondateur du judo (*voir* pp. 234-235) ce système est aujourd'hui repris par différentes disciplines martiales. Le judo fut aussi un des premiers arts martiaux à faire l'objet d'une codification complète. En associant techniques de projection et de lutte du ju-jutsu (*voir* pp. 216-217) à des éléments d'autres arts de lutte, puis en synthétisant ce nouvel art, pour en faire un système cohérent, Jigoro sema les graines de ce qui allait devenir un véritable phénomène dans le monde du sport, le judo. Si nombre de ses techniques s'inspiraient de celles existant déjà dans les arts de lutte à travers le monde, la codification du programme d'entraînement uniformisa cet art et le rendit plus facile à enseigner. De quoi expliquer la diffusion et le succès si rapide de cette discipline.

▲ **LES 47 RONIN**
Ce tableau met en scène un groupe de ronin escaladant le mur de la maison de leur victime, à l'aide d'un grappin, d'une corde et d'une échelle. Leurs compagnons montent la garde.

Les voix du passé

Les anciens guerriers japonais nous ont légué un fascinant héritage littéraire faisant l'éloge du code martial et de la philosophie du samouraï. *Bushido : l'âme du Japon*, rédigé en 1899, par Inazo Notibe, popularisa le terme *bushido* ou « voie du guerrier ». Le code du bushido cite les sept vertus capitales mises à l'honneur dans la culture martiale : l'honneur, la loyauté, le courage, la bienveillance, la justice, l'honnêteté et le respect de l'étiquette.

Les *47 Ronin d'Ako (Ako Gishi)*, inspiré d'un événement bien réel qui allait immortaliser l'idéal du comportement guerrier, est un des premiers exemples de littérature martiale japonaise mettant en évidence l'éthique du bushido. L'histoire est celle de 47 samouraïs au service d'Asano Naganori Takumi no Kami, seigneur du château d'Ako, sur l'île de Honshu. En visite à la cour du shogun à Edo (Tokyo), Naganori fut humilié par le maître cérémonie, au point de dégainer son sabre et de blesser le chambellan qui l'avait offensé. Tirer une lame dans l'enceinte du palais impérial était chose interdite et Naganori fut condamné à mourir par « *seppuku* », autrement dit à se suicider. À sa mort, ses 47 guerriers devenus des ronin – des samouraïs sans maître – décidèrent de venger la mort de Nagaroni. Ils quittèrent familles et foyers pour mettre au point leur plan d'action. Afin d'éviter tout soupçon, ils prirent l'apparence d'ivrognes et errèrent presque deux ans durant dans les rues d'Edo, jusqu'à ce que l'occasion d'assouvir leur vengeance se présente à eux, le 14 décembre 1702. Ils pénétrèrent dans la maison du chambellan et le tuèrent, avant de se rendre aux autorités, non sans ignorer le sort qui leur serait réservé. Tous se suicidèrent aux abords de la tombe de leur maître.

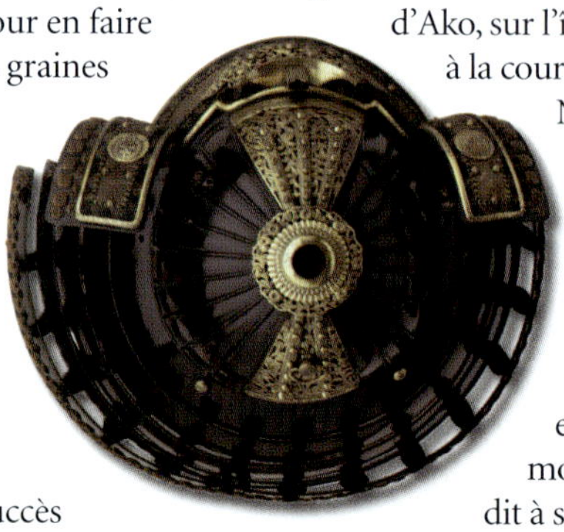

CASQUE DE SAMOURAÏ

Si cet exemple de loyauté paraît aujourd'hui excessif, il reflète parfaitement les traditions et les principes qui modèlent la façon d'être et de penser des artistes martiaux japonais.

« L'ENSEIGNEMENT D'UNE PERSONNE VERTUEUSE PEUT INFLUENCER LE PLUS GRAND NOMBRE. CE QUI A ÉTÉ BIEN APPRIS PAR UNE GÉNÉRATION PEUT SE TRANSMETTRE À DES CENTAINES D'AUTRES. »

KANO JIGORO, FONDATEUR DU JUDO

6

7

8

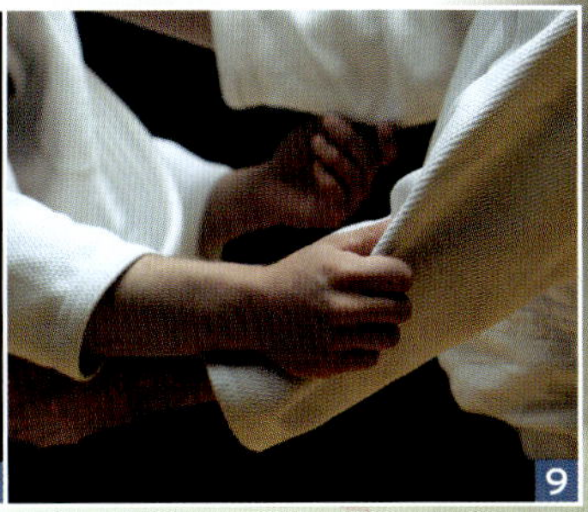
9

POINTS CLÉS

1 CODE DU GUERRIER
Le bushido, ce code de comportement d'idéal de vie du guerrier, originaire du Japon, a modelé les principes de nombreuses disciplines martiales nippones et étrangères.

2 HÉRITAGE CHINOIS
La guerre, le commerce et les voyages entre la Chine et le Japon participèrent aux échanges des idées. L'influence de la Chine se retrouve non seulement dans les arts martiaux japonais, mais aussi dans beaucoup d'autres domaines.

3 L'IMPORTANCE DE LA NATURE
La compréhension de la nature et des phénomènes naturels, la recherche de l'harmonie avec le monde naturel, sont des éléments essentiels de nombreux arts martiaux japonais.

4 INNOVATIONS ET PROGRÈS
La réputation du Japon en matière d'innovation n'est plus à démontrer. Le système de ceintures de couleurs – adopté partout dans le monde des arts martiaux – vit le jour au Japon.

5 HÉRITAGE LITTÉRAIRE
L'univers des anciens guerriers japonais a inspiré une abondante littérature, des récits épiques de sanglantes batailles, aux traités sur l'éthique et la philosophie.

6 RELIGION
Vertus personnelles, méditation, loyauté et sacrifice sont des principes du code martial influencés par les religions dominantes du Japon de l'époque.

7 HONNEUR ET RESPECT
Le culte de la loyauté et l'importance accordée au groupe, au détriment de l'individu, se retrouvent au cœur de la philosophie des arts martiaux japonais.

8 LES SAMOURAÏS
L'émergence, la domination et le déclin des samouraïs modelèrent et influencèrent au fil du temps les techniques de sabre japonaises.

9 LOI SUR LES ARMES
L'émergence des arts martiaux à mains nues est en grande partie liée à l'interdiction du port d'armes blanches, imposée par le gouvernement japonais, en 1876.

CARTE DU JAPON ET D'OKINAWA

INFLUENCES ÉTRANGÈRES
Si l'influence du Japon fut déterminante sur les arts martiaux, il faut se rappeler que les traditions martiales de Chine et de Corée jouèrent à l'époque un rôle déterminant sur les disciplines martiales nippones.

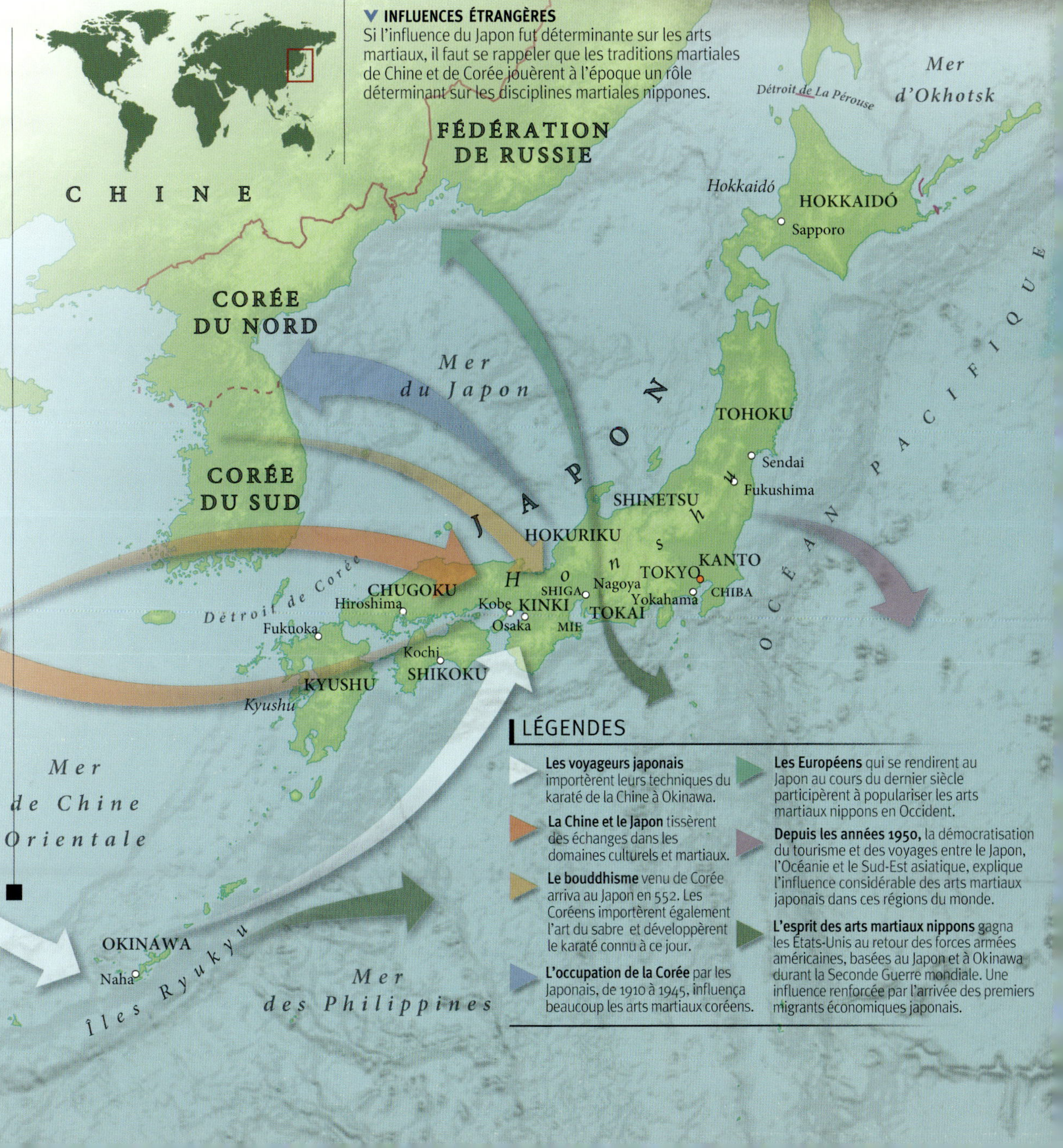

LÉGENDES

- **Les voyageurs japonais** importèrent leurs techniques du karaté de la Chine à Okinawa.
- **La Chine et le Japon** tissèrent des échanges dans les domaines culturels et martiaux.
- **Le bouddhisme** venu de Corée arriva au Japon en 552. Les Coréens importèrent également l'art du sabre et développèrent le karaté connu à ce jour.
- **L'occupation de la Corée** par les Japonais, de 1910 à 1945, influença beaucoup les arts martiaux coréens.
- **Les Européens** qui se rendirent au Japon au cours du dernier siècle participèrent à populariser les arts martiaux nippons en Occident.
- **Depuis les années 1950**, la démocratisation du tourisme et des voyages entre le Japon, l'Océanie et le Sud-Est asiatique, explique l'influence considérable des arts martiaux japonais dans ces régions du monde.
- **L'esprit des arts martiaux nippons** gagna les États-Unis au retour des forces armées américaines, basées au Japon et à Okinawa durant la Seconde Guerre mondiale. Une influence renforcée par l'arrivée des premiers migrants économiques japonais.

UNE LÉGENDE DE SON TEMPS
Cette estampe sur bois met en scène Miyamoto Musashi armé de deux bokken. Connu des Japonais sous le nom de *kinsei* ou « saint à l'épée », ce maître de l'escrime était aussi un peintre, un sculpteur et un calligraphe accompli.

Un ouvrage unique

Rédigé au XVIIe siècle par Miyamoto Musashi, le *Gorin-no-cho* ou *Traité des cinq anneaux*, est considéré comme un classique de la philosophie martiale et de la stratégie militaire. Il décrit les innombrables duels et le style unique de combat au sabre double mis au point par son auteur, maître de sabre et samouraï. L'ouvrage met l'accent sur l'esprit des arts martiaux que seul un rigoureux entraînement physique et technique permet d'aborder. Le texte se divise en grands chapitres : la Terre, l'Eau, le Feu, le Vent et le Vide – éléments fondamentaux récurrents de la littérature extrême-orientale.

Influences extérieures

Le Japon partage une large partie de son héritage avec la Chine, à commencer par son principal système d'écriture, à base de kanji, caractères dérivés d'idéogrammes chinois. Le bouddhisme, le christianisme et le shintoïsme, pratiqué par de nombreux bouddhistes, comptent au nombre des grandes religions du pays. Le bouddhisme fut introduit au Japon, *via* la Corée, en 550. Au même titre que le confucianisme, le bouddhisme joua un rôle majeur dans l'évolution de la pensée, de la culture et des arts martiaux japonais – une influence qui transparaît notamment dans l'importance accordée par de nombreux arts à l'harmonie entre l'homme, la nature et l'univers, ou au développement des vertus personnelles.

Une loyauté indéfectible

Les Japonais sont réputés pour leur tendance à privilégier le groupe à l'individu, mais aussi pour l'importance qu'ils accordent à deux types de relation très différents, réciproque et asymétrique. Dans une relation basée sur la réciprocité, donc mutuellement bénéfique, chacun des partenaires s'emploie à remplir ses obligations réciproques, en acceptant de travailler ensemble et de s'entraider, comme le font par exemple les associés d'une entreprise ou les partenaires d'un couple. Une relation asymétrique renvoie à un partenariat basé sur les notions d'infériorité et de supériorité. Le partenaire inférieur est redevable envers son supérieur, mais aucun des deux ne s'attend à ce que cette dette soit honorée. La relation qui dans le monde des arts martiaux lie pour la vie un élève à son maître reste l'exemple classique de ce type de relation. L'élève ne sera jamais en mesure d'honorer la dette que représente le don fait par son maître de ses talents particuliers et de son savoir. L'importance accordée à l'unité du groupe et à la relation asymétrique est un élément fondamental de la culture des arts martiaux japonais. Saisir cet aspect suffit à expliquer ce sentiment de loyauté à l'égard du groupe, de leur maître et de leur art, qui anime presque tous les pratiquants.

HÉRITAGE SAMOURAÏ
L'ère des samouraïs – le terme se traduit par « celui qui sert » – dura près d'un millénaire. Les guerriers samouraïs étaient issus des classes les plus aisées de la société et acquirent au cours du XIIe siècle un statut d'élite régnante, qu'ils conservèrent jusque dans les années 1870.

« LA VOIE DU GUERRIER EST LA VOIE DE LA VIE. ELLE NE DOIT JAMAIS ÊTRE CONSIDÉRÉE À LA LÉGÈRE, À MOINS QUE VOUS NE CHERCHIEZ UNIQUEMENT À IMPRESSIONNER AUTRUI AVEC VOS TECHNIQUES. »

MIYAMOTO MUSASHI

CÉLÉBRATION DU PASSÉ
Les Japonais sont immensément fiers de leur héritage culturel, comme en témoignent les nombreuses célébrations d'événements historiques organisées tout au long de l'année. Ici, près de 600 cavaliers participent à la reconstitution d'une bataille de samouraïs.

Évolution des arts

Les explications abondent sur la façon dont les arts martiaux japonais évoluèrent, jusqu'à aboutir aux formes que nous connaissons aujourd'hui. L'intérêt des Japonais pour la culture chinoise commença à se manifester à l'époque de la dynastie Tang (618-907) où fleurirent les échanges entre ces deux pays, notamment dans les domaines de l'architecture, de la décoration, de la religion et des arts martiaux.

L'épanouissement du bouddhisme au Japon eut de profondes répercussions sur les arts martiaux traditionnels, en particulier durant la période de Nara (710-784), considérée comme l'une des plus fécondes sur le plan des importations culturelles. De nombreux Japonais se rendirent en Chine pour y étudier le bouddhisme ; certains à leur retour introduisirent au Japon et à Okinawa des méthodes de boxe chinoise. L'évolution culturelle du Japon fut aussi en partie influencée par des pèlerins bouddhistes, venus de Corée.

Changement d'époque

La période Edo (1603-1867) marqua un tournant dans le développement des arts martiaux japonais, notamment dans les arts du sabre. Jusqu'alors, lorsque les guerriers affrontaient plusieurs assaillants sur les champs de bataille, les techniques de sabre privilégiaient naturellement la diversité des angles d'attaque, la variété des techniques de blocage et d'esquive, en même temps que les coups de taille avaient pour objectif de tuer rapidement, en économisant son énergie. Ère de stabilité dans l'histoire du Japon, la période Edo vit se développer les duels entre individus, au détriment des conflits armés entre milices. Dans l'art du sabre, cette évolution fut à l'origine du concept « un coup de taille, un mort » – où deux guerriers engagés dans un duel cherchaient à délivrer cette première, unique et mortelle frappe du sabre. Ce principe révolutionna les méthodes d'entraînement et les techniques des arts martiaux japonais en général.

Développements modernes

Le bouleversement le plus récent de l'histoire des arts martiaux japonais, fut l'interdiction de porter un sabre en public, imposée par le gouvernement, en 1876. Cette décision se traduisit par la multiplication des combats à mains nues. La loi mit aussi fin à la domination des samouraïs et encouragea la population civile à s'intéresser aux arts martiaux japonais privilégiant le combat à mains nues. Cette époque marqua un véritable tournant dans l'évolution de nombreux systèmes japonais.

L'ART DU SABRE

À l'époque des samouraïs, les maîtres de forge japonais étaient responsables de la fabrication de sabres considérés comme les lames les plus parfaites ayant jamais existé. Ces artisans, passés maîtres dans leur art, faisaient appel à nombre de méthodes élaborées pour forger des lames légères, exceptionnellement résistantes et au tranchant aussi coupant que celui d'un rasoir. Ces armes aidèrent les samouraïs à acquérir un statut quasi légendaire. Le sabre faisant l'objet d'un travail d'ornementation et d'incrustation élaboré. Les fourreaux, souvent de bois laqué, étaient ornés de motifs inspirés par la mythologie ou la nature.

SABRE ET FOURREAU JAPONAIS DU XIXe SIÈCLE

TENUES DE COMBAT
Ce groupe de samouraïs du XIXe siècle pose pour a postérité. L'homme au premier plan et ceux de droite portent les casques décorés ou « kabuto » conçu pour être facilement repérables sur les champs de bataille. Le groupe arbore différentes armes, dont la lance ou *yari*, le sabre *wakisashi* et l'arc traditionnel japonais ou *yumi*.

ARMES TRADITIONNELLES DE GUERRE
Si le katana reste la plus connue des armes de guerre japonaises, samouraïs et paysans mirent au point bien d'autres instruments de guerre, aussi pratiques que mortels. Basés sur des siècles de pratique du combat à mains nues, plusieurs de ces armes sont encore au programme d'entraînement de différentes disciplines martiales. Certaines, comme le *kusari-gama*, comparable à une faucille, dérivaient d'outils agricoles, d'autres, à base de crochets et de chaînes, étaient conçues pour désarmer l'adversaire à distance. À cet arsenal s'ajoutaient des armes secrètes, comme le *suntetsu*, pointe métallique pourvue d'une bague, dissimulée dans le creux de la main. Certaines armes à longue poignée présentaient des lames pour poignarder l'ennemi ou trancher la main qui tenait le sabre. D'autres lames, hérissées de pointes étaient enfoncées dans la main de l'adversaire, puis violemment tournées, afin de déchirer les chairs.

Karaté d'Okinawa

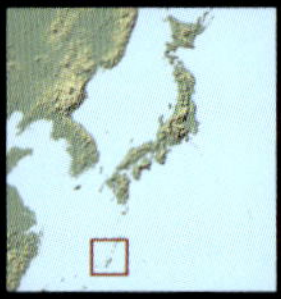

SIGNIFICATION
« TECHNIQUE DE LA MAIN VIDE » EN JAPONAIS
DATE
FIN DU XIXe SIÈCLE
FONDATEUR
THE REVIVERS
SOURCE
OKINAWA

Le développement du karaté en tant que forme de combat à mains nues est en grande partie lié à l'interdiction du port d'armes – imposée sous le règne de Sho Hashi d'Okinawa (1477-1526) – et fit suite à l'invasion d'Okinawa en 1609, par le clan samouraï de Satsuma.

La codification du karaté moderne est attribuée à un groupe connu sous le nom de « The Revivers », formé à la fin du XIXe siècle, rassemblant différents experts en arts martiaux d'Okinawa. À l'origine baptisé « tode » ou « main chinoise », avant de devenir « Okinawa-te » (*te* signifiant « main » en chinois), la discipline fut officiellement reconnue sous le nom de karaté au début du XXe siècle.

De nouveaux héros

Le karaté devint populaire en Occident après la Seconde Guerre mondiale, au retour dans leur patrie de soldats américains stationnés à Okinawa. Pétris de la culture macho du cow-boy, ces premiers pratiquants, confrontés à l'absence de références et de modèles propre à la société industrielle américaine d'après-guerre, s'enthousiasmèrent pour les prouesses martiales des héros et maîtres orientaux de karaté. Les médias populaires se firent l'écho des exploits de ces personnages légendaires bataillant contre l'adversité au nom de la vérité, de la justice et de l'honneur – ces valeurs profondément ancrées dans le cœur des Américains et l'esprit des artistes martiaux.

SÉANCE MATINALE
Ce maître de karaté d'Okinawa s'entraîne dès l'aube. Ce kata de tension dynamique est conçu pour stimuler la santé et renforcer le corps.

Ryuai-ryu

SIGNIFICATION
« ÉCOLE DE RYUEI » EN JAPONAIS
DATE
1875
FONDATEUR
NORISATO NAKAIMA
SOURCE
OKINAWA

Ce style de karaté d'Okinawa aurait été introduit sur l'île en 1875, par Norisato Nakaima. Fils de riche famille, Nakaima partit à l'âge de 19 ans étudier les arts martiaux à Fuzhou, en Chine. Il passa sept ans à s'entraîner et à s'initier à nombre de systèmes, en particulier à la boxe chinoise, mais fut aussi initié à l'herboristerie traditionnelle. Il voyagea plus tard dans la province du Fujian, puis à Pékin et Canton, collectionnant armes traditionnelles et manuscrits au fil de ses pérégrinations.

Shorin-ryu

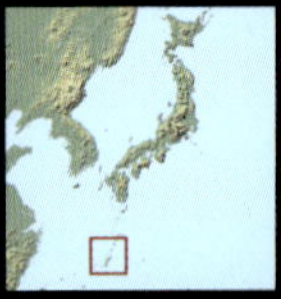

SIGNIFICATION
« ÉCOLE DE SHAOLIN » EN JAPONAIS
DATE
XIXe SIÈCLE
FONDATEUR
SOKON MATSUMARA
SOURCE
OKINAWA

FRAPPE TRANCHANTE
Ce maître de shorin-ryu met sa force à l'épreuve en exécutant cette frappe traditionnelle qui consiste à briser du tranchant de la main un empilement de tuiles.

Mélange d'éléments de shuri-te et de tomari-te (*voir* p. 204) ce style de karaté pourrait être d'origine shaolin, sachant que les deux premiers caractères kanjin de son nom sont identiques à ceux du nom désignant le célèbre monastère de Shaolin. Son fondateur, Sokon Matsumura, était un guerrier réputé, membre de la garde rapproché de trois rois d'Okinawa.

Postures naturelles et exercices respiratoires caractérisent le programme d'entraînement de ce style de karaté. Un de ses premiers disciples, connu sous le nom de Itosu Anko, développa les cinq « katas de pinan » ou séquences codifiées, aujourd'hui étudiés dans différents systèmes dérivés japonais.

La forme de cet art a son propre système de grades, de la ceinture blanche à noire, directement issu de celui mis au point par le fondateur du judo, Jigoro Kano (voir pp. 234-235). Elle intègre également un certain nombre de katas populaires.

Parmi ces katas au nom curieux, se trouvent le « cheval de fer », la « grue sur le rocher » ou encore l'« hirondelle sur la plage ».

> « UN COUP DE POING DOIT RESTER COMME UN TRÉSOR DANS UNE MANCHE. IL NE DOIT JAMAIS ÊTRE UTILISÉ INCONSIDÉRÉMENT. »
>
> CHOTOKU KYAN, MAÎTRE DE SHORIN-RYU

SOKON MATSUMARA

Considéré comme l'un des artistes martiaux les plus célèbres de son époque, Sokon Matsumara fut chef instructeur en arts martiaux auprès du roi d'Okinawa qui lui avait donné le titre de *bushi* ou « guerrier », pour ses prouesses sur les champs de bataille et ses qualités de samouraï. Le shorin-ryu étendit son influence et de nombreux styles d'arts martiaux montrent leur filiation avec le système de Matsumura.

Shotokan

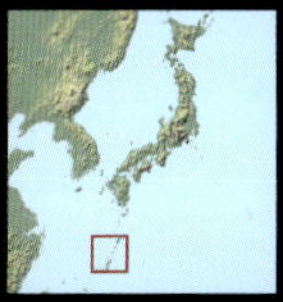

SIGNIFICATION
« MAISON DE SHOTO » EN JAPONAIS

DATE
XXe SIÈCLE

FONDATEUR
GICHIN FUNAKOSHI

SOURCE
OKINAWA

De l'avis général, le fondateur de cette forme de karaté serait responsable de l'introduction de la discipline au Japon. Le nom du style dérive du nom de plume de Gichin Funakoshi, « Shoto », signifiant « vagues de pins » et *kan* ou « maison de ».

Système externe, gouverné par la rapidité et la force musculaire, le shotokan privilégie les techniques respiratoires, les postures stables et les coups de poing puissants, mais aussi les éléments de l'esprit et le contrôle du corps. Ses origines remonteraient au karaté d'Okinawa, ancienne technique de combat aux poings.

Code et culture

Le système est clairement défini dans le traité des 20 préceptes directeurs, basés sur le bushido, cet ancien code guerrier, mais aussi sur la philosophie zen. S'y retrouvent des principes comme :

- Ne pas oublier que le karaté commence et s'achève par le respect.
- En karaté, on ne prend pas l'initiative de l'attaque.
- En art, l'esprit importe plus que la technique.
- Connais-toi d'abord toi-même, ensuite connais les autres.
- L'esprit doit être libre.
- Ne pense pas à gagner, mais pense à ne pas perdre.

Succès planétaire

Style populaire au Japon, le shotokan regroupe nombre de pratiquants en Occident.

« LE BUT ULTIME DU KARATÉ N'EST PAS LA VICTOIRE OU LA DÉFAITE, MAIS LA PERFECTION DE CARACTÈRE DE SES PRATIQUANTS. »

GICHIN FUNAKOSHI

GICHIN FUNAKOSHI

Comme plusieurs des légendes du karaté, Gichin Funakoshi fut un jeune garçon de constitution chétive. Né à Okinawa, en 1868, il débuta son initiation au karaté sous l'autorité de Yasutsune Azato qui l'initia au shuti-te et de Yasutsune Itosu, maître de naha-te (*voir* p. 205). Il se rendit à Tokyo en 1922 et se fit ambassadeur de l'art du karaté d'Okinawa. Funakoshi était aussi poète et philosophe.

EN PLEIN VOL
Ce saut spectaculaire commun à différents styles de karaté était à l'origine utilisé pour frapper du pied et désarçonner un cavalier.

Toyama Ryu

SIGNIFICATION
« ÉCOLE DE TOYAMA » EN JAPONAIS

DATE
1925

FONDATEUR
NAKAYAMA HAKUDO

SOURCE
TOKYO, JAPON

Cet art guerrier au sabre s'inspire de la philosophie et des techniques de l'ère des samouraïs. Basé sur l'art de dégainer un sabre de la position debout, le toyama-ryu intègre quelques-uns des principes, tant sur le plan mental que spirituel, qui régissaient le quotidien des escrimeurs de l'ancien Japon. La discipline fut créée par l'armée impériale japonaise. Après avoir étudié les techniques de combat rapproché européennes, utilisées par les troupes au cours de la Première Guerre mondiale, les Japonais adaptèrent ces mouvements au *katana* ou sabre long, pour un usage sur les champs de bataille. Élevé au rang de symbole national, étroitement lié à la tradition guerrière samouraï et à son code d'honneur, le katana joua un rôle de premier plan au cours de la Seconde Guerre mondiale.

ENTRAÎNEMENT MILITAIRE

1 Soldat de l'armée impériale exécutant un kata (forme codifiée) de toyama-ryu. Il tient son arme au-dessus de sa tête, prêt à frapper.

2 Le soldat abaisse son sabre en un mouvement de taille balayant et oblique, semblant trancher le corps d'un adversaire imaginaire.

3 Reproduisant les gestes d'un soldat assailli de tous côtés, il se tourne vers la gauche et plonge son sabre dans le corps d'un autre agresseur.

Uechi-ryu

SIGNIFICATION
« ÉCOLE DE UECHI » EN JAPONAIS

DATE
DÉBUT DU XXe SIÈCLE

FONDATEUR
KANBUN UECHI

SOURCE
OKINAWA

Considéré comme l'un des styles majeurs de karaté d'Okinawa, le système fut créé par Kanbun Uechi qui étudia les arts martiaux à Fuzhou, en Chine. Il ouvrit sa première école au début du XXe siècle, à Nanjing. Elle ferma suite à la mort d'un voisin, d'une frappe main ouverte délivrée par un de ses étudiants.

Question de style

De retour à Okinawa, Kanbun Uechi chercha de nouveau à enseigner. En 1925, il ouvre son institut des arts martiaux à Wakayama.

Le système est réputé pour ses attaques de main en lance, ses coups d'orteil et ses coups de poing à une phalange. La méthode privilégie la stabilité et la réduction de la taille de la cible, afin de causer le plus de dégâts possible à l'adversaire.

Tomari-te

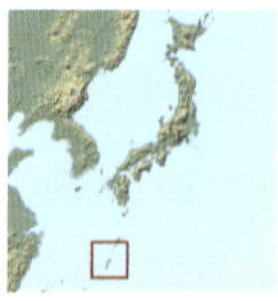

SIGNIFICATION
« MAIN DE TOMARI » EN JAPONAIS

DATE
INCONNUE

FONDATEUR
ANONYME

SOURCE
OKINAWA

Cette forme d'art originaire du village de Tomari, à Okinawa, fait partie d'un ensemble de systèmes martiaux, regroupés sous le nom de Ryukyu-tode-jutsu, aux techniques de combat inspirées des arts chinois, puis intégrées aux disciplines martiales traditionnelles d'Okinawa.

Influence chinoise

On sait peu de chose sur la pratique de cet art sous sa forme primitive. La formation conduisait les étudiants à faire le tour du dojo, en portant un de leur camarade sur le dos. L'apprentissage des katas (formes codifiées) semblait déterminant. Ce style acrobatique évoque les styles chinois du nord.

Les contacts restaient légers, rapides et spontanés, contrairement à ceux des styles japonais de karaté moderne.

Tegumi

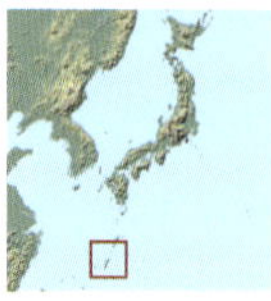

SIGNIFICATION
« MAINS DE LUTTE » EN JAPONAIS

DATE
INCONNUE

FONDATEUR
ANONYME

SOURCE
OKINAWA

Cette forme de lutte traditionnelle d'Okinawa met l'accent sur différentes techniques de projections, clés d'articulations, trébuchements, balayages, prises, verrouillages, parades et étranglements.
Développé à partir d'un style de lutte primitif, le tegumi est certainement l'une des premières formes de combat à mains nues du Japon. La naissance du karaté moderne correspondrait à l'introduction de techniques d'attaque des arts chinois de boxe poings-pieds.

Le système est aujourd'hui encadré par un règlement strict qui assure la sécurité des pratiquants. Les compétitions sont placées sous l'autorité d'un arbitre et la victoire se décide sur soumission, mise en œuvre par une clé d'articulation, un verrouillage immobilisant ou un clouage au sol.

> **RÉGLAGES TECHNIQUES**
Deux lutteurs de tegumi se positionnent avant d'engager le combat, sous les yeux de l'arbitre qui vérifie l'ajustement des ceintures, portées à la taille et utilisées dans les manœuvres de basculement.

Kobudo d'Okinawa

SIGNIFICATION
« ANCIENNE VOIE MARTIALE D'OKINAWA » EN JAPONAIS
DATE
INCONNUE
FONDATEUR
ANONYME
SOURCE
OKINAWA

Parfois abrégé en « kobudo », cet art serait l'ancêtre du karaté. Les techniques des deux disciplines présentent quelques similitudes et les katas (formes codifiées) du kobudo incluent certains mouvements à mains nues, même si la majorité d'entre eux se basent sur l'utilisation d'armes traditionnelles, comme le *bo* (bâton), le *tonfa* (manche de bois à poignée), le *sai* (trident en métal), la faucille et le nunchaku, aux côtés de différentes armes improvisées à partir d'outils agraires.

Maintenir les traditions

Les katas du kobudo connurent leur apogée entre le XVIIe et le XVIIIe siècle. Si cet art guerrier commença par la suite à tomber dans l'oubli, certains traditionalistes, comme Yabiku Moden s'appliquèrent à maintenir et à perpétuer l'identité de ce système jusqu'à à nos jours.

Taira Shinken, « père du karaté moderne », est aussi un des pratiquants les plus célèbres. Dans sa volonté de restaurer et de promouvoir les arts martiaux d'Okinawa, il diffusa ces anciens katas, après avoir recherché et compilé les séquences codifiées des îles Ryukyu. Il sélectionna ainsi 42 katas, s'adressant aux huit types d'armes d'Okinawa. Ces katas se retrouvent à la base de tous les anciens systèmes okinawaïens aujourd'hui répertoriés.

« DE LA CEINTURE BLANCHE À LA CEINTURE NOIRE VOUS FAÇONNEZ L'OUTIL. À PARTIR DE LA CEINTURE NOIRE, VOUS COMMENCEZ À APPRENDRE COMMENT L'UTILISER. »

ANONYME

▲ FRAPPE LATÉRALE
En dépit de sa manœuvre d'évitement ou de blocage de la main, ce pratiquant est percuté par un coup de pied latéral inattendu.

Wado-ryu

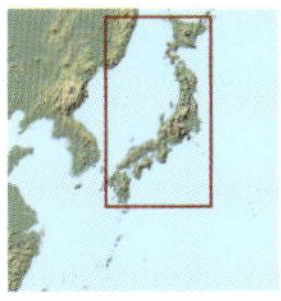

SIGNIFICATION
« LA VOIE DE L'HARMONIE » EN JAPONAIS
DATE
1938
FONDATEUR
HIRONORI OTSUKA
SOURCE
JAPON

Ce système majeur de karaté n'est pas originaire d'Okinawa. Si le wado-ryu s'apparente au shotokan (*voir* p. 203), ses pratiquants cherchent plus à esquiver les coups de poing qu'à les bloquer directement. Pour eux, la bonne exécution d'une technique et l'esquive sont parfois plus efficaces que la seule force brute. Le principe directeur du système, qualifié de *tai-sabaki* signifiant « gestion du corps », fait référence à une conception du mouvement technique qui privilégie l'absorption de la force adverse à l'opposition. Le système s'appuie sur une classification à base de ceintures, blanche à noire, complétée de 10 degrés ou dan à partir de la ceinture noire. Le 6e dan de la ceinture noire est un grade honorifique extrêmement difficile à atteindre.

Le wado-ryu s'est développé à partir de différentes influences. Le kata du « vol de l'hirondelle » est issu du tomari-te (*voir* p. 204) et les « 108 mains » correspondent à une séquence d'enchaînements symbolisant les esprits mythologiques de 108 guerriers qui, au XIIe-XIIIe siècle, voyageaient à travers la Chine et volaient aux riches pour donner aux pauvres. Ces postures sont basées sur les enseignements d'un pirate surnommé « Chinto ».

Goju-ryu

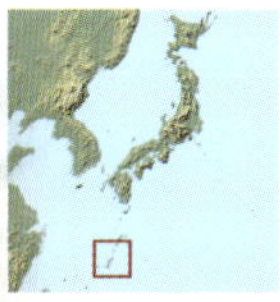

SIGNIFICATION
« ÉCOLE DU DUR ET DU SOUPLE » EN JAPONAIS
DATE
XXe SIÈCLE
FONDATEUR
CHOJUN MIYAGI
SOURCE
OKINAWA

Chojun Miyagi fut le disciple de Higaonna, fondateur du naha-te (*voir* ci-contre) et s'entraîna nombre d'années en Chine, avant de mettre au point son propre système de karaté. Un système marqué par des emprunts évidents aux mouvements et aux concepts chinois. Le nom de son fondateur, Miyagi, reste attaché au film *Karaté Kid*.

Le système insiste sur les blocages souples, associés à des attaques dures. Ainsi, une technique souple de main, ou un détournement, pourra répondre à un coup de poing direct inversé qui sera suivi d'un puissant coup de poing sur le visage ou la tête de l'adversaire.

Le goju-ryu est l'un des grands systèmes de karaté okinawaïens. Les katas distinguent généralement les *sanchi* (formes basiques simples), des *kaishu-kata* (formes main ouverte) et des *heishu-kata* (formes main fermée).

Naha-te

SIGNIFICATION
« MAIN DE NAHA » EN JAPONAIS
DATE
XIXe SIÈCLE
FONDATEUR
KANYRO HIGAONNA
SOURCE
OKINAWA

Baptisé en référence au nom du port d'Okinawa, le naha-te est adapté du style fluide de la boxe chinoise.

Selon la légende, Kanyro Higaonna embarqua en 1869, en direction de Fuzhou, en Chine. Cet homme illettré trouva un emploi de domestique dans la maison d'un maître d'arts martiaux, prénommé Ryu Ryuko. Il occupa des années durant ce poste de subalterne, jusqu'à ce qu'il sauve un jour la fille de son maître de la noyade. Pour le récompenser, ce dernier lui proposa de l'initier à la boxe chinoise.

Dans les années 1880, Kanyro Higaonna retourna à Okinawa et commença à enseigner les arts martiaux. Très influencé par ses années passées en Chine, son système se fera connaître pour sa synthèse réussie de techniques dures et souples. On prétendait que ses katas étaient si puissants que le bois des parquets chauffait sous le frottement de ses pieds en action.

Shukokai

SIGNIFICATION
« VOIES DU TOUT » EN JAPONAIS
DATE
ANNÉES 1940
FONDATEUR
CHOJIRO TANI
SOURCE
KOBE, JAPON

Le shukokai est un style de karaté à frappes dures où la force est exercée à travers l'utilisation correcte de la mécanique du corps. Le système présente entre autres un mouvement inédit, basé sur une double rotation des hanches qui accroît la puissance des coups de poing. Mobilité et rapidité restent des éléments incontournables, associés à une posture de combat relativement haute. Les pratiquants se livrent à de très longues séances d'entraînement au combat de compétition, avec frappes semi-contact, et développent la puissance de leurs coups en travaillant avec des protections réglementaires.

Le secret de la puissance des frappes de poing tient à la sollicitation des principaux muscles des jambes, doublée d'une rotation du corps. Le chef de file du shukokai, Shigeru Kimura, voyagea trois ans durant à travers l'Europe et l'Afrique, pour étudier différents styles de combat, parfaire des techniques et les incorporer au système.

▲ TEMPLE DE KATORI, PRÉFECTURE DE SHIBA
Le fondateur du tenshin shoden katori, Iisaza Choisai Ienao, était un expert du sabre qui prétendait avoir passé mille jours et mille nuits à s'entraîner aux arts martiaux au sein du temple de Katori.

Tenshin shoden katori

SIGNIFICATION
« LA VÉRITABLE ET JUSTE TRADITION MARTIALE DES DIEUX » EN JAPONAIS
DATE
1480
FONDATEUR
IISAZA CHOISAI LENAO
SOURCE
PRÉFECTURE DE CHIBA, JAPON

Le tenshin shoden katori est considéré comme l'un des plus anciens systèmes d'arts martiaux japonais. Malgré les techniques nombreuses, le travail du sabre est l'élément clé de cet art. À l'origine, l'entraînement exigeait l'apprentissage de méthodes de renseignements et d'analyse, la maîtrise de stratégies guerrières, la pratique de la divination, des notions d'astronomie et l'enseignement de concepts bouddhistes ésotériques. Le « keppan » ou serment par le sang qui marquait l'entrée dans l'école de cet art martial était très rigoureux.

Pratique moderne

Les pratiquants utilisent aujourd'hui un simple ou double sabre, de longueurs variables, maniés simultanément, ainsi que le bâton. La plupart des écoles enseignent aussi des arts pratiqués sur les champs de bataille au XVe siècle, comme so-jutsu, ju-jutsu, shuriken-jutsu et naginata-jutsu.

Nippon-kempo

SIGNIFICATION
« LOI JAPONAISE DU POING » EN JAPONAIS
DATE
1932
FONDATEUR
MUNEUMUI SAWAYAMA
SOURCE
OSAKA, JAPON

Ce sport de combat de compétition fait appel à des armures de type samouraï pour les combats d'entraînement en full-contact. La discipline regroupe frappes, immobilisation et retournement, complétés de blocage, détournement, clés d'articulation et techniques de lutte. Cet art influencé par le karaté, le judo, le ju-jutsu et l'aïkido (*voir* pp. 202, 234-235, 216-217, 238-239), l'est aussi par différentes techniques de lutte.

De nombreuses unités de police japonaises ont intégré le nippon-kempo à leur entraînement.

Hakko-ryu

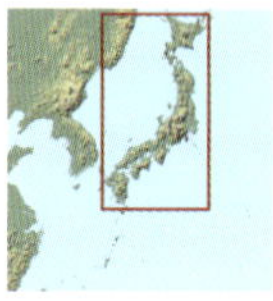

SIGNIFICATION
« STYLE DE L'ÉCOLE DE LA HUITIÈME LUMIÈRE » EN JAPONAIS
DATE
1941
FONDATEUR
OKUYAMA YOSHIJI RYUHO
SOURCE
JAPON

Système de ju-jutsu (*voir* pp. 216-217), le hakko-ryu intègre l'étude de la médecine et de la philosophie orientales.

Fondé par un maître de shiatsu, ce système affilié au daito-ryu aurait profondément influencé le père du shorinji-kempo (*voir* p. 240).

Une approche holistique

À la différence de la plupart des autres arts martiaux, où les étudiants commencent par apprendre comment frapper un adversaire, la première chose enseignée dans le hakko-ryu est le *hakko-dori* ou technique consistant à se défaire d'une saisie par l'adversaire. Un exercice inspiré des arts d'origine holistique.

L'accent est mis sur le concept du *kan* ou sentiment et intuition. Cette approche s'apparente à celle de l'étude de la médecine orientale, notamment des techniques de massage où le praticien s'appuie essentiellement sur l'intuition pour rechercher un problème physique. L'enseignement inclut aussi postures, travail d'équilibre et stratégies d'engagement.

> « DOMINEZ L'ESPRIT PLUTÔT QUE DE VOUS LAISSER DOMINER PAR LUI. »
>
> DICTON ZEN

Goshin-jutsu

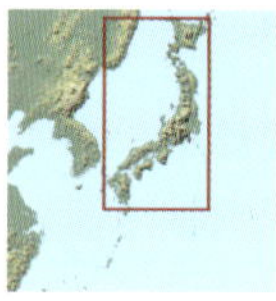

SIGNIFICATION
« PROTECTION DU CORPS PAR LE JU-JUTSU » EN JAPONAIS
DATE
INCONNUE
FONDATEUR
ANONYME
SOURCE
JAPON

Style d'origine inconnue, assez semblable à d'autres systèmes de ju-jutsu, le goshin-jutsu reste surtout populaire hors du Japon.

Système d'autodéfense, il privilégie l'efficacité sur la performance. Les techniques fondamentales regroupent frappes, coups de pied, clés, projections et combat au sol. Roulades et méthodes de déséquilibrage sont aussi importantes que les postures et le jeu de jambes.

Le goshin-jutsu fait appel à un système de grades. La sollicitation du mental est un aspect essentiel de l'entraînement.

Shindo yoshin-ryu

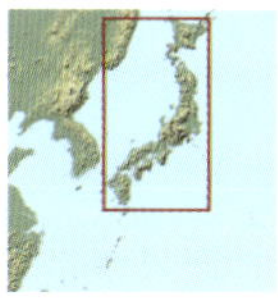

SIGNIFICATION
« NOUVELLE VOIE DE L'ÉCOLE DE L'ESPRIT DU SAULE » EN JAPONAIS

DATE
1864

FONDATEUR
KATSUNOSUKE MATSUOKA

SOURCE
JAPON

Basée sur la combinaison de techniques de ju-jutsu (*voir* pp. 216-217) et de travail au sabre du ken-jutsu (*voir* p. 219), l'école de shindo yoshin-ryu fut fondée par un membre du clan samouraï Kuroda.

Katsunosuke Matsuoka intégra dans son système des aspects de plusieurs écoles d'arts martiaux, même si les spécialistes s'accordent à penser que son style fut surtout influencé par les traditions des écoles d'akiyama yoshin et de nakamura yoshin.

Cet art joua un rôle essentiel dans le développement du karaté de style wado-ryu (*voir* p. 205) un des systèmes de combat les plus populaires du Japon.

Si la discipline fait appel au maniement des armes classiques, elle repose aussi sur le principe selon lequel grâce, souplesse et fluidité des mouvements, comme ceux de la nature, sont en fin de compte plus puissantes et efficaces que la force brute appliquée sans détour.

▼ **COMBAT HISTORIQUE**
Cette estampe sur bois met en scène l'affrontement de deux samouraïs. Le coup de sabre de l'agresseur est neutralisé par la manœuvre de rapprochement de son adversaire.

Daito-ryu aiki-jutsu

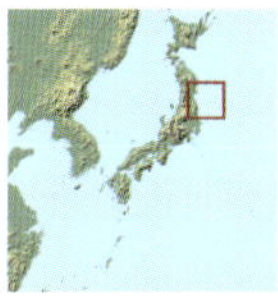

SIGNIFICATION
« GRANDE ÉCOLE ORIENTALE DE JU-JUTSU » EN JAPONAIS

DATE
XIe SIÈCLE

FONDATEUR
YOSHIMITSU MINAMOTO

SOURCE
PRÉFECTURE DE FUKISHIMA, JAPON

Jusqu'à la fin du XIXe siècle, lorsque Sokaku Takeda commença à enseigner ouvertement cet art, ce sous-style de ju-jutsu (*voir* pp. 216-217), fondé par Yoshimitsu Minamoto, était exclusivement enseigné et pratiqué au sein de la famille samouraïe de Takeda.

Technique de combat à mains nues basée sur la rapidité, la précision et le relâchement dans les saisies, les projections et les prises, à l'origine, le style privilégiait l'utilisation du poids du corps pour stabiliser les postures et déséquilibrer l'adversaire, avant l'exécution d'une clé ou d'une projection.

Niveau d'accomplissement

Le système distingue quatre niveaux. Au premier niveau, *shoden*, les élèves apprennent à tomber, à rouler, mais aussi à placer pieds, jambes et mains, ou encore à exécuter des manœuvres de défense. Le niveau intermédiaire, *chuden*, intègre un certain nombre de mouvements de balayage issu du ju-jutsu. Le dernier niveau, *okuden*, le plus avancé, initie le pratiquant aux techniques de relâchement de la respiration et développe son habileté à réagir instinctivement. Les techniques secrètes ou *hiden* sont généralement enseignées aux pratiquants les plus mûrs et les plus expérimentés.

SOKAKU TAKEDA

Réputé pour son étonnante maîtrise des arts martiaux, Sokaku Takeda qui se destinait à la prêtrise perfectionna sa finesse de jugement. Une qualité qui semble-t-il l'aurait aidé à parfaire des techniques jugées surnaturelles. Il aurait au cours de sa vie enseigné à plus de 30 000 élèves.

Nin-jutsu

SIGNIFICATION
« ÉCOLE D'ENDURANCE, DE PERSÉVÉRANCE ET D'INDULGENCE » EN JAPONAIS

DATE
VIIe SIÈCLE

SOURCE
PRÉFECTURE DE SHIGA, JAPON

Les ninjas étaient des groupes de parias et d'espions qui se battaient et chassaient dans les régions montagneuses du Japon. Ces guerriers entretenaient mythes et mystères autour de leur existence, ce qui ne manquait pas de susciter encore plus de terreur chez l'ennemi. Les légendes se rapportant aux ninjas continuent d'alimenter l'imaginaire de nos contemporains, à travers les images colportées par les médias populaires. Le symbole du ninja, le caractère *nin*, signifie endurance, tolérance et force. Le pictogramme d'un couteau placé au-dessus d'un cœur symbolise l'autodiscipline.

SYMBOLE NINJA

Les origines

Les pratiquants de nin-jutsu attribuent la création de ce style à En-no-Gyoja, moine-guerrier qui avait établi un camp d'entraînement dans la chaîne de montagnes de Togakure. La secte vécut dans l'isolement durant près de cinq siècles, jusqu'en 1165, lorsque Daisuke Nishina, membre du clan, s'enfuit pour se réfugier dans la province d'Iga. Il passa sous l'autorité de Kain Boshi, moine-guerrier mystique qui influença son style de combat et ses tactiques de guérilla en l'initiant à la philosophie ésotérique.

Ninjas et samouraïs

Sous sa forme originale, cet art était conçu pour répondre aux besoins des ninjas qui privilégiaient les techniques furtives, l'infiltration et l'espionnage. Le recrutement des ninjas battit son plein à l'époque médiévale, menacée par des factions belligérantes de mieux en mieux organisées, exigeant le recours à des tactiques guerrières non conventionnelles. On prétend souvent à tort que les ninjas étaient les ennemis jurés des samouraïs. En réalité, beaucoup de ces hommes étaient aussi des samouraïs qui acceptaient des missions ponctuelles d'espionnage ou d'assassinats, dans le seul but d'opposer les clans samouraï et renforcer du même coup leur autorité et leur position sociale. Néanmoins, de nombreux affrontements opposaient samouraïs et ninjas. Des rivalités attisées par les seigneurs de guerre qui avaient formé des milices samouraïs et se sentaient menacés par l'efficacité des actions de déstabilisation menées par les ninjas contre les pouvoirs en place.

Enseignement et entraînement

Autrefois, l'enseignement et la pratique du nin-jutsu obéissaient à un code de confidentialité rigoureux, liant un maître à son disciple. Il y a peu, les ninjas s'opposaient à la professionnalisation de l'enseignement. On dénombre néanmoins aujourd'hui différentes écoles de nin-jutsu, pour la majorité d'entre elles initiant leurs élèves à des techniques et aspects issus des arts guerriers samouraïs, comme le développement spirituel, le combat armé et à mains nues, le maniement d'explosifs, la furtivité, les stratégies militaires en milieu aquatique, l'art de la fuite, l'équitation, l'espionnage, la géographie et la météorologie.

Principes du nin-jutsu

Les principes directeurs du nin-jutsu sont résumés dans un poème, probablement rédigé par un guerrier, connu sous le nom de Yamabushi.

L'ESSENCE DU NIN-JUTSU

Mes parents sont les cieux et la Terre,
Ma maison est mon corps,
Ma force est ma loyauté,
Ma magie est mon entraînement,
Ma vie et ma mort sont mon souffle,
Mon corps est contrôle,
Mes yeux sont le Soleil et la Lune,
Mes oreilles sont ma sensibilité,
Mes lois sont l'auto-protection,
Ma force est l'adaptabilité,
Mon ambition est de saisir
toutes les opportunités avec plénitude,
Mon ami est mon esprit,
Mon ennemi est ma négligence,
Ma protection est l'action juste,
Mes armes sont tout ce qui existe,
Ma stratégie est un pied devant l'autre,
Ma voie est le nin-jutsu.

« L'ENNEMI QUI S'ÉLÈVE CONTRE LES LOIS DE LA NATURE PERDRA LA BATAILLE AVANT D'AVOIR COMMENCÉ À SE BATTRE. »

MASAAKI HATSUMI, MAÎTRE DE NIN-JUSTSU

NOTE DE L'AUTEUR

Mes premiers souvenirs se rapportant à l'apprentissage de cet art influencent encore ma conception de l'entraînement. J'avais 12 ans à peine, lorsque je m'engageais dans des combats en full-contact et des compétitions de lutte, contre des adversaires plus âgés et plus grands que moi. Les entraîneurs nous encourageaient à oublier ce que nous avions appris sur la sécurité et les règles, pour nous concentrer sur la victoire. Lors d'un combat, contre un assistant instructeur de 25 ans, solidement charpenté, ce dernier me cloua au sol, en m'assenant de douloureux coups de poing dans les côtes et l'estomac. Je réussis à lui enfoncer mon pouce droit dans l'œil gauche, appuyant aussi fort que possible. Mais aussitôt m'envahit un profond sentiment de culpabilité, pour cette absence inqualifiable de retenue. D'un bond, je me remis sur pieds, en hurlant, m'attendant à une sévère correction. À ma grande surprise, mon adversaire me donna une rapide tape dans le dos et d'un sourire éclatant me lança : « Bien joué, c'était efficace ! ».

> ART DE LA FURTIVITÉ
Le ninja utilise différentes stratégies traditionnelles pour surprendre l'ennemi. Il maîtrise l'art du camouflage, des techniques d'approche ou des méthodes d'attaque inédites. Les ninjas surentraînés font preuve d'une incroyable agilité et réussissent à se rendre presque invisibles dans tous les environnements.

EN COULISSES

UN MAÎTRE NINJA

CES ASSASSINS TRAQUANT leurs proies à la lueur de la lune ou s'abattant sur des armées de samouraïs, avant de disparaître dans un nuage de fumée, ont toujours enflammé notre imagination. Réalité ou fiction? Cette plongée dans les coulisses d'un camp d'entraînement ninja au Japon répond en partie à nos interrogations.

La visite de ce camp d'entraînement nous fait découvrir l'univers fascinant du quotidien d'un ninja contemporain. Ici se perpétuent et sont maintenues vivaces nombre de traditions et de techniques de combat ancestrales. Si le nin-jutsu reste encore assez confidentiel, sa popularité ne cesse de grandir en Asie et en Occident. L'adaptabilité est un de ses principes directeurs; une clé essentielle à la survie. Si les ninjas contemporains escaladent rarement les murs et ne projettent plus d'assassiner un shogun, leurs méthodes codifiées et clandestines, tout comme leurs camps d'entraînement, sont aussi efficaces aujourd'hui qu'il y a des siècles.

« DÉCOUVRIR LA VÉRITÉ, DÉVELOPPER SA SPIRITUALITÉ, TELLE EST LA VÉRITÉ DU NINJA. »

De nombreuses écoles, comme celle de la préfecture de Chiba, présentée ici, regroupent un grand nombre d'étudiants étrangers, s'entraînant aux côtés de pratiquants japonais. Les étudiants ont le choix entre « cours du soir » ou entraînement intensif sur un week-end ou la semaine entière. Le maître ninja, souvent assisté d'un étudiant expérimenté, enseigne les techniques du nin-jutsu, mais se révèle aussi un expert en philosophie, tactiques et traditions ancestrales de ses anciens « guerriers de la nuit ». À travers lui, les élèves abordent tous les aspects de la culture ninja et découvrent la face cachée de ces guerriers mythiques.

DÉMONSTRATION
Le maître bloque un coup de poing direct délivré par son élève et force son bras à s'abaisser. Le corps de l'élève suit et le maître se retrouve en position idéale pour lancer un coup de pied franc et décisif en direction de l'aine de son adversaire, instantanément mis hors de combat.

L'ARSENAL DU NINJA

Le travail des armes reste un aspect incontournable du nin-jutsu. Si les armes utilisées à l'entraînement sont aujourd'hui incompatibles avec les règles de sécurité du combat, presque toutes les écoles ninjas conservent un arsenal varié d'armes de collection. Sabres, bâtons, lances et autres instruments à longues lames sont précieusement gardés au sein du dojo. Les ninjas utilisent aussi des accessoires de franchissement, comme des cordes, des grappins ou des griffes de mains et de pieds lors de leurs séances d'entraînement.

INSTRUIRE LA CLASSE

Alors que les élèves s'entraînent à parfaire leurs techniques dans un travail en duo, le maître inspecte la classe, prêt à corriger la moindre faute repérée dans une manœuvre offensive ou défensive, délivrant ponctuellement conseils aux uns et aux autres, n'hésitant pas parfois à se lancer dans la démonstration d'une technique particulière.

神宮

SÉANCES AVEC LE MAÎTRE

Comme dans tous les arts martiaux, l'entraînement avec le maître reste un aspect important du nin-jutsu. Ces séances de démonstration, généralement pratiquées avec un étudiant confirmé, sont l'occasion de parfaire une technique et de mettre en œuvre de nouvelles idées, principes ou concepts. Ces cours privés offrent à l'étudiant qui pratique parfois isolément la chance d'apprendre au contact de son maître et de saisir bien plus qu'à travers des mots le concret d'une technique.

▲ LA VOIE DU SABRE
Avec le mont Fuji pour décor, ces kendoka en armure s'entraînent au combat armés du *shinai* ou sabre à lame de bambou.

Kendo

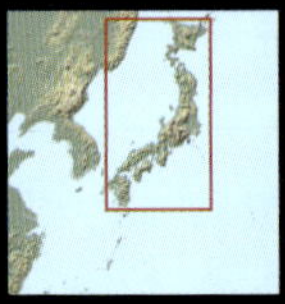

SIGNIFICATION
« VOIE DU SABRE » EN JAPONAIS
DATE
DÉBUT DU XVIIIe SIÈCLE
FONDATEUR
NAGANUMA SIROZAEMON KUNISATO
SOURCE
JAPON

Développé à partir des techniques de sabre utilisées sur les champs de bataille du Japon médiéval, cet art de l'escrime (*voir* p. 268-269) associe éléments sportifs et philosophiques. L'avènement des armes à feu dévalorisa l'entraînement aux techniques de combat, au profit de l'enseignement de disciplines en rapport avec l'éducation et la spiritualité.

Le kendo moderne aurait été mis au point au XVIIIe siècle, par Naganuma Sirozaemon Kunisato. Il imposa le sabre en lame de bambou ou *shinai*, mais aussi un équipement de protection ou *bogu*, composé d'une cuirasse et d'un casque particulier.

L'influence zen

Le kendo s'appuie sur la notion zen fondamentale du « vide de l'esprit », qualifiée de *mushin* en japonais. Cet état favorise l'action instinctive – dégagée de la nécessité de la pensée et du contrôle de l'esprit – à même de faire gagner de précieuses secondes dans une situation conflictuelle.

Ce concept trouverait aussi une application dans le quotidien des kendoka qui, au dire de beaucoup, parviennent plus aisément à faire face à une situation inédite ou inattendue.

剣道

CARACTÈRE JAPONAIS SIGNIFIANT KENDO

Qualifications techniques

En 1902, le Dai Nippon Butoku Kai (organisation mise en place en 1895, par le gouvernement japonais afin de compiler, promouvoir et codifier les systèmes et disciplines martiales) instaure une classification au sein du kendo, pour l'essentiel encore appliquée aujourd'hui. On distingue six grades ou *kyu* chez les débutants, et dix *dan* ou degrés chez les plus expérimentés.

Les huit premiers degrés font l'objet d'un examen de passage, les derniers sont obtenus suite à une nomination et après examen. L'obtention des degrés dits honorifiques, attribués en vue de l'exercice d'une fonction d'instructeur, reste fonction du talent, de l'habileté à commander et à juger les individus, mais aussi de la contribution apportée à l'évolution de la discipline.

Pratique et compétition

Le shinai utilisé au lycée par les juniors, dans le cadre de l'entraînement à la compétition, est un sabre de 112 cm de long, pour un poids de 375 à 450 g. Dans le cadre universitaire, le shinai mesure 115 cm de long, pour un poids de 450 à 500 g. Le shinai utilisé par les adultes est légèrement plus long, 118 cm, mais aussi beaucoup plus lourd.

Les combats se déroulent au sein d'un ring, les points sont attribués en fonction des cibles touchées au niveau du corps et des mouvements d'attaque. La victoire est attribuée à celui qui le premier marque deux points ou ippons dans les cinq minutes que dure l'affrontement.

> « ON DIT QUE L'IGNORANT EST AVEUGLÉ PAR L'IGNORANCE ET L'INTELLECTUEL PAR L'INTELLECT. UN DES MOYENS DE DÉPASSER CES OBSTACLES ET D'APPROCHER LA CONNAISSANCE EST DE LAISSER VENIR À L'ESPRIT TOUT CE QUI SE PRÉSENTE. »

MUSO KOKUSHI, CONSEILLER DES EMPEREURS ET DES SHOGUNS

CASQUE DE PROTECTION
Connu sous le nom de *men* ce casque porté par les pratiquants de kendo se compose d'une bande de coton renforcé ou « men-buton » et d'une grille métallique ou *men-gane* protégeant le visage.

GUERRIER À CHEVAL
Cet archer sur sa monture en tenue de combat du XIIe siècle porte son carquois et ses flèches dans son dos. L'arc traditionnel japonais ou *yumi*, de forme asymétrique, mesurait plus de 2 m de long.

< UN RITUEL HAUT EN COULEURS
La tenue de cet archer de yabusame s'inspire des vêtements de chasse portés par les guerriers de l'époque médiévale. En décochant sa flèche, l'archer lance un sonore *« yo-in-yo »* signifiant « obscurité et lumière ».

Yabusame

SIGNIFICATION	« SYMBIOSE DU CAVALIER ET DE SA MONTURE » EN JAPONAIS
DATE	1185-1333
FONDATEUR	MINAMOTO NO YORITOMO
SOURCE	JAPON

Conçu pour développer les talents d'archer du samouraï, le yabusame s'est affirmé comme une discipline de tir à l'arc à cheval à part entière. Le yabusame est toujours pratiqué au Japon, dans le cadre de fêtes et de cérémonies, où il est dit que les archers qui atteignent leurs cibles annoncent une année prospère. Les démonstrations se déroulent à proximité de temples shinto. Autrefois, ces manifestations avaient pour fonction de divertir les dieux et la population locale. L'entraînement est intense et les archers – issues de familles aristocratiques – sont traités avec le plus grand respect. Cet art tenu en grande estime fait toujours l'objet de démonstrations lors de la visite au Japon de chefs d'État, de souverains et de hauts dignitaires.

Les origines de l'art

Si la pratique du tir à l'arc à cheval est déjà mentionnée sous le règne de l'empereur Shomu, de la période de Nara (989-1066), l'introduction du yabusame dans le monde des samouraïs est attribuée à Minamoto no Yoritomo, à l'époque Kamakura (1185-1333). Le style pratiqué aujourd'hui remonte au XVIIIe siècle. Les pratiquants affirment que cet art développe la concentration du samouraï, alors que les techniques respiratoires zen l'aident à calmer son esprit et à clarifier sa pensée, conditions indispensables pour toucher la cible dans la confusion de la bataille.

▲ FLÈCHES DE YABUSAME
Les pointes de flèches japonaises sont qualifiées de *yanone*. Ces modèles présentent une pointe fourchue et coupante. Un long fût effilé ou *tang* s'insère dans la pointe.

NOTE DE L'AUTEUR

J'ai découvert le yabusame en 2003. Mon entraînement consistait en longues séances rituelles de méditation, ponctuées d'exercices de maintien de postures comparables à celles imitant la posture du cavalier, rencontrées dans les arts martiaux chinois. Après de longues heures de pratique, je me retrouvais en selle sur un cheval de bois animé de mouvements de sauts et de ruades, à tenter d'atteindre une cible positionnée 7 m plus loin. Cet entraînement essentiel évite par la suite des chutes toujours dangereuses, qui à l'époque féodale se révélaient souvent fatales pour le cavalier.

Kyudo

SIGNIFICATION
« VOIE DE L'ARC » EN JAPONAIS
DATE
INCONNUE
FONDATEUR
ANONYME
SOURCE
TOKYO, JAPON

Basé sur d'anciennes techniques de tir à l'arc utilisées par chasseurs et guerriers, le kyudo s'adresse aujourd'hui aux pratiquants en quête de développement physique et spirituel. Au déclin des arts guerriers traditionnels, les instructeurs militaires privés d'emploi se mirent à enseigner leurs techniques aux civils. L'émergence de cette nouvelle profession s'accompagna de l'essor de pratiques martiales plus artistiques, intellectuelles et spirituelles.

Le kyudo distingue deux aspects très différents, une branche militaire et une branche civile ou cérémonielle. Après la Seconde Guerre mondiale, l'étude du kyudo fut interdite par les forces d'occupation du Japon, mais la création de la All Nippon Kyudo Federation, en 1949, donna lieu à l'édition d'un manuel de codification de la pratique.

Kyokushinkai

SIGNIFICATION
« ULTIME VÉRITÉ » EN JAPONAIS
DATE
1964
FONDATEUR
MASUTATSU OYAMA
SOURCE
TOKYO, JAPON

Cette forme de karaté violente apparentée au combat libre inclut coups de pied à la tête, coups de tête et coups de poing. Son fondateur, Masutatsu Oyama, réputé pour mener une vie agitée, était persuadé que le développement de l'individu passait par la discipline et l'entraînement intense. Coréen émigré au Japon, Masutatsu Oyama avait subi nombre de défaites humiliantes en compétition qui finirent par le mener à la dépression. Il se retira de longues années dans les monts Kiyosumi où il s'imposa une discipline d'entraînement sévère, en renforçant ses poings à coups de frappes contre les rochers, en s'obligeant à porter de lourdes charges ou en se battant contre des ours et des taureaux.

Châtiment physique

Les pratiquants de kyokushinkai s'affrontent sans gants, ni équipement de protection, au risque de fausser le réalisme du combat. En compétition, les frappes sur la tête et la nuque sont néanmoins interdites. Les blessures légères sont monnaie courante et les accidents restent rares. Les blessures les plus sérieuses se limitent à des fractures, notamment du sternum, mais aussi des clavicules, ou à des contusions.

COMBATTANT DANS L'ÂME

En 2004, un film à succès coréen retraçait la vie de Masutatsu Oyama. Une biographie certes romancée – présentant tous les ingrédients d'un film d'action hongkongais, sans oublier l'histoire d'amour et la note dramatique chères aux réalisateurs coréens – mais qui avait su saisir le tempérament de son héros et mettre en scène des séquences d'arts martiaux très réalistes. Un film soutenu par une chorégraphie et un rythme de montage étonnants.

Shootfighting

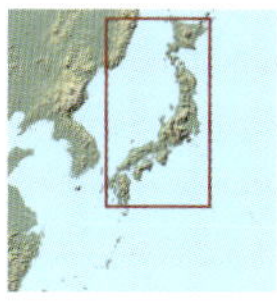

SIGNIFICATION
MÉLANGE DE BOXE ET DE LUTTE
DATE
1985
FONDATEUR
CAESAR TAKESHI
SOURCE
JAPON

Créé en réaction à l'élan de popularité suscité par le kickboxing au Japon, le shootfighting est un sport de combat mêlant boxe et lutte. La fédération qui régit la discipline, Shooto Organization, a vu le jour en 1985. Des compétitions internationales sont organisées sous l'autorité de l'International Shoot Fighting Association (ISFA).

Règles de combat

Morsures, coups de tête, frappes dans l'aine ou sur la nuque sont des fautes, ainsi que l'attaque d'un adversaire au sol ou en train de se relever. La victoire est attribuée aux points, lorsqu'un des combattants est incapable de poursuivre, en cas de violation du règlement, si l'arbitre juge dangereux de poursuivre le combat, en cas de K.-O. ou de K.-O. technique.

Puroresu

SIGNIFICATION
« CATCH PROFESSIONNEL » EN JAPONAIS
DATE
INCONNUE
FONDATEUR
ANONYME
SOURCE
JAPON

Moins spectaculaire que le catch américain ou anglais, la discipline japonaise relevant de la Fédération mondiale de catch, fait appel à un certain nombre d'enchaînements comparables à ceux utilisés dans le shootfigting. Le premier catcheur professionnel japonais était un ancien sumo, Sorakichi Matsude, qui participa à populariser la pratique. Il faudra attendre l'avènement de la télévision, en 1951, pour que le Japon s'offre une véritable star du catch, Rikidozan.

Spectacle total

Les matchs se déroulent sur un ring carré. Comme dans d'autres formes de catch, les participants n'hésitent pas à franchir ou à sauter par-dessus les cordes, ou à les utiliser pour se propulser contre l'adversaire. La victoire s'obtient par K.-O., soumission, décompte de l'arbitre ou immobilisation de l'adversaire par clouage au sol.

Des variantes sont introduites, selon la forme du ring, à six côtés, ou ceinturé de fil barbelé, à la place des cordes. Cette discipline, rarement dangereuse pour les participants, peut néanmoins occasionner coupures et blessures mineures lors des compétitions, ajoutant un attrait supplémentaire au spectacle. Le catch féminin, connu sous le nom de « joshi puroresu », connaît un succès grandissant.

CATCHEUR EN ACTION
Un catcheur masqué de puroresu délivre une frappe de pied aérienne dévastatrice à la gorge de son adversaire, sous les yeux attentifs du public.

Sumo

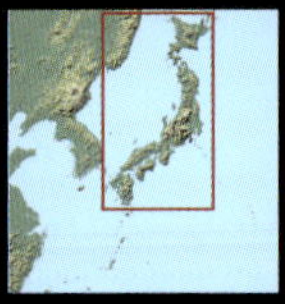

SIGNIFICATION
« VOIE DES DIEUX » EN JAPONAIS

DATE
23 AV. J.-C.

FONDATEUR
ANONYME

SOURCE
JAPON

Sport national japonais, les origines du sumo remontent à des temps ancestraux. Cet art était pratiqué à des fins divinatoires, mais aussi pour divertir les dieux shintoïstes. Le sumo jouit d'une immense popularité et ses acteurs sont considérés comme de véritables légendes vivantes.

Messager des dieux

Les origines du sumo restent obscures, même si le *Kojiki* ou *Chronique des choses anciennes*, rédigé au VIIIe siècle, fait état d'une pratique rituelle, s'apparentant à une forme primitive de sumo, qui avait pour objectif de freiner les agissements des démons et de promouvoir les dieux. Un autre recueil historique, le *Nihon-shoki*, décrit l'affrontement de deux guerriers légendaires, Taima-no-Kehaya et Nomi-no-Sukune, en 23 av. J.-C. Ce combat fut organisé afin d'éclairer les hommes sur le choix des dieux, entre deux factions guerrières, celle d'Izumo et de Yamato. Sukune tua son rival. Pour les spécialistes, la popularité grandissante du sumo fut en partie liée à son statut de pratique divinatoire.

LE SUMO ET L'ART
Les combats de sumo ont inspiré nombre d'artistes japonais. Ici, deux lutteurs s'affrontent sur le ring, sous les yeux de deux arbitres.

L'implication des femmes

Le sumo moderne est interdit aux femmes, mais le *Nihon-shoki* fait état de dames d'honneur à la cour de l'empereur Yuryaku, engagées dans des tournois, en 469 apr. J.-C. Entre 1592 et 1598, une nonne bouddhiste aurait même réussi à battre des hommes.

Us et coutumes

Le sumo a fait l'objet d'une codification en 1960, arrêtant une série de 70 prises, dérivées des 48 prises du sumo, telles qu'elles étaient pratiquées dans la discipline originale. Ces prises sont réputées pour leur rudesse. Les méthodes d'entraînement, souvent controversées, encouragent les lutteurs à dormir après avoir ingurgité d'énormes quantités de nourriture destinées à leur faire prendre du poids. Les jeunes lutteurs se nouent les cheveux en chignon et portent le kimono en public – une façon de marquer leur différence et leur loyauté à leur écurie.

Atteindre le sommet

Le système de classification toujours en vigueur remonte à la période Edo. Le *yokozuna* ou « grand champion » est le grade le plus élevé de la hiérarchie. Un statut que le sumo (ou sumotori) doit défendre en multipliant les victoires.

GRANDS CHAMPIONS
Aucun critère établi détermine le passage au rang de yokozuna, mais le sumo doit faire preuve de puissance, de talent et de dignité pour prétendre à ce titre. De même, la catégorie n'est soumise à aucun quota – à tous moments, l'écurie peut compter plusieurs ou aucun yokozuna. Ici, plusieurs yokozuna se présentent à la cérémonie d'ouverture d'un tournoi.

« LE SUMO DANS SON EXPRESSION ULTIME EST UNE LUTTE PRIMALE… UNE FRACTION DE SECONDE, SUFFIT À DÉSIGNER LE PLUS FORT ET LE PLUS TALENTUEUX. LE FIN DU FIN EN MATIÈRE DE COMBAT À MAINS NUES. »

MAKOTO KUBOTA, AUTEUR DE *SUMO*

UN SPORT SPECTACLE
Autrefois assimilé à un rituel religieux, le sumo accède au rang de compétition sportive à partir du XVIIe siècle. Les estampes du XVIIIe et du XIXe siècle, témoignent de la popularité de cette discipline, aujourd'hui encore objet d'un véritable engouement de la part d'un très large public. Deux fois par mois, des tournois de sumo sont retransmis par la télévision japonaise.

NOTE DE L'AUTEUR

Le temps passé dans une écurie d'entraînement à Tokyo me démontra que le sumo était bien plus que le spectacle que cet art nous donnait à voir. Son système de classification féodal fait de l'honneur une question d'âge et d'expérience, une équation qui selon moi n'allait pas de soi. Je réalisais que cette façon de penser s'était forgée au fil des millénaires, en accord avec le statut autrefois accordé aux combattants, et qu'il s'agissait bien là d'un de ces composants uniques sur lesquels repose l'art du sumo. Ces athlètes improbables avaient certes la taille de leur côté, mais je fus surpris de constater la puissance que ces lutteurs parvenaient à générer à travers la technique. Un de mes exercices d'entraînement consistait à lutter contre une solide poutre de bois patinée et vernie, pesant près d'une demi-tonne et à moitié enterrée dans le sol. Un objet solide que les sumos frappaient de façon répétée tout au long de la journée, afin de développer leur force titanesque.

MANŒUVRE GAGNANTE Sur le ring de sumo ou *dohyo*, la victoire est attribuée au lutteur qui déséquilibre son adversaire et le force à toucher terre, avec n'importe quelle partie de son corps, à l'exception bien sûr de la plante des pieds, ou à celui qui réussit à pousser l'autre hors des limites de l'aire de combat.

EN COULISSES

LUTTEURS DE SUMO

L'ART DU SUMO et ses acteurs occupent une place privilégiée dans la culture japonaise, mais le quotidien de ces lutteurs reste inaccessible au commun des mortels. Cette plongée dans les coulisses d'une écurie de sumo lève en partie le voile sur la vie et le travail de ces icônes vivantes.

Les lutteurs de sumo ou sumotori *(rikishi)* se soumettent à une stricte discipline et mènent une vie presque sectaire, aussi bien à l'intérieur qu'à l'extérieur de leur écurie. Les sorties sont rares et les sumos se doivent en public de se conformer à un code de comportement rigide. Les règles sont édictées par l'Association de sumo, et le plus petit écart fait l'objet d'une sanction ou d'une suspension.

Le quotidien dans une écurie de sumo est très hiérarchisé. Les plus jeunes lutteurs – pour certains âgés de moins de 13 ans – sont relégués aux « basses besognes », mais toujours prêts à répondre aux exigences de leurs aînés. Pour le visiteur, ces méthodes peuvent paraître sévères et dépassées, voire brutales, mais les rituels et les valeurs du sumo ont évolué au fil des siècles et tous les sumos tirent une immense fierté de maintenir et perpétuer cet héritage et ces traditions.

Les préparatifs à un tournoi obéissent à une stricte routine. Un stade de sumo présente une aile est et une aile ouest, ce qui permet aux lutteurs de ne jamais croiser l'adversaire avant le combat. Les lutteurs revêtent leur pagne d'apparat brodé ou *kesho-mawashi* pour la cérémonie d'ouverture du tournoi. L'entrée sur le ring prend la forme d'une procession qui progresse d'est en ouest. Les sumos sont présentés au public, l'un après l'autre, selon leur rang. Après la cérémonie, les lutteurs rejoignent les vestiaires et se préparent au combat. Les célèbres rituels accomplis par les lutteurs avant le combat dérivent de pratiques shintoïstes et sont exécutés avec le plus grand sérieux.

CÉRÉMONIE D'OUVERTURE
La cérémonie d'ouverture d'un tournoi revêt la forme d'un défilé permettant de présenter les lutteurs qui vont se produire tout au long de la soirée. La tradition veut que les sumos entrent en scène et forment un cercle, à l'extérieur du ring, en se plaçant face au public. Puis, d'un mouvement synchronisé, chacun se tourne, pour faire face à son adversaire, avant de frapper dans ses mains, de retirer son kesho-mawashi et de quitter la scène.

LE DOHYO

L'aire de lutte circulaire ou *dohyo* est composée de balles de paille de riz recouverte de terre battue, de façon à former une plate-forme carrée, uniformément tapissée de sable fin. Chaque tournoi donne lieu à la construction d'un nouveau dohyo. Le toit qui coiffe le dohyo, décoré de tasseaux colorés, évoque celui des temples shintoïstes. Le dohyo est une aire sacrée, bénie chaque matin par un prêtre shintoïste, avant le tournoi.

LE YOBIDASHI

Considéré comme « l'homme à tout faire » dans le monde du sumo, le yobidashi mène à bien toutes sortes de tâches, comme le balayage du ring, la fourniture du sel nécessaire à la cérémonie de purification ou l'accrochage des bannières des sponsors. Une de ses fonctions les plus importantes consiste à annoncer les noms des lutteurs prêts à monter sur le ring. Une mission qu'il accomplit selon la tradition, en brandissant un éventail ouvert face à lui.

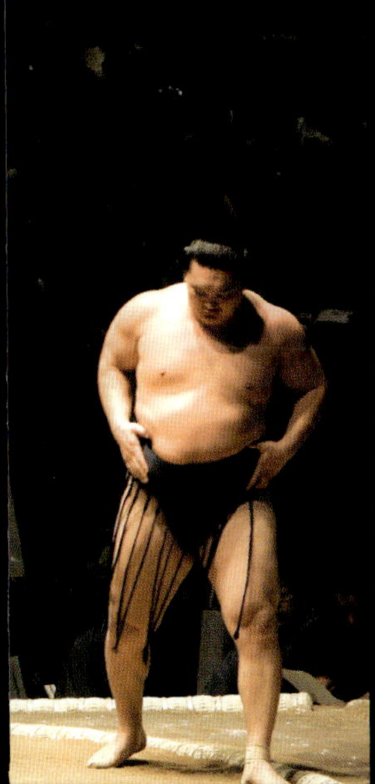

RITUELS AVANT LE COMBAT

Avant le combat, les lutteurs accomplissent un rituel ancestral, en commençant par marteler le sol de leurs pieds, en soulevant une jambe après l'autre, pour mieux effrayer les démons. Certains s'aspergent le corps de sel, afin d'éloigner le mauvais sort. Tous purifient le ring en jetant du sel au sol. Le dernier vainqueur tend au futur lutteur une louche remplie d'eau ; ce dernier se rince la bouche, de façon à hériter de la force et de la chance de son coéquipier. Sur le ring, les lutteurs s'accroupissent face à face, bras tendus, paumes des mains vers le haut, puis replient les bras et posent les mains sur les genoux. Le combat peut commencer.

>>>

朝

DANS LES VESTIAIRES

Les préparatifs dans les coulisses d'un stade de sumo s'apparentent à ceux qui précèdent n'importe quelle autre compétition martiale, à un détail prés, l'attention portée aux apparences. Les blessures sérieuses sont rares dans ce type de rencontre, et la tension nerveuse des sumos n'a rien à voir avec celle dont font preuve d'autres combattants, comme les boxeurs par exemple. Les heures passées dans les vestiaires donnent aux lutteurs l'occasion de discuter, de s'échauffer, de vérifier leur tenue, leur coiffure ou encore de faire connaissance avec les nouveaux venus.

LOISIRS ET SORTIES

Si les jeunes sumos sont le plus souvent soumis à une discipline de vie très stricte, il leur arrive aussi d'apprécier de rares moments de détente. Visites à la famille ou aux amis, shopping, baignade et jeux vidéo sont alors inscrits au programme – des activités semblables à celles de tous les jeunes de leur âge. Le golf, un des loisirs les plus pratiqués au Japon, est une activité appréciée par de nombreux sumos.

« LE SUMO PEUT PARAÎTRE ANACHRONIQUE, MAIS L'INTÉRÊT QUE SUSCITE CE SPORT, INDIQUE QU'IL N'EST PAS PERÇU COMME UNE RELIQUE, ENCORE MOINS COMME UNE NOUVEAUTÉ ÉPHÉMÈRE. »

WILL FERGUSON, ÉCRIVAIN

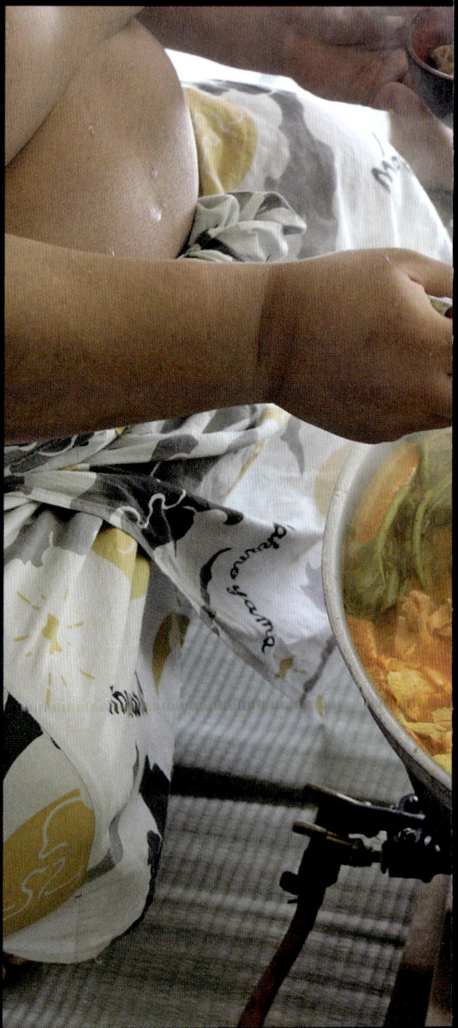

À L'ENTRAÎNEMENT

Développement de la force et de l'énergie, amélioration de la souplesse et pratique de techniques de projection font partie de l'entraînement quotidien des sumos. Toutes les écoles disposent d'une aire d'entraînement sablée où les jeunes lutteurs passent leur temps à s'affronter, à analyser leurs mouvements et échanger des conseils en matière de stratégies.

HEURE DES REPAS

Les repas occupent une place déterminante dans le quotidien d'un camp d'entraînement de sumo. En cuisine s'affaire généralement un des lutteurs parmi les plus jeunes. Les sumos consomment en abondance de généreuses quantités de nourriture riches en calories et protéines, sous forme d'un ragoût de viande, à base de tofu, de légumes et de riz – connu sous le nom de *chanko-nabe*. Un plat principal assorti de différents accompagnements. Les repas se prennent en commun et de nombreux sumos, soucieux de prendre du poids, s'emploient à faire une longue sieste sitôt leur repas achevé.

LA RANÇON DE LA GLOIRE

Les lutteurs de sumo sont perçus comme de véritables célébrités au Japon. En promenade, revêtues d'un kimono traditionnel qui, aujourd'hui, les différencie de la foule, ces vedettes sont régulièrement assaillies par les supporters qui cherchent à faire signer un autographe ou à poser pour la postérité aux côtés de leurs idoles.

MARQUE D'ACCOMPLISSEMENT
La classification des ceintures n'est pas une tradition ancestrale, mais remonte au XIXe siècle. Le terme « ceinture noire » est souvent utilisé pour désigner un « maître », mais ce grade se divise lui-même en plusieurs niveaux ou dan et certains arts martiaux japonais distinguent les grades les plus élevés à l'aide de ceintures de couleurs différentes.

Aikido

SIGNIFICATION
« VOIE DE L'HARMONIE AVEC L'ÉNERGIE UNIVERSELLE » EN JAPONAIS

DATE
1925

FONDATEUR
MORIHEI UESHIBA

SOURCE
HOKKAIDO, JAPON

Le premier but de l'aikido consiste à prendre l'avantage en retournant l'énergie et l'élan de l'adversaire contre lui. L'aïkido met l'accent sur la fluidité et l'enchaînement des mouvements, associés à l'action physique et à la pensée philosophique. Sur le plan physique, la discipline intègre nombre de clés visant à léser les articulations et des techniques de projection issues du ju-jutsu (*voir* pp. 216-217). L'art tient son aspect technique du ken-jutsu (*voir* p. 219) et présente des influences plus ou moins affirmées d'autres systèmes de combat armé japonais.

Le poids de la religion

L'élément moral occupe une place majeure dans l'aikido. Le nom de la discipline ou « voie de l'harmonie » traduit l'esprit présidant à l'entraînement et au combat. Son fondateur, Morihei Ueshiba, était profondément influencé par le courant spirituel de l'Omoto-kyo qui mettait en avant l'importance de l'idéal et prônait la bonté envers tous les êtres.

Inspiration précoce

Les expériences de jeunesse de Morihei Ueshiba, enfant chétif et maladif, jouèrent un rôle déterminant dans le développement de l'aikido. Son père, riche propriétaire terrien, l'encouragea à la pratique de disciplines physiques, comme la lutte sumo et la natation. Son grand-père, samouraï respecté en son temps, avait nourri l'imaginaire du jeune garçon de récits héroïques narrant les exploits et prouesses de son arrière-grand-père. Décidé à étudier les arts martiaux pour se protéger et défendre les siens, Morihei Ueshiba, trouva son ambition décuplée lorsqu'il assista impuissant à un affrontement au cours duquel son père reçut une sévère correction, de la part de partisans d'un opposant politique.

Le temps de l'apprentissage

Morihei Ueshiba pratique les arts martiaux de façon sporadique durant son service militaire mais, en 1912, à son arrivée à Hokkaido en compagnie de sa femme il reprend l'entraînement. Il voyage beaucoup et étudie sous l'autorité des maîtres réputés, dont Takeda Sokaku qui lui fait découvrir le budo. Cette initiation l'incite à approfondir sa connaissance des arts martiaux japonais.

Tout au long des années 1920 et 1930, Morihei Ueshiba enseigne son système, alors baptisé du nom d'aiki-jutsu. Cette première version, regroupant différents *atami* ou frappes des points vulnérables du corps, s'appuie sur une approche offensive et défensive moins circulaire et fluide, comparée à la dernière mouture du système.

Connaissance divine

Avec l'âge et l'expérience, Morihei Ueshiba privilégia de plus en plus la dimension spirituelle de son art. Pour de nombreux spécialistes, l'aikido serait né en 1925, suite à un affrontement au cours duquel il réussit à mains nues à vaincre, sans toutefois le blesser, un officier de marine armé d'un sabre en bois. Plus tard, se promenant dans son jardin, Ueshiba eut une révélation : « J'étais capable de comprendre le murmure des oiseaux et j'étais clairement conscient de l'esprit de dieu, le créateur de cet univers. » Il vécut une autre expérience de ce type au cours de la Seconde Guerre mondiale, lorsqu'il eut la vision du « grand esprit de la paix ». Il s'exprimera à ce propos : « La Voie du guerrier a été mal interprétée. Il ne s'agit pas de tuer et de détruire les autres. Ceux qui cherchent à vaincre et à dominer l'autre sont dans l'erreur. Écraser, blesser et détruire sont les pires choses que l'Homme puisse commettre. La vraie Voie du guerrier est de prévenir un tel massacre. C'est l'art de la paix et la force de l'amour ».

Un héritage durable

Aujourd'hui, l'aikido est l'un des arts martiaux parmi les plus populaires et les plus pratiqués au monde. Les disciples évoquent la mémoire de son fondateur en louant la profondeur d'un homme qui avait su transcender les limitations techniques des arts martiaux. Plutôt que d'incorporer une morale rigide et des éléments philosophiques dans son art, Morihei Ueshiba avait insisté sur l'harmonie, la compassion et la compréhension qui devaient animer le pratiquant, y compris face à l'agression.

MORIHEI UESHIBA

Né en 1883, à Tanabe, préfecture de Wakayama, au Japon, Morihei Ueshiba fut le seul garçon d'une famille de cinq enfants. Parfois plus connu sous le titre de « O-Sensei » ou « Grand Maître » Ueshiba acquit une réputation d'expert en de nombreuses disciplines martiales et suscita bien des légendes. Selon l'une d'entre elles, le maître était capable d'échapper à l'attaque simultanée de plusieurs de ses élèves armés de sabres et pouvait anéantir ses adversaires à la seule force de son cri.

STEVEN SEAGAL

L'acteur hollywoodien Steven Seagal a bâti sa carrière sur ses prouesses en aikido. Avant d'entamer sa carrière d'acteur, Steven Seagal était entraîneur d'aikido et fut le premier étranger à ouvrir un dojo d'aikido au Japon. Figure star de nombreux films d'arts martiaux et d'action, son personnage est souvent celui du héros vengeur passé maître dans l'art du combat.

AU TAPIS
Une étudiante projette son instructrice au sol lors d'un tournoi de démonstration organisé dans le cadre d'une action de promotion de l'aikido.

> « DANS LE VRAI BUDO IL N'Y A NI ENNEMI, NI ADVERSAIRE. LE VRAI BUDO C'EST N'ÊTRE QU'UN AVEC L'UNIVERS. CE N'EST PAS ABATTRE UN ADVERSAIRE PAR NOTRE PROPRE FORCE, OU UN OUTIL POUR MENER LE MONDE À LA DESTRUCTION PAR LES ARMES. »
>
> MORIHEI UESHIBA

Taiho-jutsu

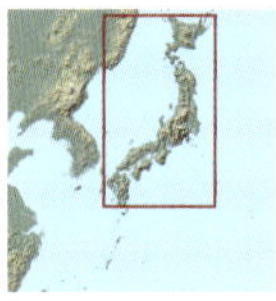

SIGNIFICATION
« ART DE L'ARRESTATION » EN JAPONAIS

DATE
1947

FONDATEUR
ANONYME

SOURCE
JAPON

Il y a peu de temps, le taiho-jutsu était encore une pratique réservée aux officiers de police du Japon, du Royaume-Uni et des États-Unis. Cette forme de ju-jutsu (*voir* pp. 216-217) fait appel à une combinaison de techniques de contrôle et d'immobilisations douloureuses. Sont également inclus différentes techniques de désarmement, l'utilisation de la matraque, des menottes et d'autres armes de police, ainsi que des conseils verbaux.

Évolution du style

Alan Cunningham est un des entraîneurs clés de la discipline aux États-Unis et, en grande partie, responsable de son récent succès. Son homologue européen, Brian Eustace, enseigne le taiho-jutsu aux forces de police du Royaume-Uni.

Le taiho-jutsu est aujourd'hui l'art martial de prédilection des agents de sécurité de nombreuses compagnies aériennes et commence à séduire les agences de protection rapprochée. Le système a beaucoup évolué depuis sa création, en 1947, année de parution du premier manuel de codification de la discipline. À l'origine, les officiers de police japonais apprenaient le maniement du bâton de cinq pieds de long, connu sous le nom de *jo*. En 1966, ces forces furent équipées d'une matraque télescopique ou *tokushu keibo*. Au fil des ans, les techniques se sont adaptées à l'évolution des armes et des technologies mises à la disposition des hommes.

POLICE TOKYOÏTE
Les élèves de l'académie de police de Tokyo s'entraînent aux techniques de contrôle de foule du taiho-jutsu, armés d'un ancien modèle de matraque.

Shorinji-kempo

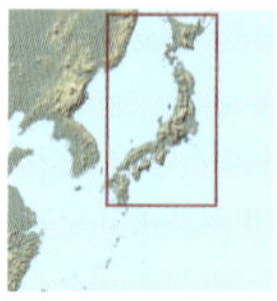

SIGNIFICATION
« LOI DU POING DE SHAOLIN » EN JAPONAIS

DATE
1947

FONDATEUR
SO DOSHIN

SOURCE
JAPON

Conçu pour développer l'âme, le corps et l'esprit, l'art du shorinji-kempo se base sur la croyance selon laquelle chaque homme a le potentiel lui permettant de se développer dans toutes les directions. Inspiré par différents arts martiaux, le système intègre techniques souples et dures, offensives et défensives, frappes, coups de pied et projections.

Contrôle de l'esprit

Une séquence de mouvements ou *hokei* est pratiquée lors du combat libre. L'objectif est d'apporter de l'ordre dans le chaos – le chaos se concrétisant par l'incapacité de l'attaquant à contrôler son esprit, ce qui le conduit à un acte agressif ; l'ordre étant la faculté du défenseur à parvenir à l'apaisement du conflit, à travers la mise en œuvre de techniques d'autodéfense non létales.

Isshin-ryu

SIGNIFICATION
« ÉCOLE D'UN SEUL CŒUR » EN JAPONAIS

DATE
INCONNUE

FONDATEUR
SHIMABUKU TATSUO

SOURCE
JAPON

Ce style de karaté d'Okinawa inclut généralement quatorze katas ou séquences codifiées, dont huit à mains nues, deux au *sai* (trident en métal), trois au *bo* (bâton) et une au *tonfa* (manche de bois à poignée).

Développement de la force

L'aspect inédit de la discipline réside dans son entraînement visant au développement d'un « corps d'acier », apte à endurer la souffrance physique. Cet entraînement inclut l'apprentissage de techniques respiratoires et des exercices basés sur l'endurance. De nombreux pratiquants utilisent un *makiwara*, poutre de bois solide sur laquelle ils frappent, poings fermés, afin de parfaire leurs techniques.

Naginata-jutsu

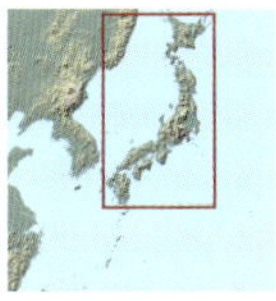

SIGNIFICATION
« ART DU NAGINATA » EN JAPONAIS

DATE
INCONNUE

FONDATEUR
ANONYME

SOURCE
JAPON

L'art du *naginata* ou fauchard, long manche de bois doté d'une lame à une de ses extrémités, était à l'origine associé aux femmes samouraïs. L'arme était souvent utilisée en association avec le *tanto* ou dague japonaise traditionnelle.

Des compétitions de naginata-jutsu sont organisées à travers tout le Japon. Des manifestations le plus souvent réservées à des étudiantes, issues de l'enseignement secondaire ou universitaire, peu ou pas entraînées aux arts martiaux, mais attirées par les arts de combat féminins.

Le développement de l'arme

Si les origines du fauchard restent obscures, certains spécialistes attribuent son invention à des guerriers japonais qui auraient modifié la forme originale de la hallebarde chinoise, une arme d'infanterie similaire au fauchard, mais à lame légèrement plus large. D'autres pensent que le *naginata* serait apparu suite à la transformation d'un outil agraire. La théorie veut que les samouraïs de retour des champs de bataille aient trouvé dans cette arme longue, équipée d'une lame comparable à celle de leur sabre, un moyen efficace pour combattre les cavaliers, sans trop s'approcher de leur monture.

RENCONTRE SPECTACULAIRE
Deux femmes revêtues de kimono japonais traditionnel s'affrontent armes à la main, lors d'une démonstration en extérieur de naginata-jutsu.

Shintai-do

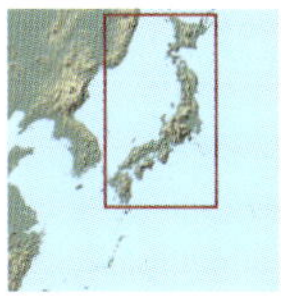

SIGNIFICATION
« NOUVELLE VOIE DU CORPS » EN JAPONAIS

DATE
1965

FONDATEUR
HIROYUKI AOKI

SOURCE
JAPON

À la différence des arts de combat de compétition, le shintai-do est un système de mouvements basé sur les principes des arts martiaux et des arts de démonstration contemporains. Cette pratique s'appuie sur des concepts de paix, d'harmonie, de coopération et de compréhension de la place de l'individu dans la nature. Dans les années 1960, son fondateur, Hiroyuki Aoki, rassembla un groupe de recherche d'une trentaine d'individus, réunissant certains des meilleurs entraîneurs d'arts martiaux du Japon, mais aussi musiciens, acteurs et artistes de tous âges, et s'appliqua à mettre au point son nouveau système.

Repousser les limites

Sans bien savoir où leurs recherches les conduiraient, les membres du groupe, qualifiés de *rakutenkai* ou « union des optimistes », pratiquèrent et testèrent les limites de leur force physique et mentale. De ce mouvement naquit le shintai-do, intégrant des éléments du travail du sabre, des arts martiaux et des arts de démonstration, auxquels s'ajoutèrent des pratiques ésotériques.

Le système est réputé pour son entraînement sur les cascades de glace. En hiver, les pratiquants s'exercent à escalader ces obstacles, frôlant souvent l'hypothermie. Un entraînement qui conduirait à l'éveil de la spiritualité.

« L'INCONNU DÉBUTE LÀ OÙ S'ACHÈVE NOTRE FORCE PSYCHOLOGIQUE. »

HIROYUKI AOKI

HIROYUKI AOKI

Né à Yokohama, au Japon, en 1936, Hiroyuki Aoki était peintre, acteur et maître ceinture noire 5e dan de karaté shotokai, le plus haut grade de cette discipline. Chrétien convaincu, Hiroyuki Aoki s'employa à créer un nouvel art martial, conçu pour encourager la paix et la communication, mais aussi offrir une nouvelle voie d'expérimentation de la nature et du monde spirituel.

Taido

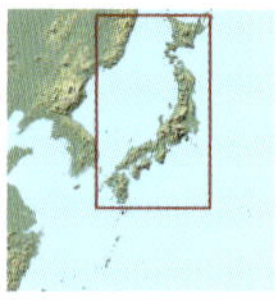

SIGNIFICATION
« VOIE DU CORPS » EN JAPONAIS

DATE
1965

FONDATEUR
SEIKEN SHUKUMINE

SOURCE
JAPON

Proche du karaté d'Okinawa (*voir* p. 202) cet art de combat codifié introduit nombre de techniques inédites, dont des mouvements de rotation et de torsion, ainsi que de complexes techniques de jambes.

On distingue cinq types de mouvements du corps, *ten* à base de roulades et de culbutes, *nen* ou mouvement de rotation horizontale, *hen* ou chute avec modification de l'axe du corps, *un* mouvement ascendant ou descendant, et *sen* ou rotation verticale.

Valeurs traditionnelles

Seiken Shukumine était convaincu de l'intérêt de son système pour l'individu et la société. Un art gouverné par cinq principes directeurs : suivez les règles du système et vous ne pourrez pas vous tromper ; restez relâché, le corps et l'esprit ne font qu'un ; un esprit juste ne craint pas le combat ; restez souple et maintenez votre liberté de mouvement ; gardez un bon état d'esprit et vous éviterez la confusion.

Prêt à tout

Les étudiants apprennent à anticiper les mouvements de multiples adversaires et se concentrent sur une stratégie offensive, afin de neutraliser la menace.

COMBAT ET COMPÉTITION
Les pratiquants s'engagent dans un combat de 30 secondes, face à un juge qui les note en fonction de la variété et de l'efficacité des techniques mises en œuvre.

Kenpo kai

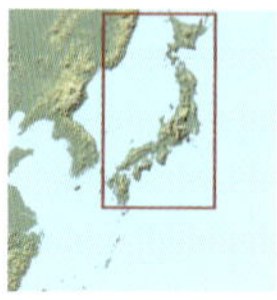

SIGNIFICATION
« UNION DES MÉTHODES DE POING » EN JAPONAIS

DATE
INCONNUE

FONDATEUR
TAWADA ISHIZAKA

SOURCE
JAPON

Bien que considéré comme une forme traditionnelle de karaté japonais, le kenpo kai est en réalité plus proche de la boxe de Shaolin ou quan-fa (*voir* p. 57). Ses origines restent controversées, mais la légende fait état d'un jeune aventurier japonais, Tawada Ishizaka, entré au service d'une famille chinoise, auprès de laquelle il resta plus de 20 ans, et initié au système de Shaolin. À son retour au Japon, il codifia le système, transmis dans sa famille, de génération en génération.

Évolution du système

Le système connut nombre de changements au fil des générations, notamment dans les années 1960, après le voyage de deux membres de la famille d'Ishizaka, Kazuo et Sotoki, qui se rendirent à Shanghai, afin d'étudier la forme primitive de l'art, auprès du dernier membre survivant de la famille chinoise d'adoption d'Ishizaka. À leur retour, ils réintégrèrent dans le système nombre de formes et de techniques, abandonnées au cours de son évolution au Japon.

Nanbu-do

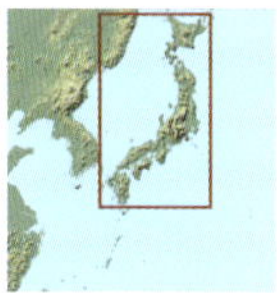

SIGNIFICATION
« VOIE DE NANBU » EN JAPONAIS

DATE
1978

FONDATEUR
YOSHINAO NANBU

SOURCE
JAPON

Art martial hybride, relativement récent, le nanbu-do fait appel à nombre de techniques proches de celles utilisées dans le karaté, le judo et l'aikido (*voir* pp. 202-203, 234-235, 238-239). Une discipline fondée par un ancien champion de karaté, Yoshinao Nanbu, pratiquant de shito-ryu et de shukokai (*voir* p. 206). Au début des années 1970, Nanbu développa le sankukai – forme proche du karaté – avant de tout abandonner, y compris la scène des arts martiaux, déçu par le nouveau visage de la compétition et l'intrusion de la politique dans le sport. Après un séjour en France, il renoua avec les arts martiaux et, en 1978, animé d'une nouvelle passion, Yoshinao Nanbu s'appliqua à développer le nanbu-do. Considéré comme une méthode holistique d'autodéfense, ce système inspiré par des techniques de karaté, intègre différents éléments de la philosophie de son fondateur.

Santé physique et mentale

L'art se divise en quatre aspects majeurs : *kata*, *randori*, *ju* et *ki*. Les katas de base – séquences d'enchaînements ou de formes codifiées – sont particulièrement stylisés et s'apparentent de loin à des techniques de combat. On distingue trois niveaux de kata : basique, avancé et supérieur, et si la plupart des techniques se pratiquent à mains nues, le système intègre le travail au bâton de six pieds de long, ainsi que le maniement du *bokken* (sabre d'entraînement en bois). Comme dans les katas d'autres systèmes, le nanbu-do compte des méthodes secrètes que les étudiants sont incités à développer, à travers la répétition de mouvements purs et rigoureux.

Les *randori* s'apparentent à un ensemble de techniques formelles où l'attaquant et le défenseur s'engagent dans une suite d'enchaînements codifiés, coups de poing et coups de pied par exemple, afin de parfaire leur appréciation du chronométrage, de la discipline et de la distance de combat.

Le préfixe *ju* ajouté aux différents éléments de cet art, comme le *ju-randori*, sert à indiquer le caractère compétitif de l'élément. Ainsi, le ju-randori ne désigne pas la pratique du mouvement pour la perfection du mouvement, mais une séquence d'enchaînements entre deux pratiquants, jugés sur le plan technique.

Le dernier élément du système *ki*, fait référence à cette approche holistique qui vise au développement du corps et du physique, en laissant le *qi* ou *ki* – désignant l'énergie vitale dans de nombreuses cultures — circuler librement dans le corps.

HARMONIE AVEC LA NATURE
Groupe de pratiquants de nanbu-do répétant leurs katas sur une plage. Les mouvements et les formes de la nature sont un élément déterminant du système.

Genbukan ninpo

SIGNIFICATION
« LE LIEU QUI NOURRIT L'ARTISTE MARTIAL PROFESSIONNEL » EN JAPONAIS

DATE
1984

FONDATEUR
SHOTO TANEMURA

SOURCE
JAPON

Ce système martial japonais distinguant 36 catégories est parfois qualifié de *ninja sanjurokkei* (*sanjurokkei* en japonais, signifiant « trente-six »).

Shoto Tanemura, considéré comme le fondateur du genbukan ninpo, aurait codifié le système en 1984. Descendant d'une famille respectée de samouraïs, dont les origines remontent à la famille impériale du Japon, Tanemura débuta à l'âge de 9 ans une initiation au combat armé et à mains nues. Il troqua son prénom original de Tsunehisa pour celui de Shoto (la « voie du sabre »).

Combat armé et à mains nues

Le genbukan ninpo se concentre sur un certain nombre de techniques apparentées à celles des ninjas et intègre l'étude du tai-jutsu et du bo-jutsu (*voir* p. 219) ainsi que le travail des armes traditionnelles.

Les aspects du combat à mains nues associent frappes, blocages, coups de pied et coups de poing, à des techniques de luxation des articulations et de projections. Le système privilégie étranglements, attaques des points de pression et des centres nerveux, mais aussi fractures des os.

Armes et grades

Le travail des armes fait l'objet d'un classement en fonction de la progression et s'appuie sur un système de ceintures de couleurs, intégrant un 10e dan pour la ceinture noire. Les détenteurs d'une ceinture noire sont autorisés à partir du 4e dan à ouvrir une école.

> « HABITÉ PAR LA HAINE OU L'ENVIE, OU SIMPLEMENT PRÊT À SUIVRE UN MAUVAIS CHEMIN, L'HOMME QUI A RÉUSSI DÉTRUIRA SA VIE AUTANT QUE CELLE DES AUTRES. »
>
> SHOTO TANEMURA

Jinenkan

SIGNIFICATION
« VOIE DE LA NATURE » EN JAPONAIS

DATE
1996

FONDATEUR
FUMIO MANAKA

SOURCE
JAPON

Système hybride, fondé en 1996, par Fumio Manaka, le jinenkan est influencé par le tai-jutsu et le style de combat à mains nues du nin-jutsu (*voir* pp. 210-211), mais aussi par le travail des armes que Manaka étudia sous l'autorité du célèbre ninja japonais Massaki Hatsumi.

Influence militaire

Manaka passa 39 ans au service de l'armée et l'entraînement qu'il reçut joua un rôle déterminant dans l'élaboration de son style. Le temps passé loin de son maître, à explorer et développer de simples techniques, influença également son système, privilégiant la compréhension et la maîtrise des bases.

Voie de la nature

Après 37 ans passés à étudier le nin-jutsu, Fumio Manaka entreprit de fonder sa propre école, à qui il donna le nom de *unsui* (« nuages et eau »). Le concept de fluidité et de liberté gouverne son système et le logo de son école – trois couches de nuages, trois cours d'eau et trois caractères formant le mot *jinenkan* – totalise neuf objets. Dans la culture japonaise, le chiffre neuf revêt une signification symbolique.

▲ **LOGO SYMBOLIQUE**
Dans le bouddhisme, « nuages et eau » fait référence à un moine voyageur qui passe sa vie à chercher l'illumination.

FUMIO MANAKA

Fumio Manaka débuta son initiation aux arts martiaux à l'âge de 14 ans. Détenteur d'un titre de maître dans plusieurs de ces arts et ancien entraîneur de différentes autres disciplines martiales, il fonda le jinenkan en 1996, avec pour objectif d'initier librement ses élèves à d'anciennes techniques martiales japonaises ou *kobudo*. Manaka séjourna longuement en Europe et aux États-Unis, où il s'appliqua à vulgariser son enseignement.

EUROPE

CULTURE ET INFLUENCES

EUROPE

L'EUROPE FORME UNE VASTE COMMUNAUTÉ de cultures aussi diversifiées que prospères. Si pour beaucoup, l'existence d'arts martiaux indigènes semble bien difficile à concevoir au sein d'un tel continent, l'histoire nous démontre que l'Europe possède bel et bien une longue et fascinante tradition martiale. Au rythme de l'apogée et du déclin de puissantes civilisations – souvent accompagné de violents conflits et de guerres à grande échelle – les arts martiaux s'y sont développés, en réponse aux turbulences de leur environnement.

LES TERMES « ARTS MARTIAUX » font référence aux « arts de Mars », dieu romain de la Guerre, et désignaient à l'époque les prouesses martiales des gladiateurs dans l'arène, lors d'affrontements sanglants et brutaux. Si les plus populaires des formes autochtones d'arts martiaux occidentaux ont évolué en disciplines sportives – comme l'escrime et de nombreux styles de boxe (*voir* pp. 268-269, 256-263) –, ces dernières ne représentent que la partie émergée de l'iceberg. En réalité, la tradition martiale en Europe est aussi riche et intéressante qu'en Asie, et plusieurs de ces formes martiales offrent à leurs pratiquants l'opportunité d'un véritable développement de soi.

< ARTS DE LUTTE
La lutte du Lancashire (*voir* p. 251) pratiquée dans le nord de l'Angleterre est l'une des multiples formes de ces arts de lutte qui se sont développés en Europe au fil des siècles.

Un « père » fondateur

Le plus célèbre des arts martiaux européens, le pancrace (*voir* p. 276) est une technique de combat à mains nues. Mélange de techniques de boxe et de lutte debout et au sol, cet art grec se concentrait sur l'utilisation des genoux, des coudes, et sur coups de pied, coups de poing et actions tranchantes, associés à des clés d'articulation et à des prises d'étranglement. À part les morsures et les enfoncements des yeux, ce sport de compétition extrêmement brutal autorisait le recours à toutes

« LA PUISSANCE PREND SOURCE DANS LE CŒUR, S'ANCRE AU NIVEAU DES PIEDS, SE DÉVELOPPE DANS LES JAMBES, SE DIRIGE PAR LES HANCHES, SE TRANSFÈRE À TRAVERS LE TORSE, SE CONCENTRE DANS LES PIEDS OU LES MAINS ET S'APPRÉCIE AU NIVEAU DE L'ESPRIT. »

ANONYME

POINTS CLÉS

1 ARTS MARTIAUX
L'expression « arts martiaux » est utilisée depuis l'époque romaine. Elle faisait référence aux « arts de Mars » et aux prouesses des gladiateurs dans l'arène.

2 PANCRACE
Discipline à l'origine de nombreuses formes de lutte à travers le monde, cet art martial de la Grèce antique s'apparente aux arts martiaux multidisciplinaires contemporains (*voir* pp. 318-327).

3 AUTODÉFENSE ANTIQUE
Des preuves archéologiques mettent en évidence la pratique de différentes formes d'autodéfense à l'époque de la Rome antique.

4 INFLUENCES INDIGÈNES
Des pratiques des anciens Celtes et guerriers germains aux arts de combat traditionnels des chevaliers errants, les arts autochtones ont largement contribué à modeler les arts martiaux européens.

5 SOUCI D'ÉVOLUTION
Au XIIIe siècle, les progrès technologiques et l'avancée des techniques de forge participent à l'essor quantitatif et qualitatif des armes et des armures.

6 RELIGION ET ARTS MARTIAUX
Comme en Asie, de nombreux moines chrétiens excellaient dans les arts martiaux, pratiqués pour le bien-être physique, mais aussi dans le but de défendre leurs églises et leur foi.

7 RICHE HÉRITAGE
Des manuscrits plus que centenaires, certains datant du XIVe siècle, confirme l'existence d'arts martiaux ancestraux, dont la forme telle que nous la connaissons aujourd'hui est restée inchangée.

8 CHANGEMENT D'ÉPOQUE
L'introduction des armes à feu au XVIIe siècle bouleversa à jamais le monde des arts martiaux européens. Les arts autrefois exclusivement guerriers, réservés aux champs de bataille, évoluèrent en disciplines d'autodéfense et de développement personnel.

< AIR DE FAMILLE
La savate française est probablement dérivée de différentes techniques de combat utilisées par les marins, les criminels et les soldats. Un art proche de la discipline sportive thaïlandaise du muay-thai (*voir* pp. 158-165).

CARTE DE L'EUROPE

JEU D'INFLUENCES
Comme ce fut le cas sur bien d'autres continents, la scène martiale européenne a subi l'influence des vagues migratoires et des philosophies en provenance de l'Orient. L'Europe a aussi participé à ce brassage mondial en exportant certains styles de lutte à d'autres continents, où ils prospérèrent.

LÉGENDES

- **Ceux qui émigrent** aux États-Unis emmènent des éléments de la lutte et du pugilat et participent ainsi à la création d'écoles de lutte.
- **La pratique** des arts martiaux chinois se généralise en Europe.
- **Les arts martiaux japonais** gagnent toute l'Europe.
- **Routes commerciales** en Asie du Sud-Est. Essor des échanges culturels.
- **Commerce** avec l'Afrique. Les Européens découvrent les arts de lutte africains.
- **Les conquistadors** du XVIe siècle initient les Philippins à l'escrime.
- **Les premiers** styles de lutte grecque influencent l'Europe tout entière.

Bataireacht

SIGNIFICATION
« COMBAT DE BÂTON » EN GAÉLIQUE

DATE
XVIIe SIÈCLE

FONDATEUR
ANONYME

SOURCE
IRLANDE

Plus connu sous le nom de *bata*, le bataireacht est un art martial d'origine irlandaise, basé sur le combat au bâton. Le terme *bata* fait référence à l'arme originale, le bâton – un instrument semblable à un gourdin, généralement en chêne, prunellier ou frêne. Les origines de cette pratique restent obscures, même si certains évoquent une possible filiation avec les techniques de combat de guerriers irlandais armés de longues et courtes lances. Le bâton du bataireacht long, moyen ou court, est parfois doté d'un nœud en fer à son extrémité, afin de lester un peu plus la frappe.

Né de la nécessité

Couramment pratiqué par les Irlandais aux XVIIIe et XIXe siècles, après une loi anglaise du XVIIe siècle interdisant le port d'armes, le bataireacht, comme les arts de combat à la canne, entrèrent dans les mœurs.

Si les témoignages écrits détaillant les méthodes d'entraînement au combat sont rares, le système d'enseignement est aujourd'hui structuré.

> **UN COMBAT POUR L'HONNEUR**
Pour des générations d'Irlandais, le *bata* était synonyme de courage, de prouesse et de volonté de se battre pour défendre son honneur.

Back-hold écossais

SIGNIFICATION
LUTTE ÉCOSSAISE

DATE
VIIe ET VIIIe SIÈCLES

FONDATEUR
ANONYME

SOURCE
ÉCOSSE

Le back-hold écossais est un système de lutte ancestral, originaire d'Écosse, utilisé dit-on par le clan MacGregor, dont le célèbre Rob Roy. Les lutteurs s'affrontent en saisissant l'adversaire dans le dos, au niveau de la taille, main droite glissée sous le bras gauche de l'ennemi, menton calé au niveau de l'épaule opposée. Le combat est généralement jugé sur la meilleure des cinq chutes, le vainqueur étant celui qui réussit à projeter l'adversaire de façon à ce que n'importe quelle partie de son corps, à l'exception de ses pieds, entre au contact du sol.

FORMULE GAGNANTE
Un combat de back-hold écossais s'achève lorsqu'un des lutteurs réussit à projeter l'adversaire au sol.

Lutte du Lancashire

SIGNIFICATION
STYLE DE LUTTE
DATE
ART AUTOCHTONE
FONDATEUR
ANONYME
SOURCE
LANCASHIRE, ANGLETERRE

Cette forme de lutte particulièrement violente autorise tous les coups, à l'exception de la fracture des os. La lutte du Lancashire serait à l'origine du catch (*voir* ci-contre), mais aussi de la lutte professionnelle et amateur.

Ce style est probablement issu des combats organisés durant les 350 ans d'occupation romaine de la Grande-Bretagne. Pour les Romains, les hommes d'Albion étaient des rustres, peu respectueux des règles. Une des caractéristiques de cette forme de lutte tient au fait que les clouages (consistant pour le lutteur à maintenir l'adversaire plaqué au sol durant un temps donné) n'étaient pas considérés comme des techniques de finition performantes, car seul l'arbitre pouvait en juger. C'est ainsi que la soumission, imposée par la force, finit par devenir la règle.

Seule compte la victoire

Les rencontres n'avaient pour but que la victoire et le champion ne recevait aucune récompense. Le combat débutait par un face-à-face, où les lutteurs se tenaient à 50 cm l'un de l'autre, mains relâchées et bras repliés, dans une posture d'engagement typique de la lutte. L'assaut se concrétisait par de brèves saisies, des retournements et des empoignades. Une fois au sol, les lutteurs sans cesse en mouvement cherchaient à mettre en œuvre une prise, une clé ou un étranglement, en même temps que se succédaient prises au niveau de la taille et projections.

Le combat se poursuivait jusqu'à la soumission d'un lutteur. Cet affrontement ne durait jamais très longtemps et l'entraînement privilégiait surtout la forme physique et la mise en condition du pratiquant.

EXCLUSIVEMENT MASCULIN
Deux lutteurs engagés dans un tournoi de lutte du Lancashire, organisé dans le cadre du Lakeland Sports and Show de Grasmere.

Catch

SIGNIFICATION
DE « CATCH AS CATCH CAN »
DATE
XIXe SIÈCLE
FONDATEUR
ANONYME
SOURCE
ANGLETERRE

Le nom de cette discipline dérive d'une expression du Lancashire « *catch as catch can* » signifiant « tous les coups sont permis », contrairement à la lutte gréco-romaine, style populaire dans la Grande-Bretagne sous occupation romaine. Un catcheur remporte le combat suite à une soumission ou un clouage au sol de l'adversaire. Le vainqueur est généralement celui qui remporte deux manches sur trois.

D'illustres pratiquants

La discipline fut avant tout populaire dans le monde occidental et connut d'illustres pratiquants, comme Abraham Lincoln ou Teddy Roosevelt.

Cet art qui sous sa forme originale ne comptait ni frappes, ni coups de pied, influença probablement les styles d'arts martiaux mixtes, tels que nous les connaissons aujourd'hui. Les combats de lutte libre organisés tout au long du XXe siècle (notamment dans les années 1920) contribuèrent à bâtir la légende du catch, à travers le choc culturel que représentait l'affrontement de judokas japonais et de lutteurs américains. La pratique joua également un rôle déterminant dans l'évolution des arts martiaux mixtes (*voir* pp. 318-327) pratiqués en compétition à l'échelle internationale.

EN ROUTE POUR LA VICTOIRE
Le lutteur de droite s'apprête à remporter le combat après avoir exécuté un parfait double ceinturage de l'adversaire.

Lutte de Cornouailles

SIGNIFICATION
STYLE DE LUTTE
DATE
DÉBUT DU XVe SIÈCLE
FONDATEUR
ANONYME
SOURCE
CORNOUAILLES, ANGLETERRE

Assez proche du judo (*voir* pp. 234-235) la lutte de Cornouailles avait pour objectif de projeter et de plaquer l'adversaire au sol, sur le dos. Cette discipline sportive fut particulièrement pratiquée en Cornouailles, où cet art portait le nom de « wrasslin » dans le dialecte local.

Fondée en 1923, l'Association de la lutte de Cornouailles uniformisa les règles de la discipline, interdisant notamment la prise ou la fracture des doigts, mais aussi les prises de jambes de l'adversaire ou de n'importe quelle autre partie du corps en dessous de la taille. La technique gagnante classique se traduit par une projection à quatre points de clouage – où le lutteur projette l'adversaire, de façon à ce que ses épaules et ses fesses entrent au contact du sol.

Des rencontres sont encore organisées lors de fêtes locales, dans le sud-est de l'Angleterre et dans certains pays européens, sous la forme de tournois de démonstration. La plus célèbre de ces manifestations se déroule chaque année dans le cadre du Royal Cornwall Agricultural Show.

Une des curiosités de ce système tient au serment en dialecte de Cornouailles prêté par les lutteurs avant le combat.

PRISE CLASSIQUE
Cette gravure met en scène deux lutteurs de Cornouailles exécutant une « clé intérieure » ou prise « click ».

> « SUR MON HONNEUR ET L'HONNEUR DE MON PAYS JE FAIS LE SERMENT DE LUTTER SANS TRICHERIE NI BRUTALITÉ. »
>
> EXTRAIT DE SERMENT PRONONCÉ PAR LES LUTTEURS DE CORNOUAILLES AVANT UN COMBAT

Quarterstaff

SIGNIFICATION
ART DE COMBAT AU BÂTON ANGLAIS
DATE
XVIe SIÈCLE
FONDATEUR
ANONYME
SOURCE
ANGLETERRE

Cet art de combat anglais traditionnel fait appel à une arme connue sous le nom de « quarterstaff » ou bâton de bois dur, parfois renforcé d'une pointe métallique. Il est probable que le nom de la discipline fasse référence à la façon dont était maintenue l'arme au combat, la main droite au centre du bâton, la main gauche au quart de la longueur, à partir de l'extrémité. L'hypothèse la plus probable concernant cette appellation renvoie au combat sans épée ni couteau. En anglais médiéval, le terme *quarter* – signifiant « offrir sa clémence » – faisait référence au pardon offert à l'ennemi qui ainsi échappait à la mort et au choix du bâton, plutôt que de l'épée, pour répondre à l'outrage. Ce bâton en chêne, en noisetier ou en frêne mesurait entre 1,8 et 2,7 m de long. Son maniement faisait appel à des mouvements de balancier ou en arc de cercle, mais aussi à des piques.

Polyvalence et adaptabilité

Une fois la technique maîtrisée, les pratiquants étaient à même d'exploiter toutes sortes d'armes improvisées, en attaque, comme en défense, adaptant les tactiques apprises pour s'assurer la victoire au combat. Célèbre pour avoir l'arme et la technique de combat favorite de Petit Jean, un des compagnons du légendaire Robin des Bois, le quarterstaff fut adapté et enseigné à la fin du XIXe siècle, à l'académie militaire d'Aldershot. Sa pratique perdura une partie du XXe siècle, sous une forme simplifiée, enseignée aux jeunes boys scouts britanniques.

SUCCÈS DU PETIT ÉCRAN
Le plus célèbre pratiquant de quarterstaff, Petit Jean était un des compagnons de Robin des Bois, ici interprété par Clive Mantle (à gauche) pour une série télévisée produite en 1986 par la BBC, *Robin de Sherwood*.

L'ÂME DU BARTITSU
Les efforts de nombreux enseignants ont participé à maintenir vivace la pratique du bartitsu.

Bartitsu

SIGNIFICATION
CONTRACTION ET ASSOCIATION DE BARTON-WRIGHT ET JU-JUTSU
DATE
1898
FONDATEUR
E. W. BARTON-WRIGHT
SOURCE
ANGLETERRE

Art martial anglais fondé par Edward William Barton-Wright, le bartitsu fut baptisé d'après le nom de son fondateur et le terme ju-jutsu (*voir* pp. 216-217). Barton-Wright avait été initié au ju-jutsu lors d'un séjour au Japon. En 1898, de retour en Angleterre, il codifia son système et décrivait cette nouvelle science d'autodéfense en ces termes : « Le bartitsu intègre non seulement de la boxe, mais aussi l'utilisation d'un bâton, des pieds et d'un style compliqué de lutte japonaise où le poids et la force jouent un rôle mineur ».

Un succès immédiat

Cet art séduit rapidement le public avide de tout ce qui touchait à l'Orient. Le bartitsu sut aussi répondre aux attentes de ces classes moyennes et aisées sédentaires qui, au tournant d'un siècle marqué par la révolution industrielle, s'étaient prises de passion pour un nouveau loisir, la culture physique. Par ailleurs, la presse populaire semblait avoir trouvé un nouveau sujet d'inspiration dans la violence urbaine. Les journaux de l'époque ne manquèrent pas de remarquer que faits-divers, guerres et crimes avaient pour effet de doper les ventes, mais ces articles participaient aussi à propager la peur dans une population persuadée qu'une épidémie de violence était en train de gagner les rues de la vieille Angleterre.

EDWARD WILLIAM BARTON-WRIGHT

Edward William Barton-Wright mena une vie aventureuse pleine de rebondissements. Né en 1860, en Inde, d'une mère écossaise et d'un père issu du nord de l'Angleterre, il passa la plus grande partie de sa jeunesse à suivre son père, ingénieur des chemins de fer, au gré de ses affectations à travers le monde. Lors d'un séjour au Japon, Edward William Barton-Wright s'initia au ju-jutsu et apprit probablement le judo, sous l'autorité de Kano Jigoro – fondateur de la discipline – avant son retour en Angleterre. C'est là qu'il codifia son art, le bartitsu, en 1898.

Defendu

SIGNIFICATION
STYLE DE COMBAT À MAINS NUES
DATE
1926
FONDATEUR
WILLIAM E. FAIRBAIRN
SOURCE
ANGLETERRE

Ce système de combat rapproché et au corps à corps est considéré comme une méthode mise au point pour clore rapidement un affrontement physique. L'Anglais William E. Fairbairn s'inspira largement du judo (*voir* pp. 234-235) auquel il s'était initié à la célèbre école Kodokan de Tokyo et intégra à son art de nombreuses techniques de ju-jutso (*voir* pp. 216-217) et d'arts martiaux chinois. Il y ajouta des techniques de combat rapproché, apprises alors qu'il était en poste au sein de la police municipale de Shanghai, en Chine.

L'évolution du defendu

En 1926, Fairbairn publia un ouvrage sur le defendu, plus tard remodelé et amélioré pour donner naissance au système baptisé « close quarter combat ». Cet art qu'il enseigna aux forces alliées durant la Seconde Guerre mondiale délaissait techniques de contrôle et prises au profit des techniques létales, destinées à clore un affrontement sans délai.

Jieishudan

SIGNIFICATION
« MESURES POUR SE DÉFENDRE SEUL » EN JAPONAIS
DATE
DÉBUT DES ANNÉES 1980
FONDATEUR
IAN ZEFF
SOURCE
ANGLETERRE

Cet art martial hybride né au Royaume-Uni associe boxe, lutte et combat au sol. Développée au début des années 1980, cette discipline est enseignée par une association à but non lucratif, œuvrant dans les centres de jeunesse, auprès d'adolescents.

En cours de développement

Ce système en constante évolution n'intègre aucun kata (formes ou séquences d'enchaînements codifiés) et n'exige aucune tenue particulière. L'entraînement à deux est encouragé, au même titre que le travail au sac de boxe et les exercices physiques. L'enseignement s'intéresse à quelques techniques de défense face à un agresseur armé d'un couteau, d'un bâton ou d'une arme improvisée. La progression est sanctionnée par un système de classification. Un combat débute traditionnellement par un coup de pied, suivi de frappes de poing, avant l'engagement de la lutte au sol.

Warrior wing-chun

SIGNIFICATION
STYLE GUERRIER DE WING-CHUN
DATE
ANNÉES 1990
FONDATEUR
ADRIAN RHODES
SOURCE
ANGLETERRE

DIRECT ET EFFICACE
Ce pratiquant de warrior wing-chun exécute une technique de pique du doigt, connue sous le nom de *biu jee*.

Art martial hybride, inspiré du wing-chun (*voir* p. 122), le style intègre nombre de clés, saisies et techniques de contrôle, de désarmement et de tactiques psychologiques visant à offrir et à améliorer la capacité du pratiquant à gérer sa peur lors d'un combat.

> « CONNAIS-TOI TOI-MÊME ET CONNAIS TON ADVERSAIRE, LA VICTOIRE TE SERA TOUJOURS ACQUISE. »
>
> PROVERBE CHINOIS

Ajouts multiples

Le créateur du système, Adrian Rhodes, ajouta des techniques de boxe et des méthodes d'asservissement non létales au caractère direct et efficace des principes du wing-chun traditionnel. Son travail de portier, dans le nord de l'Angleterre, lui donna l'occasion de mettre en application son nouveau système.

Les combats d'entraînement entre pratiquants se déroulent généralement sur un ring de boxe. Le système est réputé pour ses prises d'étranglement conduisant souvent à une perte de connaissance. La « prise japonaise » est une technique d'étranglement hybride, extrêmement difficile à contrer, conduisant le plus souvent à l'arrêt de l'affrontement.

Jogo do pau

SIGNIFICATION
« JEU DE BÂTON » EN PORTUGAIS

DATE
VERS LE XVe SIÈCLE

FONDATEUR
ANONYME

SOURCE
PORTUGAL

Cet art de combat au bâton portugais, initialement pratiqué dans les régions du nord du pays servait probablement à arbitrer les questions d'honneur entre familles ou villageois. Certains suggèrent que le jogo do pau trouverait son origine dans un art martial indien, mais l'hypothèse la plus sérieuse fait référence à une forme de combat populaire entre jeunes hommes, armés de bâtons et de cannes. De sources sûres, des groupes de rebelles portugais firent appel à cette forme d'art pour combattre les troupes de Napoléon. L'avènement des armes à feu sonna le glas du jogo do pau, même si la pratique semble renaître dans certaines régions du Portugal, sous la forme d'une discipline sportive.

▲ UN ART AUTOCHTONE
Pratiquants de jogo di pau de la ville de Fafe, au nord du Portugal. Cet art de bâton serait originaire de cette région.

Zipota

SIGNIFICATION
« CHAUSSURE » EN BASQUE

DATE
ART AUTOCHTONE

FONDATEUR
ANONYME

SOURCE
PAYS BASQUE ESPAGNOL ET FRANÇAIS

Cet art de combat basque confidentiel, aux origines contestées, était probablement proche de la savate ou boxe française (*voir* p. 270), sport de combat auquel avaient été intégrées des techniques de bâton, en l'occurrence, une canne de marche basque. Son nom fait sans doute référence au terme basque désignant une chaussure. Si les témoignages écrits à son sujet sont rares, on pense que la zipota intégrait techniques de saut et de coups de pied, projections et coups de poing, comme dans la savate.

Lutta corsa

SIGNIFICATION
« LUTTE CORSE » EN CORSE

DATE
ART AUTOCHTONE

FONDATEUR
ANONYME

SOURCE
CORSE

Cet art de combat libre, probablement inspiré de la lutte grecque ou pancrace (*voir* p. 276) était traditionnellement pratiqué par les bergers corses. On sait peu de choses des origines exactes de cette pratique, mais la discipline sportive à laquelle elle a donné naissance aurait été inspirée d'un système mêlant projections, coups de pied, étranglements et coups de poing, lors de combats organisés ou visant à rétablir droit et honneur bafoués.

▼ SOUS LES YEUX DU PUBLIC
L'art du juego del palo, plusieurs fois centenaire, est toujours pratiqué dans les îles Canaries, lors de fêtes nationales ou de manifestations estivales.

Juego del palo

SIGNIFICATION
« JEU DE BÂTON » EN ESPAGNOL

DATE
ART AUTOCHTONE

FONDATEUR
ANONYME

SOURCE
ÎLES CANARIES

Les origines de cet art de combat au bâton des îles Canaries remontent aux Guanches, premiers habitants de ces îles, avant l'arrivée des Espagnols, au début du xve siècle.

Lorsqu'ils s'entraînent au combat, les pratiquants frappent et dévient les coups vigoureux de l'adversaire, en maintenant de façon assez lâche leur bâton, de façon à limiter la probabilité de blessures.

Outils du commerce

Les bâtons sont confectionnés à partir d'essences répandues sur les îles, comme le bois d'amandier, d'eucalyptus ou de sabine. Le bâton se décline en deux tailles, long ou court. Pour la compétition, on distingue trois longueurs, *chico* ou court, soit la longueur d'une canne de marche, *medio* ou moyen, pour un bâton qui maintenu à la verticale arrive à hauteur du cœur du pratiquant, *grande* ou long, pour un bâton susceptible de mesurer près de 4 m de long.

▲ SANS ESPOIR
Le lutteur de gauche exécute une manœuvre qui met son adversaire en difficulté, lors d'un combat de lutte canarienne.

Lucha Canaria

SIGNIFICATION
« LUTTE CANARIENNE » EN ESPAGNOL
DATE
ART AUTOCHTONE
FONDATEUR
ANONYME
SOURCE
ÎLES CANARIES

Forme de lutte héritée des Guanches, premiers habitants des îles Canaries, avant l'arrivée des Espagnols, la lutte canarienne est mentionnée dans un essai de 1420, rédigé par Álvar Garcia de Santa María. En 1872, cette discipline sportive fait l'objet d'une réglementation officielle et certaines des techniques originales se retrouvent encore aujourd'hui dans la pratique.

Les rencontres se déroulent au sein d'un cercle de combat recouvert de sable. L'objectif vise à projeter l'adversaire et à marquer un point lorsqu'une partie de son corps, à l'exception des pieds, entre au contact du sol. Le premier lutteur qui totalise deux points est déclaré vainqueur de la rencontre. Les différentes techniques de projection portent le nom de *manas*.

L'esprit du jeu

Esprit sportif, condition physique et respect d'autrui gouvernent ce sport où les coups de poing, les frappes et les strangulations sont interdits. Les lutteurs portent une tenue de toile résistante, déclinée sous la forme d'une chemise à manches courtes et d'un short retroussé ou *calzon*. La lutte canarienne ne distingue pas de catégories de poids et les combats durent environ 90 à 120 secondes. Les équipes se composent généralement de 12 membres. Ce sport est toujours pratiqué aux Canaries, comme loisir ou lors de démonstrations, à l'occasion de fêtes nationales.

La scuola della spada italiana

SIGNIFICATION
« L'ÉCOLE DE L'ESCRIME ITALIENNE » EN ITALIEN
DATE
DÉBUT DU XVe SIÈCLE
FONDATEUR
ANONYME
SOURCE
ITALIE

L'école de l'escrime italienne, populaire du XVe au XIXe siècle, connaîtra de nombreux changements au fil d'une histoire mouvementée. À l'origine de la fondation de nombreux autres systèmes d'escrime européens, l'école italienne est mentionnée en 1409, par le maître d'armes Fiore Dei Liberi, même si cet art semble avoir des racines encore plus anciennes. Le système original incluait l'utilisation de la dague, de la lance, de l'épée longue, de l'épée courte et de la hache, ainsi que des techniques de combat à main nues et de lutte.

▲ DE L'ANCIEN AU MODERNE
Les armes et les raisons de les utiliser ont évolué au fil des siècles, mais nombre des techniques et traditions de l'école de l'escrime italienne restent à ce jour encore d'actualité.

Les premières traductions anglaises des manuels d'entraînement à l'escrime italienne remontent aux années 1590. Les quatre positions de garde distinctives décrites à l'époque, *prima*, *seconda*, *terza* et *quarta*, sont encore utilisées. L'organisme fédérateur ou Accademia Nazionale (« académie nationale ») délivre les titres de maître aux pratiquants se conformant aux règles de l'art.

> « PERSONNE NE POSSÈDE UN CŒUR PLUS ARDENT QUE MOI, LE LION, ET JE DÉFIE QUICONQUE AU COMBAT. »
>
> FIORE DEI LIBERI, EXTRAIT DE SON RECUEIL *FLOS DUELLATORUM*

Liu-bo

SIGNIFICATION
DE *LIU* EN RÉFÉRENCE AUX SICULI (ANCIENS HABITANTS DE SICILE ORIENTALE) ET DE *BO*, BÂTON EN JAPONAIS
DATE
ART AUTOCHTONE
FONDATEUR
ANONYME
SOURCE
SICILE, ITALIE

Le liu-bo est un art de combat au bâton italien, originaire de Sicile. Il se transmettait de génération en génération, dans les familles de bergers. Aujourd'hui officiellement reconnu comme discipline sportive en Italie, le liu-bo a vu ses règles codifiées par le Centro Sportivo Educativo Nazionale (CSEN). Les frappes qui pouvaient autrefois cibler toutes les parties du corps se limitent aujourd'hui à des piques au niveau de la poitrine de l'adversaire. En compétition, une touche régulière des jambes, des bras, de la poitrine ou des épaules de l'adversaire

▲ ENSEIGNEMENT DU LIU-BO
Démonstration de techniques du liu-bo dans un centre de loisirs de Lignano Sabbia d'Oro, au nord-est de l'Italie.

rapporte un point, mais un comportement non sportif, comme des insultes ou des cris à l'encontre de l'adversaire, est sanctionné par le retrait d'un point. Une frappe ciblant la région de l'aine entraîne une disqualification immédiate. Les rencontres se déroulent sur une aire de combat de 8 x 8 m, protégée par un périmètre de sécurité de 2 m de large.

Boxe

SIGNIFICATION
SPORT DE COMBAT

DATE
INCONNUE

FONDATEUR
ANONYME

SOURCE
EUROPE OCCIDENTALE

La boxe ou pugilat est un sport de combat populaire en Occident, probablement issu de l'art grec du pancrace (*voir* p. 276), reconnu sport olympique dès 688 av. J.-C.

Les pratiquants s'affrontent à coups de poing, mettant en pratique une large variété de combinaisons et de techniques, jusqu'à la victoire finale, décidée après que l'un des boxeurs se retrouve et reste à terre durant un temps donné, en général 10 secondes. La victoire peut se décider sur K.-O. direct ou K.-O. technique, lorsque le combat est arrêté sur décision de l'arbitre ou d'un des membres de l'équipe du boxeur.

Racines ancestrales

Durant l'Antiquité, les Grecs, les Romains, les Minoens (1500 av. J.-C.), mais aussi les Égyptiens et les Berbères (3000 av. J.-C.) pratiquaient différentes formes de pugilat. Ces premiers combats n'étaient probablement pas divisés en manches et les boxeurs s'affrontaient toutes catégories de poids confondues. Les combattants enveloppaient traditionnellement leurs poings de bandelettes de cuir durci, afin de protéger mains et doigts des fractures et des luxations.

▲ **RACINES ANTIQUES**
Fresque du XVIe siècle av. J.-C., mise au jour sur l'île grecque de Santorin, mettant en scène deux jeunes garçons en train de se battre.

Deux formes distinctes de boxe firent leur apparition sous l'Empire romain. La première, influencée par les Grecs, privilégiait l'aspect « divertissant ». La seconde, réservée aux gladiateurs, donnait lieu à de féroces et violents combats – parfois mortels – où chacun des boxeurs cherchait la victoire, gage de liberté, de respect et d'argent.

La codification du sport

Au fil des ans, la boxe a évolué en différents styles et formes selon les pays, mais la boxe moderne dite anglaise s'est développée à Londres, à partir de ces combats de ring à poings nus, organisés dans le cadre de rencontres sportives dotées de prix. La première mention de ce type de tournois remonte à un article du *London Protestant Mercury* de 1681. Le terme de *boxe* est pour la première fois utilisé, en 1719.

En 1743, un futur champion, Jack Broughton, introduit un certain nombre de règles dans la discipline. C'est aussi vers cette époque que les moufles, première forme des gants de boxe, font leur apparition.

En 1838, la réglementation devient plus stricte, morsures, coups de tête et frappes au-dessous du niveau de la ceinture sont désormais sanctionnées.

En 1867, la codification se traduit par la rédaction de 16 règles, diffusées sous l'autorité du marquis de Queensberry. La boxe moderne, telle que nous la connaissons aujourd'hui, fait son apparition. Les combats doivent se dérouler dans un ring de 7,3 x 7,3 m, lors de rounds de 3 minutes, ponctués d'une période de repos d'une minute. Un boxeur à terre dispose de 10 secondes pour se relever et reprendre le combat.

Évolution et changements

L'introduction des gants de boxe marque un tournant dans l'évolution de la discipline. Les gants peuvent en effet servir d'armes défensives, ce qui implique le recours à des stratégies offensives plus complexes. Les boxeurs font appel à différentes tactiques, à base de feintes et de subterfuges, consistant entre autres à « rester dans les cordes » et à se laisser frapper, de façon à user l'adversaire, le temps de trouver une ouverture dans sa défense.

▼ **LE KING**
Mohammed Ali a envoyé Sonny Liston au tapis après un K.-O., lors du combat où il remettait en jeu son titre de champion du monde, en 1965.

> « FLOTTER COMME UN PAPILLON. PIQUER COMME UNE ABEILLE. VOS MAINS PEUVENT FRAPPER TOUT CE QUE VOIENT VOS YEUX. »
>
> MOHAMMED ALI

LE « UN UNE-DEUX »

1 De la position de garde classique, le boxeur lance un direct du gauche au visage de l'adversaire.

2 En une fraction de seconde, il revient en position de garde défensive.

3 Il abaisse son centre de gravité, tout en maintenant sa position de garde défensive le protégeant des coups de l'adversaire.

4 Tout en se redressant, il lance un puissant direct à mi-hauteur, conduisant l'adversaire à relâcher instinctivement sa garde.

5 Propulsé d'un saut en position debout, il délivre ce qu'il espère être un coup décisif, en lançant un crochet du gauche en direction de la mâchoire exposée de l'adversaire.

6 Il se replace en position de garde, et prépare la prochaine action.

LA BOXE AU CINÉMA

Sport dynamique par nature, la boxe a inspiré de nombreux films d'action hollywoodiens. Marlon Brando *(Sur les quais)*, Robert de Niro *(Raging Bull)*, Sylvester Stallone (*Rocky I* à *VI*), Will Smith *(Ali)* et Russell Crowe *(De l'ombre à la lumière)* ont tous interprété des rôles de boxeurs. En 2004, *Million Dollar Baby* remportait l'Oscar du meilleur film, du meilleur réalisateur (Clint Eastwood) et de la meilleure actrice (Hilary Swank).

Au combat, le boxeur se déplace d'avant en arrière, sur les côtés, par petits pas, prend son impulsion sur sa jambe arrière, frappe du poing en position ramassée, relève les mains, rentre les épaules, de façon à protéger visage et côtes, tout en cherchant à éviter un direct à la mâchoire. Le boxeur doit apprendre à exploiter à son avantage les principes de levier, la force de gravité et la vitesse.

Les armes du boxeur

Le direct est certainement la plus connue de toutes les techniques de boxe. Ce coup de poing vise à fragiliser la défense de l'adversaire et à juger de la distance, avant de délivrer une lourde frappe, souvent un crochet – coup de poing circulaire frappé de la main avant ou arrière – visant à anéantir l'adversaire. La combinaison la plus simple est celle du « un une-deux », un direct du gauche, suivi d'un direct du droit (*voir* ci-dessous, à gauche). Les cibles du boxeur incluent toutes les parties vulnérables du corps, comme le plexus solaire, les côtes, les reins, le foie, la mâchoire et le nez. Bien que la technique ne soit pas encouragée par le règlement, il n'est pas rare de voir un boxeur recourir à une projection de hanche, une clé de bras ou une manœuvre de lutte, afin de projeter l'adversaire au sol. Les enfoncements des yeux et les coups de poing dans le dos sont sanctionnés et qualifiés de comportement non-sportif, comme les coups de tête.

Préparation au combat

La course de fond reste la première des disciplines inscrites au programme d'un boxeur. Les professionnels peuvent courir de 160 à 240 km par semaine. La préparation comporte aussi l'entraînement intensif au combat réel, en full-contact, où le boxeur porte souvent des protections supplémentaires, notamment au niveau de la tête. À ces basiques s'ajoutent le saut à la corde qui favorise le jeu de jambes et le travail au sac de frappe.

Les exercices de « boxe dans le vide » représentent une étape déterminante de l'entraînement, comparables aux katas des arts martiaux orientaux, obligeant le boxeur à exécuter ses enchaînements en tentant de visualiser l'adversaire et de parfaire ses techniques.

TOUCHER LA CIBLE Lennox Lewis décoche un crochet du droit à Evander Holyfield lors du championnat du monde des poids lourds, en 1999.

EN COULISSES

BOXEUR PROFESSIONNEL

LE JEUNE DARREN BARKER, âgé de 25 ans, est l'un des boxeurs les plus prometteurs du Royaume-Uni. Après avoir débuté la boxe à l'âge de 13 ans, il atteint le sommet de sa carrière amateur avec une médaille d'or dans la catégorie poids mi-welter, contre le boxeur ougandais Mohammed Kayongo, en 2002, lors des Jeux du Commonwealth, à Manchester.

Sa victoire et sa médaille d'or propulseront Darren dans le monde de la boxe professionnelle. Le jeune espoir débute sa carrière en alignant une impressionnante série de succès (remportant 15 combats, dont 10 par K.-O.), dont une victoire décisive au point, face au vétéran Hussain Osman, décrochant le titre vacant de poids moyen du British Boxing Board of Control Souther Area. Darren est en pleine ascension, mais sa vie bascule lorsque son jeune frère Gary, boxeur prometteur qui avait toutes les chances de décrocher une médaille aux prochains Jeux olympiques, se tue dans un accident de la route. Darren passe neuf mois loin du ring, mais lors de son deuxième combat, après son retour, le boxeur réussit à battre l'Australien Ben Crompton, champion invaincu, et décroche après une victoire au point unanime la ceinture du titre vacant de poids moyen du Commonwealth.

« LA MORT DE MON FRÈRE L'ANNÉE DERNIÈRE A PROFONDÉMENT CHANGÉ MA FAÇON DE VOIR… ÊTRE DANS L'INSTANT. C'EST TOUT CE QUI COMPTE À PARTIR DE MAINTENANT. JUSQU'AU JOUR DU COMBAT. »

Darren est ici montré trois jours avant son combat où il tentera de défendre sa couronne de champion du Commonwealth, contre Steven Bendall

LA SALLE DE GYM

La salle d'entraînement de Darren est située à l'arrière des bâtiments d'un club de rugby du nord de Londres. Un ring, deux sacs de frappe, des poires de vitesse, des ballons double élastique… Un univers austère que Darren affectionne. « S'entraîner cinq jours par semaines dans la même salle, avec les mêmes personnes crée une véritable atmosphère. »

BOXE DANS LE VIDE

Darren clôture sa séance d'échauffement par deux ou trois minutes de « boxe dans le vide ». Comme les katas des arts martiaux orientaux, ces exercices l'aident à parfaire des enchaînements qu'il utilisera au combat et à visualiser son adversaire sur le ring. Il poursuit par une séance de deux à trois minutes, travaillant cette fois avec de légers haltères.

LA COURSE

En temps normal, Darren prend tous les jours dès 6 heures du matin le départ d'une course de fond de 40 minutes. Mais le grand soir approche et Darren limite ses efforts et l'intensité de son entraînement. Les derniers jours avant un combat, il s'applique à augmenter sa consommation d'aliments riches en glucides, de façon à ce que son organisme puisse produire l'énergie nécessaire tout au long du combat. Aujourd'hui, son travail avant la salle de gym débute par une série de 10 tractions, suivis de 10 minutes d'étirements légers et d'une course à faible allure de 15 minutes.

BANDAGE DES MAINS

De retour à la salle de gym, Tony Sims, l'entraîneur de Darren, enveloppe les mains et les poignets de son protégé de deux couches bandages de protection. Il sécurise les bandages à l'aide de ruban adhésif et vérifie que les doigts de Darren soient restés séparés. Les mains du boxeur sont précieuses.

ÉTIREMENTS

Darren entreprend une série d'étirements avant de débuter la séance d'entraînement. Les étirements renforcent la musculature, développent la souplesse, favorisent l'oxygénation des muscles et limitent les risques de blessures.

ENTRAÎNEMENT AU SAC DE FRAPPE

Sa séance d'échauffement terminée, Darren enfile ses gants d'entraînement et entame la phase la plus intensive de sa préparation. Il débute par 10 rounds de 10 minutes au sac de frappe, interrompus par 60 secondes de frappes aux pattes d'ours, afin d'affûter ses réflexes et de conditionner les fibres à contraction rapide de ses muscles. À cette séance font suite trois rounds de trois minutes de travail au ballon double élastique, un équipement conçu pour développer la vitesse, la précision et l'acuité du boxeur.

MISE EN FORME

Le saut à la corde aide Darren à faire travailler ses épaules, ses mollets et ses quadriceps. Il saute sur un tapis de caoutchouc afin de minimiser l'impact au niveau des pieds et des chevilles. À cette séance succède un travail au *medecine ball*, un classique des accessoires d'entraînement, utilisé au maintien et au renforcement musculaire. Darren exécute une série de 100 abdominaux, alors que son entraîneur martèle son estomac à l'aide de cette lourde balle. L'objectif de l'exercice est d'habituer le corps de Darren à la souffrance qu'il endurera durant le combat.

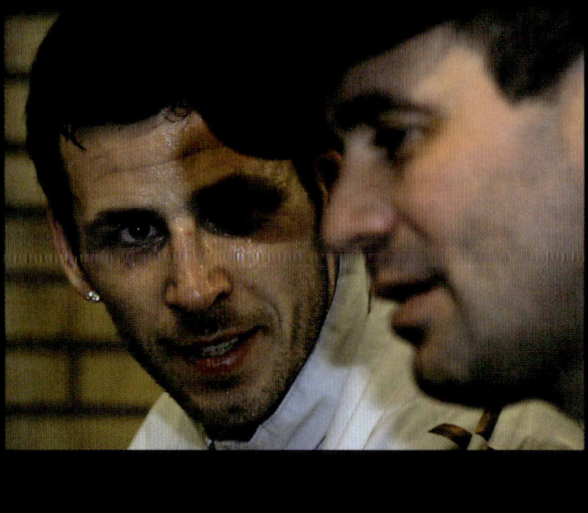

RAFRAÎCHISSEMENT

Darren se détend avec une série d'abdominaux et d'étirements. Son entraînement est terminé, il n'a rien de plus à faire à faire avant le combat et peut désormais prendre le temps de discuter d'autres choses que de boxe, avec son entraîneur, ses amis et son mentor, Tony. Après s'être réhydraté, avoir pris sa douche, Darren ira se reposer, avant le grand soir et le combat le plus important de sa carrière.

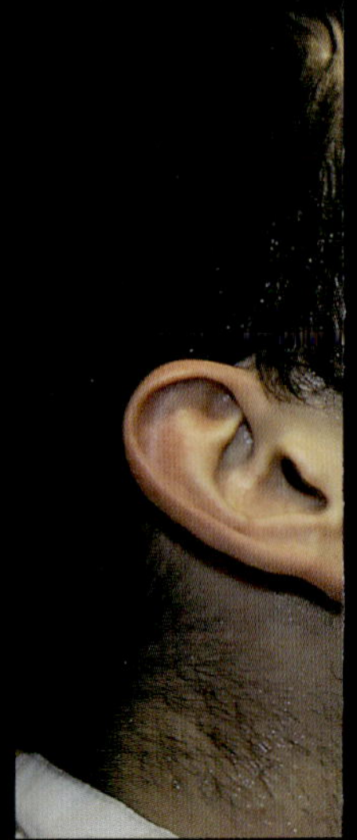

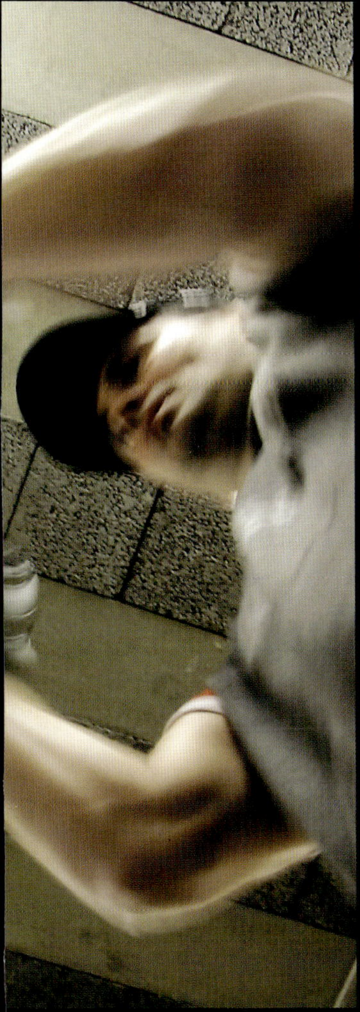

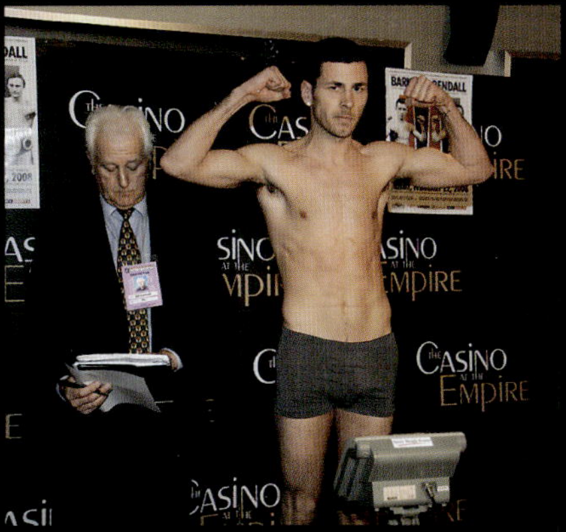

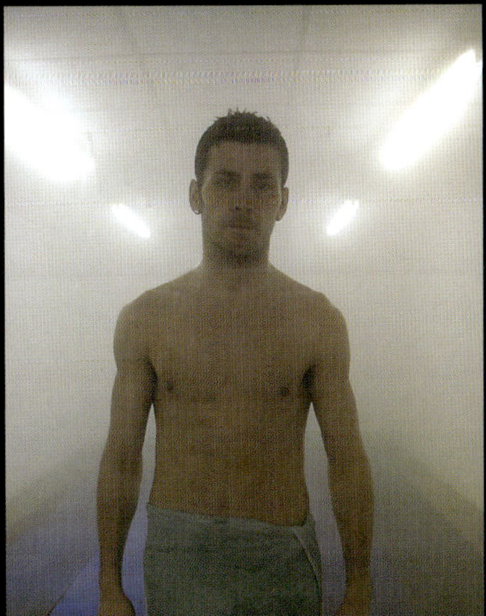

SÉANCE DE PESÉE

La veille du combat, Darren se présente à la séance de pesée officielle. Il monte sur la balance, 71,9 kg. Légèrement plus léger que son adversaire, il entre parfaitement dans sa catégorie de poids, dont la limite supérieure est fixée à 72,6 kg. Darren et Steven Bendall prennent la pose face aux photographes. Leur prochaine rencontre se déroulera sur le ring.

AMBIANCE AVANT LE COMBAT

Le combat de Darren contre Steven Bendall, programmé en 12 rounds de trois minutes, est l'attraction principale de cette soirée de boxe. Commentateurs sportifs et cameramen se pressent autour du ring, un bourdonnement s'élève de la foule. Ce combat très attendu sera retransmis en direct à la télévision, depuis le York Hall de Bethnal Green de Londres, un des hauts lieux de la boxe au Royaume-Uni, disposant d'une capacité d'accueil de 1200 places, affichant complet pour l'occasion.

LE COMBAT : DEUXIÈME PARTIE

Avec les mots d'encouragements de son soigneur résonnant encore à ses oreilles, Darren se lance et domine le début du combat, alors que son adversaire de 34 ans semble avoir perdu de sa précision et de sa vitesse. Darren enchaîne bien ses directs et décroche des frappes aussi puissantes que possible. Ce moment du combat semble donner raison aux parieurs ayant prédit une courte victoire de Darren en huit rounds.

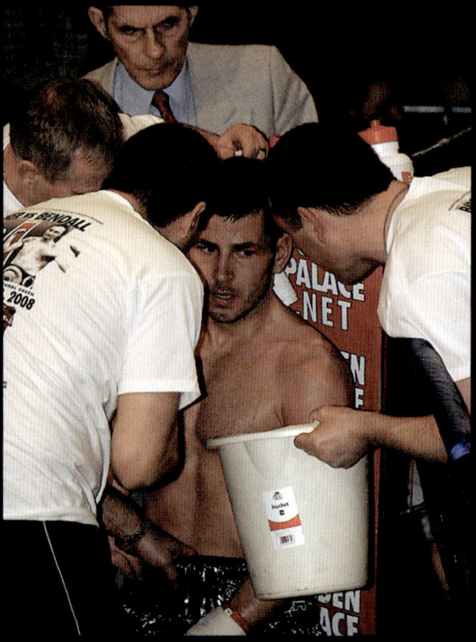

LE COMBAT : PREMIÈRE PARTIE

Darren réalise un début de combat impressionnant. Un gauche, suivi d'un droit, puis d'un crochet du gauche envoie Steven Bendall au tapis, après seulement 20 secondes d'affrontement dans le premier round. Bendall se relève, à huit secondes du décompte de l'arbitre. À la fin du troisième round, Darren semble gagner au poing, mais son coach lui demande de ne pas oublier de rester concentré et de poursuivre son travail.

LA VICTOIRE
Au milieu du septième round, l'arbitre demande une pause, le temps d'inspecter une coupure au niveau de l'arcade sourcilière droite de Bendall, suite à un choc frontal entre les deux boxeurs. Le combat reprend, pour 30 secondes à peine, avant que l'arbitre décide de l'arrêt du combat. C'est officiel, Darren a défendu son titre de champion du Commonwealth, sur K.-O. technique.

« JE N'AI JAMAIS SOUS-ESTIMÉ STEVE BENDALL. C'EST UN ADVERSAIRE DE QUALITÉ. L'IMPORTANT ÉTAIT DE BOXER AVEC ÉLÉGANCE. C'EST UNE BELLE PERFORMANCE À CE STADE DE MA CARRIÈRE. »

DARREN BARKER, PROPOS D'APRÈS COMBAT

Joute équestre

SIGNIFICATION
« JOUTER » EN ANCIEN FRANÇAIS

DATE
XVIIe SIÈCLE

FONDATEUR
GEOFFROY DE PREUILLY

SOURCE
FRANCE

La joute équestre est un sport médiéval conçu pour entraîner les chevaliers au métier des armes. Elle était à l'origine pratiquée à l'aide de trois armes différentes : la lance, la hache d'armes et la dague ou l'épée. Les premières mentions de la joute équestre en tant que discipline sportive remontent à 1066, mais il fallut attendre le XIIIe siècle pour que la pratique connaisse une réelle popularité, avant son lent déclin, aux XVIIe et XVIIIe siècles.

La joute de compétition

À l'origine, des compétitions de joutes équestres sont organisées à travers l'Europe et donnent lieu à la remise de prix importants, mais sont aussi sources de nombreuses blessures. L'objectif du jouteur était de désarçonner ou de briser le plus possible de lances sur l'armure de l'adversaire. En guise de montures, les chevaliers s'appliquaient à choisir des chevaux agiles, de taille moyenne ou de puissantes et lourdes bêtes, adaptées aux champs de bataille. Le harnachement du cheval était formé d'un caparaçon qui lui recouvrait le cou, d'une selle à haut dossier assurant un maintien plus sûr du cavalier, ainsi que de différentes pièces d'armure souvent rehaussées d'ornements.

Les armures des chevaliers étaient interchangeables, de façon à autoriser un changement rapide lorsqu'une pièce se trouvait endommagée après un engagement. Les plastrons fixés à l'armure, destinés à recevoir les coups de lance, étaient des pièces de métal plus lourd et résistant. Le casque ou « grand heaume » – solide pièce d'un seul tenant enveloppant la tête – était percé d'une simple et fine fente pour la vue. Les lances confectionnées en bois de chêne étaient souvent rayées ou ornées des armoiries du chevalier.

La joute équestre moderne

La joute équestre reste une discipline populaire à travers le monde. L'Association internationale de joute sportive édicte les règlements et veille à l'organisation de compétitions, en toute sécurité.

> « Y A-T-IL PARMI VOUS QUELQUE GENTILHOMME QUI VEUILLE, POUR L'AMOUR DE SA DAME, ESSAYER UN FAIT D'ARMES ? ME VOICI TOUT PRÊT ET ARMÉ. »
>
> GAUVAIN MICAILLE DÉFIANT LES SOLDATS ANGLAIS LORS DE LA GUERRE DE CENT ANS.

COEUR DE CIBLE
Un jouteur vient de frapper de sa lance le bouclier de son adversaire lors d'une démonstration de joute équestre moderne.

TOURNOIS MÉDIÉVAUX

Avant le XVIIe siècle, les tournois se présentaient sous trois formes différentes. La « mêlée », populaire aux XIIe et XIIIe siècles, invitait les participants à se rassembler et à s'affronter, jusqu'à ce qu'il ne reste plus qu'un chevalier en selle. La « joute individuelle » opposait deux chevaliers s'élançant l'un vers l'autre, lance à la main, en vue de désarçonner l'adversaire. Le « parcours » relevait des jeux équestres et incitait les participants armés de lances à toucher des cibles précises, comme des mannequins de bois ou des anneaux.

Kinomichi

SIGNIFICATION
« LA VOIE DU SOUFFLE » EN JAPONAIS

DATE
1979

FONDATEUR
MASAMICHI NORO

SOURCE
FRANCE

Ce système de lutte français, probablement inspiré de l'aikido (*voir* pp. 238-239), fut créé à Paris, en 1979, par Masamichi Noro, disciple du fondateur de l'aikido, Morihei Ueshiba. L'art privilégie l'ordre naturel, la circulation du qi, mais aussi les liens qui unissent l'homme, les cieux et la terre. Le but ultime étant de prendre conscience et de parvenir à une paix harmonieuse à travers la pratique codifiée du combat.

Bâton français

SIGNIFICATION
ART DE COMBAT AU BÂTON

DATE
DÉBUT DU XIXe SIÈCLE

FONDATEUR
ANONYME

SOURCE
FRANCE

Le bâton français, également connu sous le nom de bâton de combat français, est une discipline d'escrime historique faisant appel à un bâton de 1,2 m de long. Cet art aux origines obscures présente des techniques semblables à celles d'autres systèmes de combat au bâton, comme jogo do pau, juego del palo (*voir* p. 254), quarterstaff (*voir* p. 252) et arts de combat à l'épée longue. Codifiée au début du XIXe siècle, la discipline est encore pratiquée à l'entraînement par de nombreux boxeurs de savate (*voir* p. 270).

Gouren

SIGNIFICATION
« LUTTE » EN BRETON

DATE
IVe SIÈCLE

FONDATEUR
ANONYME

SOURCE
BRETAGNE, FRANCE

Le gouren est une forme de lutte à pieds nus qui vit le jour en Bretagne, au IVe siècle. Cet art aurait été pratiqué pour entretenir l'esprit chevaleresque des hommes nobles, particulièrement des Bretons, groupe ethnique originaire de Grande-Bretagne qui s'implanta en Bretagne. Populaire, jusqu'au début du XXe siècle, le gouren perdit de son prestige à l'avènement de nouvelles disciplines sportives, comme le football et le cyclisme.

Retour en grâce

Le regain d'intérêt manifesté par le public pour les arts martiaux traditionnels européens, a participé à l'éclosion de fédération de gouren dans toute l'Europe et à la tenue de championnats, organisés tous les deux ans. Les tournois se déroulent souvent dans le cadre de manifestations mêlant danse et musique traditionnelles. Les lutteurs portent une chemise blanche *(roched)* et un pantalon noir *(bragoù)*, ceinturé à la taille. Chaque lutteur prononce un serment avant le combat. La victoire revient à celui qui réussit à projeter l'adversaire au sol

▲ VICTOIRE ACQUISE
Démonstration de gouren, en Bretagne. L'objectif est de projeter l'adversaire, avant de le plaquer au sol sur le dos.

« EN TÉMOIGNAGE DE MA SINCÉRITÉ ET SUIVANT LES COUTUMES DE MES ANCÊTRES, JE TENDS MES MAINS À MON ADVERSAIRE. »

EXTRAIT DU SERMENT PRONONCÉ PAR LES LUTTEURS DE GOUREN AVANT LE COMBAT

ARMES ET ARMURES

LA JOUTE MÉDIÉVALE

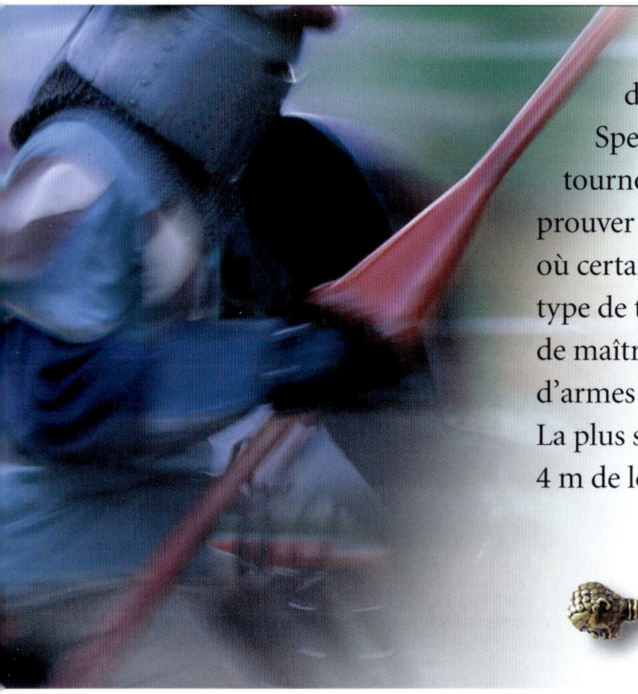

JOUTES ET TOURNOIS occupaient une place essentielle dans la vie sociale et militaire des chevaliers du Moyen Âge. Spectacles hauts en couleur, mêlant chants, danses et fêtes, les tournois et les joutes offraient aux chevaliers l'occasion de prouver leur valeur à travers des affrontements souvent violents où certains perdaient à jamais leur réputation. Quel que soit le type de tournois dans lequel il s'engageait, le chevalier se devait de maîtriser le maniement de différentes armes. Épées, masses d'armes et armes d'hast étaient réservées au combat rapproché. La plus symbolique des armes restait la lance de bois de près de 4 m de long, utilisée pour désarçonner l'adversaire.

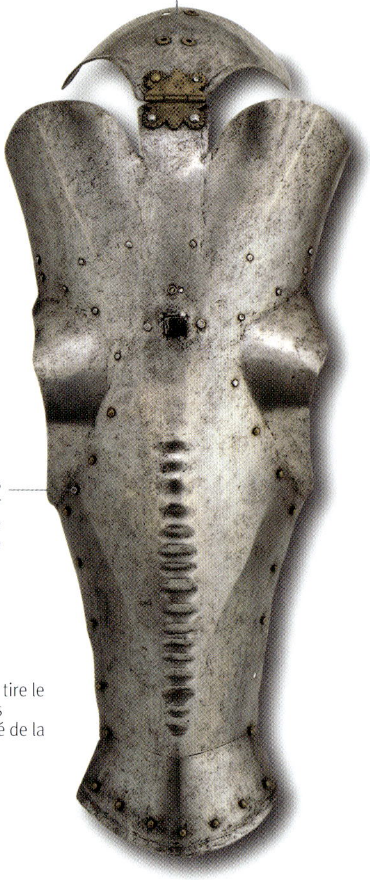

▲ CHANFREIN
Pièce d'armure du cheval, le chanfrein présentait la forme d'un masque de fer, de cuivre ou de laiton, placé sur la tête du cheval. Le masque était parfois conçu de façon à limiter la vision de l'animal, susceptible d'être perturbé par l'approche de la lance de l'adversaire.

▲ FAUCHON
Associant le poids et la puissance d'une hache à la maniabilité d'une épée, le fauchon présentait une lame légèrement courbe et à un seul tranchant. L'arme se tenait à une main et servait à tailler.

▼ ÉPÉE LARGE
Populaire tout au long des XVIe et XVIIe siècles, l'épée large à lame droite et à double tranchant était maintenue d'une main, à la fois pour les coups de taille et d'estoc.

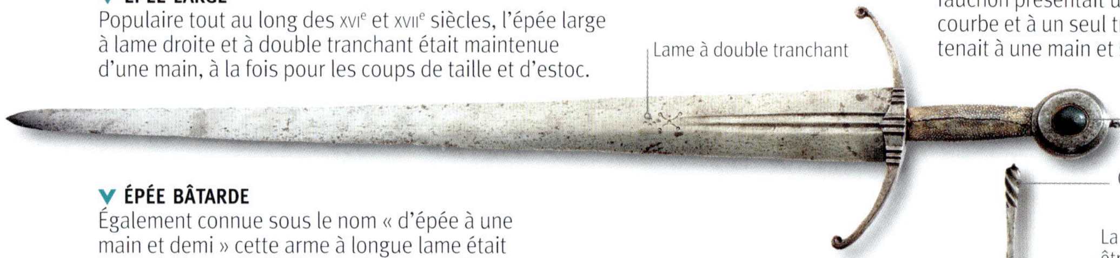

▼ ÉPÉE BÂTARDE
Également connue sous le nom « d'épée à une main et demi » cette arme à longue lame était essentiellement utilisée pour les coups d'estoc.

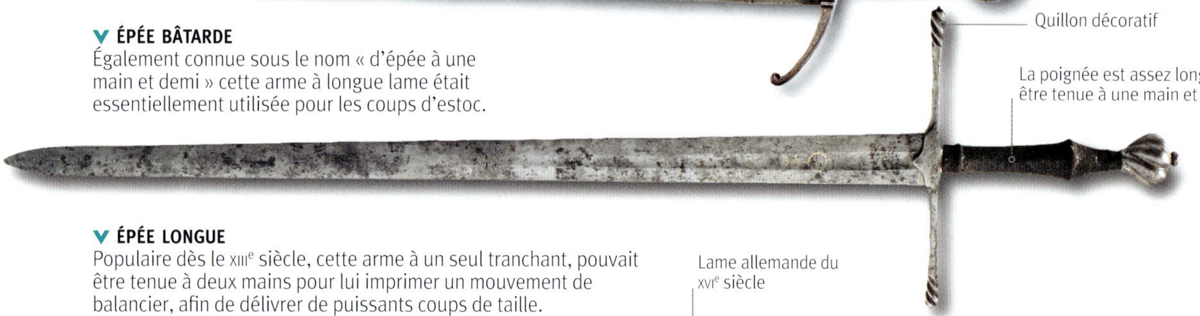

▼ ÉPÉE LONGUE
Populaire dès le XIIIe siècle, cette arme à un seul tranchant, pouvait être tenue à deux mains pour lui imprimer un mouvement de balancier, afin de délivrer de puissants coups de taille.

▼ LANCE DE JOUTE
Cette arme susceptible d'atteindre près de 4 m de long était la version adaptée du modèle de lance guerrière utilisé au cours des siècles passés. Sa pointe était émoussée et le fût conçu pour se briser à l'impact.

▶ ARME D'HAST
Utilisée pour frapper la tête de l'adversaire cette arme dérivée de la hache présentait un solide marteau à l'arrière de la lame, conçu pour fracasser les armures.

Parkour

SIGNIFICATION
COURSE D'OBSTACLES

DATE
MILIEU DES ANNÉES 1990

FONDATEUR
DAVID BELLE

SOURCE
FRANCE

Fondé vers le milieu des années 1990, par le Français David Bell, le parkour se concentre sur l'union du corps et du mental afin de franchir des obstacles. Son fondateur avait remarqué que, confronté à l'hostilité, l'homme réagit de trois façons différentes : le discours, le combat ou la fuite. Dans leur grande majorité, les arts martiaux ne présentent pas de techniques visant à développer l'habileté à fuir. Le parkour répond à ce manque

DAVID BELLE

Né en 1973, à Fécamp, David Belle montre très tôt de réels talents de gymnaste et commence à s'entraîner avec un groupe d'amis, dont Sébastien Foucan, futur fondateur du freerun et cofondateur du « parkour ». David Belle rejoint par la suite la brigade des Pompiers de Paris, avant d'intégrer les Troupes de marine. La vie militaire ne réussit pas à séduire ce sportif passionné par l'aventure et épris de liberté. En 1997, il fait campagne pour sa discipline et réalise un documentaire sur le parkour avant d'entamer une carrière cinématographique qui le conduit à travailler sous la direction de Luc Besson, dans *Banlieue 13*.

Origines militaires

Le terme « parcours » fait référence à la course d'obstacles, entraînement obligé du soldat lors de sa formation. C'est ainsi que le mot « parkour » s'imposa au fondateur de la discipline. Le parkour a, depuis, su séduire la jeunesse européenne. L'entraînement comprend sauts, réceptions, roulades, absorption de la force, mais aussi exploitation de l'élan et de la vitesse pour accomplir de spectaculaires mouvements. Les pratiquants ou « traceurs » exécutent d'impressionnantes rotations à 360 ou 180°, comme le demi-tour, le passe-muraille ou le passement. Les techniques de franchissement impliquent un mouvement fluide. Le traceur s'élance par-dessus l'obstacle, corps à l'horizontale, prenant appui sur les mains, avant de projeter et de regrouper ses jambes, de façon à se réceptionner à la verticale de l'autre côté, en toute sécurité.

EN PLEIN CIEL
Aucune limite, aucune crainte. Ce traceur exécute un impressionnant saut périlleux arrière, sur le toit de la School of Economics à Londres.

FRANCHIR LES OBSTACLES
Un « traceur » ou pratiquant de parkour en pleine action, dans les rues d'Helsinki, en Finlande.

« NOUS SOUHAITONS DIFFUSER NOTRE ART À TRAVERS LE MONDE ET FAIRE COMPRENDRE AUX GENS CE QUE BOUGER VEUT DIRE. »

DAVID BELLE

Ju-jutsu allemand

SIGNIFICATION
STYLE DE JU-JUTSU
DATE
1967
FONDATEUR
GERMAN DAN COUNCIL
SOURCE
ALLEMAGNE

Basé sur l'aikido, le judo et le karaté (*voir* pp. 238-239, 234-235, 202-203), le ju-jutsu allemand est la principale forme de ju-jutsu pratiquée en Allemagne. Le système privilégie un certain nombre de techniques conçues pour affronter des situations de combat réel. L'apprentissage associe coups de pied, frappes du genou et projections, mais aussi techniques des points de pression

DUR APPRENTISSAGE
Affrontement entre deux élèves mettant à exécution des techniques de projection, lors d'une opération de promotion de ju-jutsu.

et entraînement au combat à mains nues et armé, contre un ou plusieurs assaillants. La Fédération internationale de ju-jutsu (JJIF) est l'organisme qui fédère la discipline, aujourd'hui représentée dans près de 70 pays à travers le monde.

Kampfringen

SIGNIFICATION
« COMBAT À LA LUTTE » EN ALLEMAND
DATE
DÉBUT DU XVe SIÈCLE
FONDATEUR
OTT JUD
SOURCE
ALLEMAGNE MÉRIDIONALE

Ce style de combat essentiellement à mains nues utilise luxations d'articulation, techniques de levier et de projection, prises de contrôle et techniques de frappe. Si le kampfringen est un terme générique, désignant tous les systèmes de combat à mains nues hérités de l'Empire romain et restés populaires tout au long du Moyen Âge, ce nom fait aussi référence à une discipline à part entière. Maître d'arts de combat au XVe siècle, l'Autrichien Otto Jud fut à l'origine de la création du kampfringen moderne. Aucune trace écrite ne fait état d'une codification du système par Otto Jud, mais différents témoignages suggèrent que le maître enseigna son art à de nombreux seigneurs autrichiens.

Voies de développement

Le kampfringen a évolué au fil des siècles, sous l'influence de maîtres successifs. Prises avec épée et armes, clés d'articulation avec arme et actions agressives spécifiques ciblant des parties vulnérables de l'armure de l'adversaire s'imposèrent comme les techniques de prédilection des pratiquants au cours des XVe et XVIe siècles.

Escrime allemande

SIGNIFICATION
ÉCOLE ALLEMANDE D'ESCRIME
DATE
XIVe SIÈCLE
FONDATEUR
ANONYME
SOURCE
ALLEMAGNE

L'école allemande d'escrime connut son heure de gloire entre le XIVe et le XVIIe siècle. Les principes édictés à cette époque restent d'actualité. Entre 1487 et 1570, la Confrérie impériale de Saint-Marc – l'organisation d'escrime allemande la plus influente de l'époque – avait en charge l'enseignement de l'art de l'escrime dans le pays. Le travail de cette école fut à l'origine de la publication d'un des canons de la littérature détaillant techniques anciennes, méthodologie et armes de l'époque. Ce recueil reste une référence.

Un art multi-facettes

Un des aspects les plus intéressants de cet art tient à la forme même des combats, mettant essentiellement en application des techniques de sabre long, doublées de principes de lutte. Les pratiquants utilisent le poids de leur corps pour prendre l'avantage sur l'adversaire. Une fois le contact établi avec le sabre de l'adversaire, l'exécution d'habiles mouvements et enchaînements, semblables à ceux de certains systèmes japonais, les aident à changer d'angle d'attaque rapidement pour concrétiser leur avantage, avant le coup de taille final. L'entraînement implique le maniement du sabre associé à la dague. Le système fait aussi appel à des bâtons et à l'utilisation d'un large bouclier. La majorité des pratiquants s'entraînent aujourd'hui en mode semi-contact, armés de lames émoussées, souvent protégés par une cuirasse et un casque.

User de la force

Le système s'appuie sur un principe selon lequel la faiblesse peut être utilisée pour vaincre la force, et inversement. Un escrimeur accompli, lorsqu'il est entré au contact du sabre de l'adversaire, sait immédiatement s'il doit user de la force ou de la faiblesse pour exécuter une frappe ou une taille gagnante. Cette forme d'assaut, toujours pratiquée, laisse entendre que la pratique des duels était autrefois répandue. Si l'art de l'escrime s'est au fil des siècles transformé en une discipline sportive, la première motivation a toujours été de clore un affrontement le plus rapidement possible.

> « PRATIQUEZ LA CHEVALERIE ET APPRENEZ L'ART QUI VOUS APPORTERA DIGNITÉ ET HONNEUR DANS LA BATAILLE. »
>
> MAÎTRE JOHANNES LIECHTENAUEUR, MAÎTRE D'ESCRIME ALLEMAND DU XIVe SIÈCLE

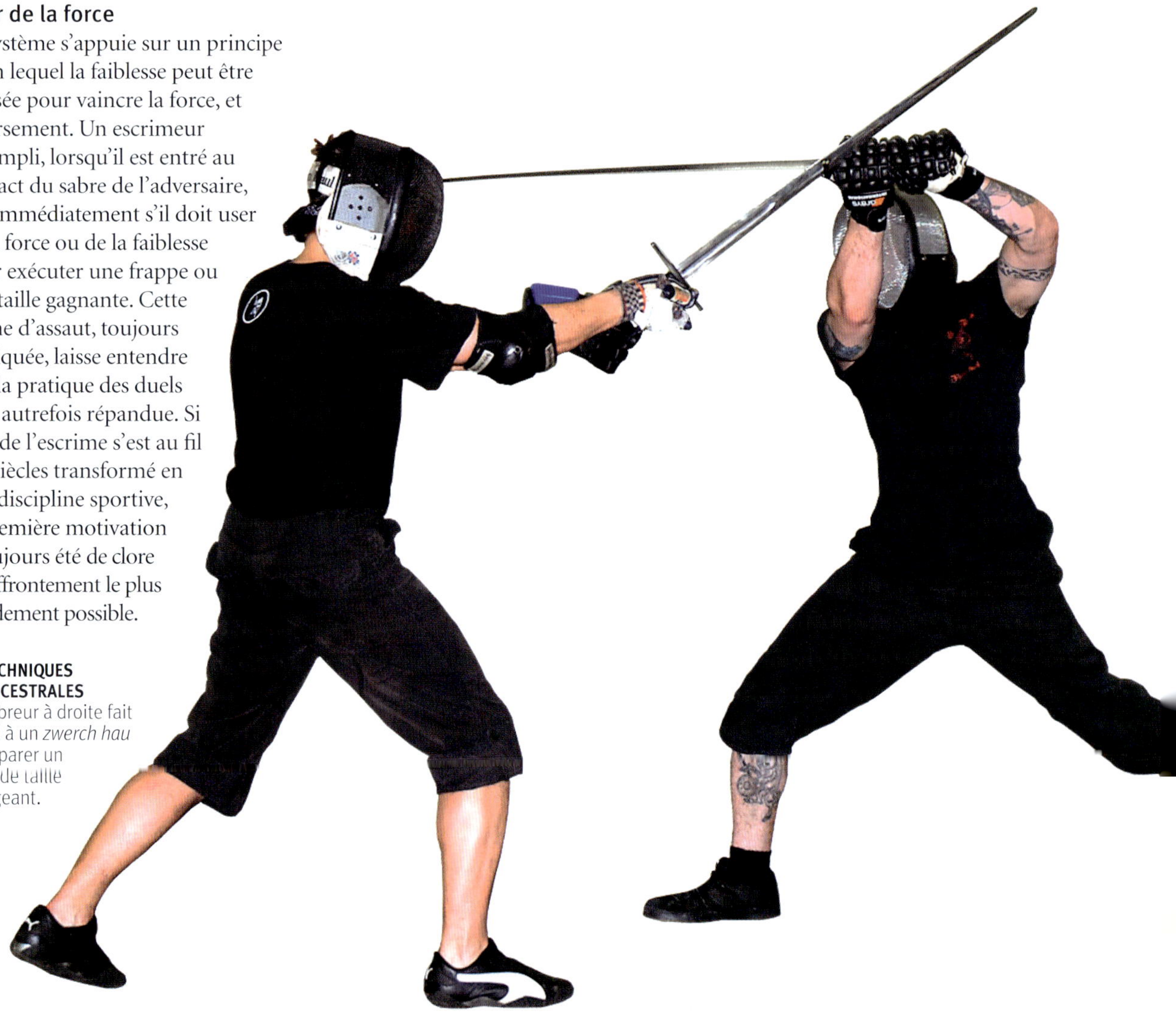

TECHNIQUES ANCESTRALES
Le sabreur à droite fait appel à un *zwerch hau* pour parer un coup de taille plongeant.

Schwingen

SIGNIFICATION
« LUTTER » EN ALLEMAND
DATE
XIIIe SIÈCLE
FONDATEUR
ANONYME
SOURCE
SUISSE

Le schwingen, sport pratiqué par les bergers des Alpes suisses depuis le XIIIe siècle, est une forme de lutte populaire. Aujourd'hui qualifiée de sport national suisse, la discipline fait toujours l'objet de démonstrations publiques lors de fêtes cantonales.

Dans l'arène

Les combats se déroulent dans des cercles de lutte de 12 m de diamètre, recouverts de sciure afin d'amortir la chute des participants. L'objectif est de projeter l'adversaire, de façon à le plaquer dos au sol. Certaines techniques utilisées se rapprochent de celles du judo (*voir* pp. 234-235) et du shuai-jiao (voir pp. 103-109). Le schwingen est connu pour être un sport de gentlemen où le vainqueur époussette la sciure collée au dos du vaincu à la fin du combat.

Ancré dans la tradition

Cet art traditionnel ne distingue pas de catégorie ou de classes de poids et le lutteur le plus lourd remporte souvent le combat. L'argent n'est pas inscrit au rang des récompenses, mais les vainqueurs se voient remettre en guise de récompenses, éléments de mobilier, bétail ou encore clarines. Discipline d'autodéfense populaire, le schwingen fut aussi probablement apprécié des jeunes hommes en quête d'une partenaire et qui trouvaient là le moyen de faire étalage de leur force.

▲ OPÉRATION SÉDUCTION
Plus de 8 000 spectateurs se pressent chaque année au festival de schwingen de Muotathal, dans les Alpes suisses.

> LUTTE SUISSE
Parfois qualifié de « lutte à la culotte », le schwingen consiste à projeter et à plaquer l'adversaire au sol, sur le dos.

Glima

SIGNIFICATION
« SE BATTRE AVEC QUELQUE CHOSE » EN ISLANDAIS

DATE
XIIe SIÈCLE

FONDATEUR
ANONYME

SOURCE
ISLANDE

Le glima est un art de lutte populaire islandais, pratiqué comme une activité de loisirs, mais aussi comme un sport de gentlemen. Curieusement pour un art martial, cette forme de lutte intègre peu de poussées ou de contact des yeux, et aucun travail au sol. Les lutteurs tournent l'un autour de l'autre, dans le sens des aiguilles d'une montre, et restent toujours debout, de façon à exploiter toute opportunité d'action offensive ou défensive. Cette pratique, à la fois physique et mentale, sans risque de blessure physique, se présentait probablement par le passé sous une forme plus violente. Les origines du glima remonteraient au XIIe siècle, comme en témoignent d'anciennes sagas islandaises. En Islande, le terme « glima » signifie « combattre avec quelque chose » et fait référence aux luttes de la vie. Les valeurs du système s'appuient sur les notions de courtoisie et de respect. Les lutteurs arborent une large ceinture à la taille et au niveau des cuisses, utilisée pour soulever et projeter l'adversaire. À l'intérieur de leurs chaussures, certains pratiquants glissaient des runes afin d'invoquer leur pouvoir magique. Si la majorité des pratiquants d'aujourd'hui ne croit plus à la symbolique des runes, certains restent encore attachés à cette tradition.

< LUTTE ISLANDAISE TRADITIONNELLE
Ce lutteur de glima prend l'avantage sur l'adversaire en le maintenant par la ceinture, hissé à la verticale, avant de le plaquer à terre.

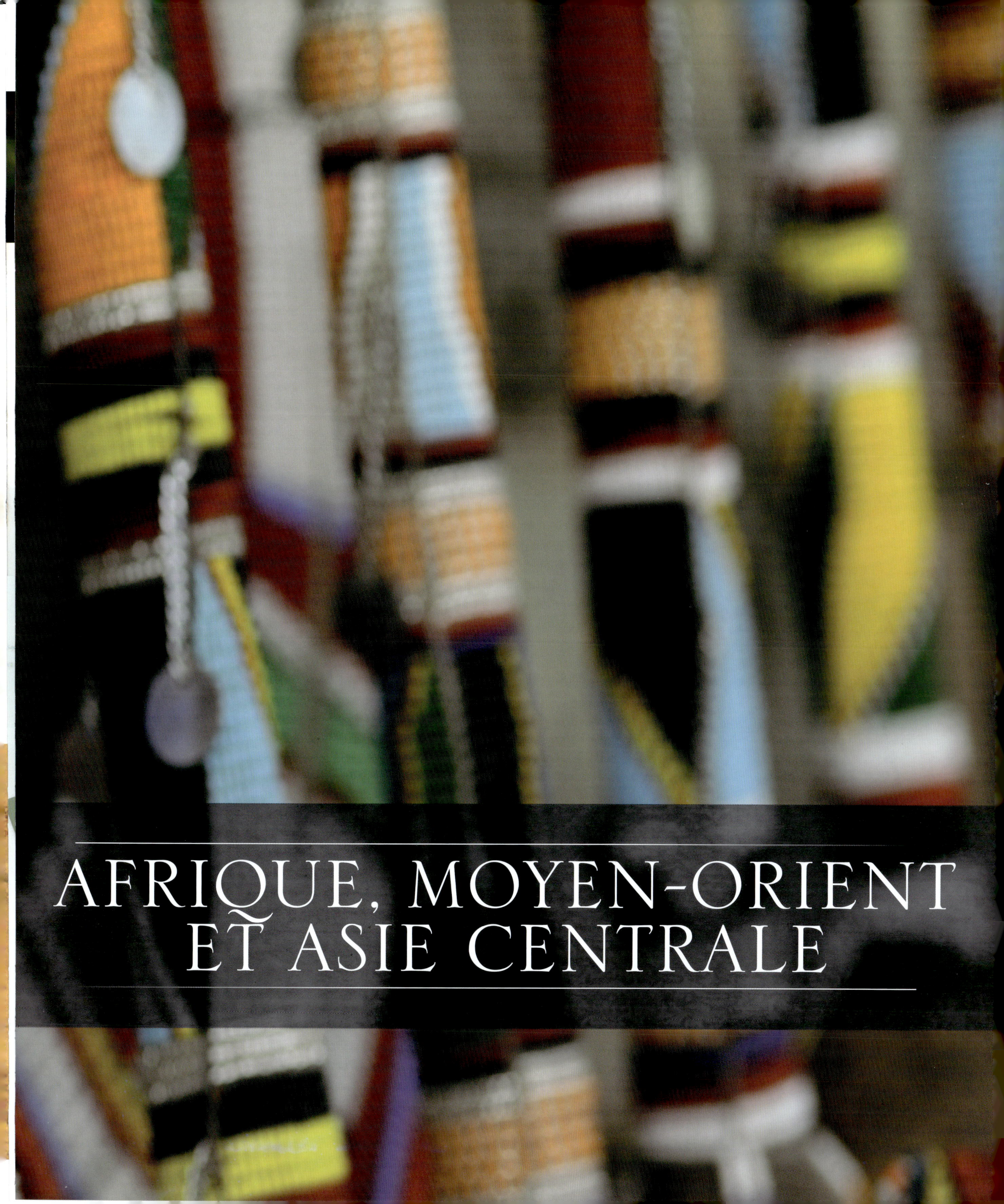

AFRIQUE, MOYEN-ORIENT ET ASIE CENTRALE

SPORT NATIONAL
Dans de nombreuses régions du Sénégal, la lutte laamb est un sport très populaire – plus encore que le football.

Laamb

SIGNIFICATION
« COMBATTRE », EN WOLOF

DATE
ART AUTOCHTONE

FONDATEUR
ANONYME

SOURCE
SÉNÉGAL

Le laamb ou lamb est une lutte avec frappe très ritualisée. Le pagne porté par les pratiquants leur est fourni par leur fiancée ou une parente et, avant le début du combat, les adversaires exécutent une danse stylisée. Percussions et musique d'accompagnement créent une ambiance quasi hypnotique dans laquelle baignent les spectateurs assemblés autour des aires de combat sablées.

Pour remporter une épreuve de laamb, le lutteur doit provoquer la chute de l'adversaire – dont la tête, les fesses ou le dos doivent toucher le sol. Les champions de lutte sénégalaise jouissent d'une grande notoriété dans leur région. Les jeunes gens s'engagent fréquemment dans ce genre de combats pour faire la preuve de leur virilité et apporter la gloire à leur famille, à leur village ainsi qu'à eux-mêmes.

Un combattant ne pénètre jamais sur l'aire sans la présence de son marabout. Ce maître spirituel a le pouvoir d'exorciser les mauvais esprits et de rompre les sorts éventuellement jetés sur le lutteur par son adversaire. Le laamb suscite actuellement l'intérêt de promoteurs du sport professionnel, qui offrent des récompenses financières aux vainqueurs.

Evala

SIGNIFICATION
LUTTE TRADITIONNELLE DES KABYÉ

DATE
ART AUTOCHTONE

FONDATEUR
ANONYME

SOURCE
TOGO

▲ TALC
Les pratiquants de la lutte evala se couvrent de talc afin d'empêcher leur adversaire d'exercer une prise ferme sur eux.

Evala est une lutte traditionnellement pratiquée par les Kabyé du Togo. Pour les jeunes gens, il s'agit de l'avant-dernière étape des rites d'initiation qui les conduisent à l'âge adulte – rites qui comprennent l'escalade de trois montagnes, un entraînement physique et mental intensif ainsi que la circoncision. Ceux qui échouent à l'entraînement ne peuvent être considérés comme adultes. Les combats sont organisés annuellement, lors de la fête d'evala.

Les lutteurs sont initiés qu'ils soient vainqueurs ou vaincus, mais la victoire n'en demeure pas moins d'une importance extrême (la défaite est honteuse pour le lutteur comme pour sa famille), ce qui les incite à s'entraîner dur et à suivre attentivement l'enseignement de leur maître.

◀ HUTTES
Séparés de leur famille une semaine environ avant le combat, les jeunes guerriers résident alors dans des huttes où ils sont soumis à un entraînement physique et mental intensif.

Dambe

SIGNIFICATION
« ÊTRE INTÈGRE DANS LA LUMIÈRE DU CRÉATEUR », EN HAOUSSA

DATE
ART AUTOCHTONE

FONDATEUR
ANONYME

SOURCE
NIGERIA

Le dambe, également connu sous le nom de « boxe haoussa », est pratiqué par les Haoussas qui vivent principalement au Nigeria mais sont également présents au Tchad, au Ghana, au Soudan et Cameroun. Forme de pugilat très brutale, le dambe comprenait jadis un élément de lutte – appelé « kokawa » – mais nombre des mouvements de lutte ont disparu. Les combats, accompagnés de musique, se déroulent en trois reprises, sur une aire plane de terre battue où les combattants soulèvent des nuages de poussière.

Traditionnellement, les participants entourent leur jambe dominante d'une chaîne métallique et leur poing de frappe (la « lance ») de ficelle rugueuse. Les combattants adoptent une garde très haute, au-dessus de la tête. Ils cherchent à placer un coup unique avec la lance pour jeter à bas leur adversaire (symboliquement « tué »). Généralement, la main gauche ou « bouclier » sert à parer les coups. On assène parfois aussi des coups de pied circulaires. Le combat est remporté quand le combattant force son adversaire à toucher le sol.

Les combats ont habituellement lieu à la saison des moissons. Les compétiteurs – souvent des paysans ou des bouchers – se rassemblent alors pour se battre, vêtus d'un pagne traditionnel. Le dambe présente un élément spirituel ; les pratiquants portent des amulettes qui leur apportent, pensent-ils, une protection surnaturelle.

Le dambe commence à susciter un intérêt commercial : il est fréquemment utilisé dans la publicité. Certaines rencontres étant désormais primées, des combattants parcourent de longues distances pour y participer.

> « QUE CEUX QUI L'OSENT VIENNENT SE MESURER À MOI. »
>
> EXTRAIT D'UN CHANT DE LOUANGES KIPARI EN L'HONNEUR DU GRAND COMBATTANT SHAGO

Escrime au bâton égyptienne

SIGNIFICATION
STYLE D'ESCRIME ÉGYPTIEN, PRATIQUÉ AVEC DES BÂTONS

DATE
VERS 2000 AV. J.-C.

FONDATEUR
ANONYME

SOURCE
ÉGYPTE

L'escrime au bâton égyptienne, qui remonte à l'époque des pharaons, est l'un des arts martiaux les plus anciens que l'on connaisse. Le bâton, appelé *asa* ou *nabboot*, mesure 1,20 m de long. Les mouvements du combat sont basés sur ceux de l'épée et du bouclier.

Comme maintes techniques de combat au bâton de par le monde, celle-ci s'est sans doute développée en tant qu'entraînement pratique des guerriers qui avant de maîtriser le maniement de l'épée pouvaient s'exercer sans trop risquer d'infliger de blessures graves à leurs partenaires. La sécurité de l'entraînement était particulièrement importante avant l'avènement de la médecine moderne, quand une simple coupure risquait fort de s'infecter et d'avoir ainsi des conséquences mortelles.

L'escrime au bâton se pratique surtout lors de festivités et tout au long du ramadan ; des démonstrations sont aussi organisées lors des mariages. Une escrime au bâton moderne est également enseignée dans l'armée égyptienne.

Le tahtib est une variante populaire, mêlant danse et combat au bâton, pratiqué par des escrimeurs accompagnés de musiciens.

▼ UN ART NOBLE
Deux combattants en costume traditionnel s'affrontent selon les règles très anciennes de l'escrime au bâton égyptienne.

PRÊTS À COMBATTRE
Un pratiquant de la lutte sénégalaise tente d'intimider son adversaire du regard en préalable au combat. Les meilleurs lutteurs, dont la renommée s'étend à toute une région, sont célébrés dans des chants tribaux.

Combat nuba

SIGNIFICATION
STYLE DE COMBAT DES NUBAS
DATE
ART AUTOCHTONE
FONDATEUR
ANONYME
SOURCE
SOUDAN

▲ CONFLIT TRIBAL
Les spectateurs s'assemblent en cercle autour des combattants ; les jeunes filles du village chantent les louanges de l'un des lutteurs.

Le mode de combat nuba comprend des éléments de lutte et d'affrontement au bâton ; il est pratiqué par les Nubas, qui vivent au Kordofan, pays de collines au centre du Soudan. Des combats sont régulièrement organisés entre des hommes de villages voisins qui cherchent la gloire de leur village plutôt que leur renommée individuelle. À la lutte, le combattant obtient la victoire en jetant son adversaire à terre ; il n'est pas permis de le clouer au sol et les soumissions sont absentes de cette pratique.

Les tournois se tiennent habituellement après les moissons afin de rendre grâce au monde des esprits pour une bonne récolte – ils sont accompagnés de festins.

Testa

SIGNIFICATION
MÉTHODE DE COMBAT RAPPROCHÉ
DATE
ART AUTOCHTONE
FONDATEUR
ANONYME
SOURCE
ÉTHIOPIE

La testa est une forme de combat rapproché pratiquée en Éthiopie et en Érythrée. Elle met essentiellement l'accent sur des techniques fort éloignées de la notion habituelle du fair-play : tentatives d'arrachage des yeux, morsures (à la gorge ou à l'aine, notamment) et surtout coups de tête visant à assommer l'adversaire.

Rough and Tumble

SIGNIFICATION
MODE DE COMBAT HYBRIDE
DATE
ANNÉES 1990
FONDATEUR
ANONYME
SOURCE
AFRIQUE DU SUD

La technique « Rough and Tumble », souvent désignée par son acronyme RAT, a été inventée pour enseigner le combat avec et sans arme aux Forces spéciales sud-africaines, mais elle est aujourd'hui pratiquée par des civils. Discipline hybride, le RAT dénote l'influence de nombreux autres arts martiaux ; dépourvu de structure technique, il est difficile à distinguer d'autres arts hybrides. Les techniques de frappe couramment employées font appel aux poings, aux pieds, aux genoux, aux coudes, à la tête, aux doigts ; les pratiquants savent aussi recourir à des méthodes de préhension *(grappling)*, aux projections, aux clés, aux étranglements. On enseigne également aux pratiquants l'éthique, le droit, la stratégie et la psychologie, dans l'espoir d'en faire des combattants humbles et à l'esprit ouvert. La condition physique est un élément clé du RAT, qui possède un système de grades similaire à celui des arts martiaux nippons.

Escrime suri

SIGNIFICATION
MÉTHODE DE COMBAT AU BÂTON DU PEUPLE SURI
DATE
ART AUTOCHTONE
FONDATEUR
ANONYME
SOURCE
SUD-OUEST DE L'ÉTHIOPIE

Les Suris sont un peuple d'éleveurs semi-nomades chez qui tout homme porte un long bâton *(donga)* pour marcher dans la brousse et surveiller les vaches. Les Suris se considèrent comme des guerriers, et l'escrime au bâton joue toujours un rôle crucial dans leur culture. Des foules immenses s'assemblent pour assister aux tournois, généralement organisés après la saison des pluies, quand la nourriture est abondante et le niveau d'énergie très élevé au sein des tribus. On voit couramment une vingtaine ou une trentaine de combattants de chaque camp participer aux combats qui se déroulent successivement sous forme de duels.

Le sang coule souvent – la seule règle étant de ne pas tuer son adversaire – il arrive que les esprits s'échauffent et que la violence ne se limite pas à l'aire des combats. Il est aisé de se procurer des armes à feu dans la région, aussi les fusillades parmi les spectateurs constituent un problème croissant.

▼ RESPECT
Les Suris qui pratiquent le combat au bâton, simplement protégés par une épaisse étoffe qui leur entoure la tête et les bras, s'efforcent de vaincre pour améliorer leur statut social.

▼ VISAGES PEINTS
Un combattant suri arbore de complexes motifs appliqués sur son visage à l'argile blanche.

ARMES TRADITIONNELLES
Un combattant nguni va tenter de frapper l'adversaire à la tête avec son « induku » – un lourd bâton d'attaque sculpté. Le bouclier et le mince bâton employés pour parer les coups sont tenus de la main gauche.

Combat au bâton nguni

SIGNIFICATION
MÉTHODE DE COMBAT AU BÂTON DES TRIBUS NGUNI

DATE
ART AUTOCHTONE

FONDATEUR
CHAKA, SOUVERAIN ZOULOU

SOURCE
AFRIQUE DU SUD

L'art du combat au bâton nguni, mis au point pour enseigner l'autodéfense et des techniques de guerre tribale à des bergers adolescents, se signale par sa brutalité. Mode de combat originel des Zoulous, il aurait été pratiqué par Nelson Mandela dans son enfance. Le combat au bâton joue aussi un rôle vital dans les cérémonies tribales, notamment lors des rites d'initiation qui marquent le passage de l'enfance et de l'adolescence à l'âge adulte.

Les combattants se servent de deux bâtons, l'un pour l'attaque et l'autre pour la défense, et d'un petit bouclier en peau de vache. L'objectif de chaque combattant est de frapper son adversaire jusqu'à ce qu'il tombe à terre ou se soumette, ou encore jusqu'au premier sang. La force, l'agilité et la faculté de supporter la douleur sont les principaux attributs des combattants de talent. L'entraînement a toujours pour objet de favoriser ces qualités. Au fil des ans les combattants gagnent en sens du rythme, en vélocité et en perception de l'espace, ce qui les aide à parer les attaques.

Depuis quelques années, ce sport est plus codifié, avec des compétitions régulières, des règles et des procédures de sécurité, ce qui a accru sa popularité.

> « UN HOMME CHOISI POUR DISPOSER DE LA VIE ET DE LA MORT SUR LE CHAMP DE BATAILLE DOIT ÊTRE UN ARTISTE. DANS LE CAS CONTRAIRE, IL N'EST QU'UN MEURTRIER. »
>
> CHAKA ZOULOU

BOUCLIER EN CUIR DE VACHE
Un petit bouclier protège la main et le poignet du combattant contre les coups, sans pour cela gêner ses mouvements.

Krav maga

SIGNIFICATION
« COMBAT RAPPROCHÉ », EN HÉBREU

DATE
ANNÉES 1930

FONDATEUR
IMI LICHTENFELD

SOURCE
PALESTINE/ISRAËL

Méthode officielle de combat rapproché de l'armée israélienne, le krav maga connaît un formidable essor dans toute l'Europe, en Australie et aux États-Unis (en Californie principalement, où il suscite un très vif engouement au sein des élites hollywoodiennes férues de fitness et de self-défense). Mis au point par Imi Lichtenfeld dans les années 1930, cet art martial fut enseigné à partir de 1948 aux soldats de l'État d'Israël nouvellement constitué en tant que méthode de défense contre d'inévitables attaques. Désormais adapté à un usage dans des situations civiles, le krav maga apprend aux pratiquants à gérer efficacement le stress de manière à fonctionner normalement dans des situations de menace. Cette méthode qui fait la part belle à l'intuition est jugée naturelle, facile à assimiler, toutes qualités qui devraient contribuer à son essor. Cet art martial n'est pas pratiqué en tant que sport : il ne connaît pas de tenue spécifique ni de compétitions officielles.

Les grands principes

Le krav maga est fondé sur des règles instinctives - par exemple, « il n'y a pas de règles dans un véritable combat », « ne pas blesser son partenaire à l'entraînement » – et des principes simples, au nombre de six : neutraliser toute menace ; passer rapidement de la défensive à l'offensive ; éviter les blessures ; se servir d'armes improvisées pour frapper les parties vulnérables du corps de l'adversaire ; se servir des réflexes naturels du corps. Il n'y a pas de mouvements figés, les pratiquants sont incités à exploiter tout ce qui peut fonctionner. La notion de mouvement combatif continu *(retzef)* est aussi cruciale dans le krav maga : les pratiquants apprennent à intégrer des gestes efficaces effectués de manière rapide et continue jusqu'à ce que l'adversaire soit neutralisé.

Techniques d'entraînement

Les principaux domaines d'étude sont la prévention, la fuite, la dérobade, l'évitement. L'entraînement comprend des techniques de self-défense pratiques

IMI LICHTENFELD

Né en Hongrie et élevé en Slovaquie, Imi Lichtenfeld formula les principes du krav maga dans les années trente pour protéger ses voisins juifs des brutes fascistes. À l'avènement du nazisme, il s'enfuit en Palestine, rejoignit la Haganah (*voir* page ci-contre) et lutta pour la création d'Israël. Il enseigna le krav maga à des soldats jusqu'à sa retraite, puis l'adapta pour la vie quotidienne.

> FAIRE FACE À UNE MENACE
Un instructeur de krav maga fait la démonstration d'une technique de désarmement d'un agresseur. La gestion des attaques armées est essentielle dans le krav maga, en raison de ses origines et de son usage militaire.

TECHNIQUE DE DÉSARMEMENT

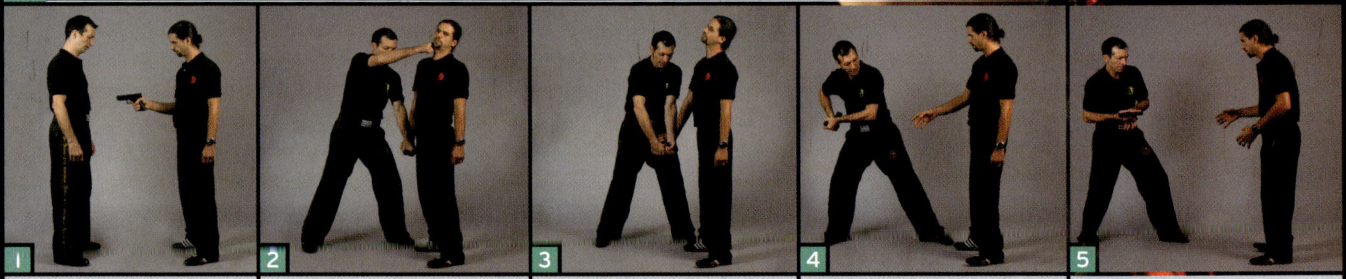

1. En position de départ, le défenseur (à gauche) fait face à l'assaillant et s'apprête à détourner la ligne de tir en saisissant le canon de l'arme.
2. Il prend le contrôle de l'arme et la pousse vers le bas tout en lançant une puissante contre-attaque : un coup de poing au visage de l'agresseur.
3. En désarmant rapidement l'assaillant au moyen de mouvements très secs, il se saisit de larme et maintient son corps à l'écart de la ligne de feu.
4. Lorsqu'il est certain d'avoir la pleine possession de l'arme, il recule à distance de sécurité – le fait de reculer trop précocement serait au contraire dangereux.
5. L'armé et le défenseur étant en sûreté, l'équilibre des forces a basculé : la menace a été déjouée.

qui permettent de se défendre contre les étranglements et autres prises, mais aussi contre les armes (blanches ou à feu). Du fait de ses origines et de son usage par les militaires, le krav maga s'est doté de certaines techniques très spécifiques, telle que l'extraction d'une grenade dégoupillée de la main d'un terroriste (c'est là une manœuvre fort risquée, qui exige un grand savoir-faire).

L'une des particularités déterminantes de l'entraînement au krav maga est que toutes les attaques et toutes les défenses sont appliquées comme si l'on se trouvait en danger de mort et dans les pires circonstances – combat dans des espaces confinés (escaliers, véhicules), dans l'obscurité, contre de multiples assaillants ou contre un agresseur venant de derrière. Dans toutes ces situations, la maîtrise physique et mentale est cruciale.

AU CINÉMA

Le fait que le krav maga figure dans des productions hollywoodiennes récentes traduit sa popularité croissante. Matt Damon, qui incarne ci-dessous Jason Bourne dans *La Mort dans la peau*, recourt à des gestes du krav maga tout au long de la trilogie « Bourne », tout comme le fait Angelina Jolie dans *Lara Croft : Tomb Raider*. Cet art martial figure aussi dans la trilogie *Matrix* ; Kiefer Sutherland/Jack Bauer se sert aussi du krav maga dans la série télévisée *24 Heures chrono*, tout comme l'actrice Michelle Ryan dans sa préparation en vue de son rôle dans la série *Bionic Woman*.

« PASSER RAPIDEMENT DE LA DÉFENSIVE À L'OFFENSIVE EN DEVENANT AUSSI VITE QUE POSSIBLE L'AGRESSEUR. »

IMI LICHTENFELD

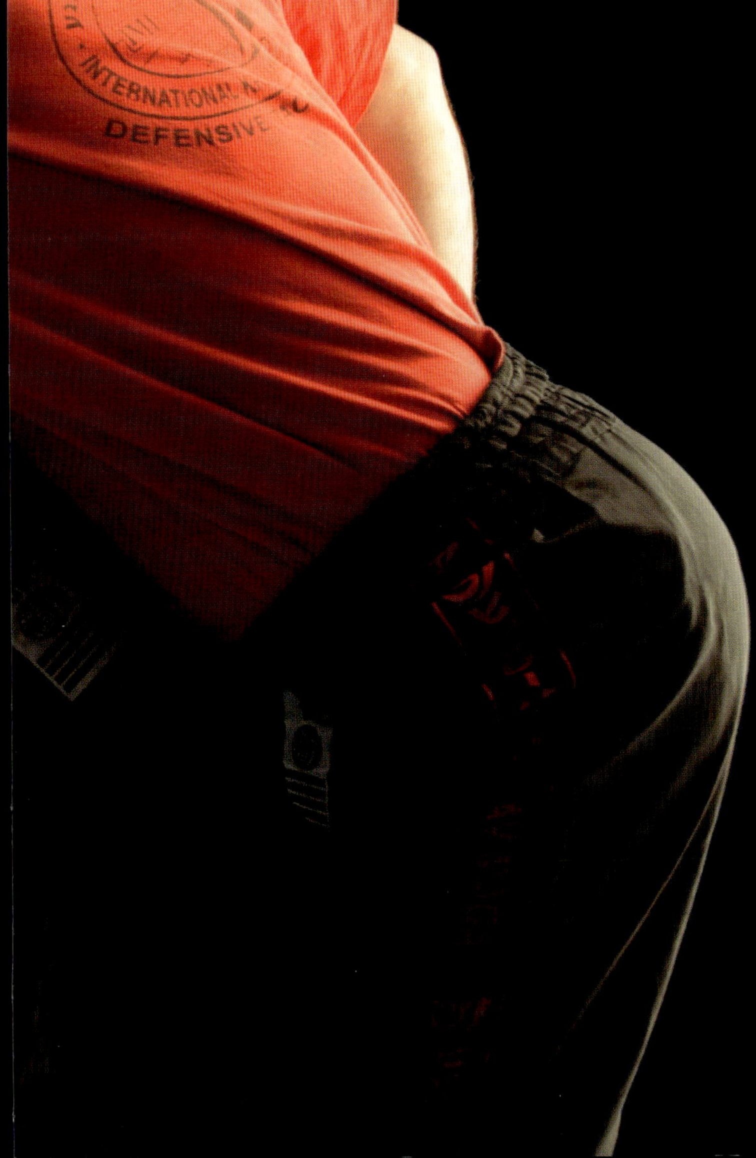

Haganah (méthode)

SIGNIFICATION
« DÉFENSE », EN HÉBREU
DATE
ANNÉES 1920
FONDATEUR
ANONYME
SOURCE
PALESTINE/ISRAËL

La Haganah était une organisation paramilitaire juive constituée dans la Palestine sous mandat britannique (1920-1948), qui plus tard se mua en Force de défense d'Israël, Tsahal. La méthode de combat de la Haganah, née de ces origines militaires, adapta des techniques avec et sans armes aux besoins des civils. Elle s'articule autour de deux grandes composantes baptisées Fierce Israeli Guerrilla Hand-to-hand Tactics (FIGHT) et Israeli Tactical Knife and Combat Shooting, et fait l'objet de constantes mises à jour afin de s'adapter aux formes changeantes que prend la guerre. Les principes de base sont : « éviter », « échapper » et « démolir ». Si une situation peut être évitée, elle doit l'être ; le recours suivant réside dans la fuite ; si aucune de ces options n'est viable, les pratiquants sont incités à mettre leur adversaire hors d'état de nuire. Si l'on est contraint de se battre, il n'y a ni règles ni limites. Certains pratiquants assurent n'avoir pas besoin d'enseignant, estimant que livres et DVD suffisent, mais cette opinion est controversée.

▼ À L'ENTRAÎNEMENT
Combattantes de la Haganah lors d'un exercice. Cette armée clandestine comprenait aussi bien des femmes que des hommes.

Kapap

SIGNIFICATION
« COMBAT FACE À FACE », EN HÉBREU
DATE
ANNÉES 1930
FONDATEUR
ANONYME
SOURCE
PALESTINE/ISRAËL

Développé dans les années 1930 et fondé sur des concepts plus que sur des techniques, le kapap – acronyme de *krav panim el panim*, ou « combat face à face » – fut adopté par le Pal'mach. Cette unité de combat de choc de la Haganah (*voir* ci-dessus) créée en 1941 par les Britanniques et la Haganah pour protéger la Palestine des nazis, en fit l'une des bases de son entraînement. L'esprit guerrier est crucial dans cet art martial ; l'entraînement n'est pas orienté vers le sport mais employé en self-défense. Parmi les éléments clés, mentionnons la posture appropriée, la justesse du geste de frappe, l'usage offensif et défensif de la matraque et du bâton. L'expérience est jugée plus importante que le titre, et les instructeurs de kapap se doivent d'avoir une expérience pratique de la guerre.

Après les années 1940, sans que les méthodes du kapap soient considérées comme dépassées, le terme fut de moins en moins employé, jusqu'à ce qu'en 2000 un groupe dirigé par le lieutenant-colonel Chaim Peer et le major Avi Nardia le réintroduise en créant une fédération internationale de kapap dont l'objectif est de populariser chez les civils les techniques militaires apprises et enseignées au service des forces armées d'Israël. Ces efforts ont largement contribué à l'essor du kapap en Europe et en Amérique.

« TOUJOURS ÉTUDIANT, PARFOIS ENSEIGNANT. »

FÉDÉRATION INTERNATIONALE DE KAPAP (IKF)

Sayokan

SIGNIFICATION
« LA VOIE DU GUERRIER », EN TURC
DATE
1999
FONDATEUR
NIHAT YIGIT
SOURCE
TURQUIE

Le sayokan, fondé par Nihat Yigit, est un art martial hybride d'origine turque qui combine divers éléments du kung-fu de Shaolin, du taekwondo, et du karaté Kyokushin (*voir* pp. 57, 134-135, 225).

Cette discipline qui se décrit comme un art martial réformiste intègre, outre des mouvements techniques, physiques, deux programmes d'entraînement distincts, baptisés : « programmes de bravoure » A et B. Cet ajout très intéressant aide les pratiquants à développer leur confiance en leur capacités mentales et physiques ainsi que leur résilience et leur détermination.

Le premier programme d'entraînement (A), qui met l'accent sur la capacité à réagir aux attaques, est accompli sans protection, en combats d'une durée de cinq minutes. Le second programme (B) est un cursus de 108 heures comprenant des combats contre un et plusieurs partenaires. À ce stade, des armes sont généralement introduites, et les lauréats obtiennent la ceinture noire (1er dan).

> « NE PORTE PAS TON ART SUR LE DOS, LAISSE LE SAYOKAN TE PORTER SUR SON DOS. »
>
> DEVISE DU SAYOKAN

Kourach

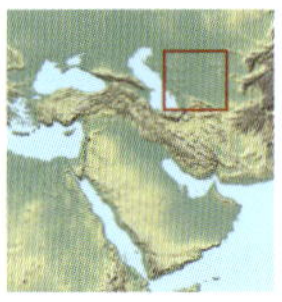

SIGNIFICATION
« ATTEINDRE LE BUT PAR LA VOIE JUSTE », EN OUZBEK
DATE
ART AUTOCHTONE
FONDATEUR
ANONYME
SOURCE
OUZBÉKISTAN

Le kourach est une lutte traditionnelle d'Asie centrale, pratiquée principalement en Ouzbékistan. Si cet art s'est développé au fil des millénaires, nombre de ses tactiques et principes philosophiques demeurent d'actualité. Le kourach n'est pas encore un sport olympique, mais il est au programme

Yagh Gures

SIGNIFICATION
« LUTTE À L'HUILE », EN TURC
DATEE
XIVe SIÈCLE
FONDATEUR
ANONYME
SOURCE
TURQUIE

Le ygah gures, également connu sous le nom de « lutte turque à l'huile » est un art martial dans lequel les lutteurs (ou *pehlivan*, ce qui signifie « héros » en turc) ont le corps enduit d'huile d'olive, ce qui rend les prises et les clés difficiles à appliquer.

Avant d'entrer sur l'aire, les lutteurs s'enduisent mutuellement d'huile en signe de respect, d'amitié et d'harmonie. Si un jeune homme affronte un lutteur plus âgé et le vainc, il baise la main de son adversaire, ce qui est une marque de respect courante au sein des communautés turques.

Pour obtenir la victoire, le lutteur doit parvenir à maintenir son adversaire dans une position dont on peut raisonnablement penser qu'il ne pourra s'extirper.

Traditionnellement, cette lutte turque ne connaissait pas de limite de durée : il n'était pas rare que des combats durent jusqu'à deux jours. Aujourd'hui cependant, une limite de trente ou quarante minutes est appliquée, selon la région ou la catégorie.

Le tournoi de lutte à l'huile de Kirpinar, organisé chaque année depuis 1362, est la plus ancienne compétition sportive à l'existence continuelle.

> TENUE TRADITIONNELLE
Enduits d'huile d'olive, torse nu, les concurrents ne portent qu'un *kisbet*, culotte de cuir cousue à la main, qui était traditionnellement en peau de buffle mais est plus souvent maintenant faite en cuir de veau.

des Jeux asiatiques et africains. On obtient la victoire en projetant l'adversaire sur le dos, et l'on glane des points en le faisant tomber sur le ventre, le postérieur ou le flanc.

Cette lutte debout dissuade la pratique du combat au sol. Elle se pratiquait jadis sur le champ de bataille, où le combattant à terre était plus vulnérable face aux attaques et aux armes ennemies. L'équilibre et la vivacité du jeu de pieds (permettant de rester debout tout en déséquilibrant l'adversaire) sont cruciaux pour la réussite des projections et des crocs-en-jambe.

ÉQUILIBRE ET JEU DE JAMBES
Un pratiquant du kourach fait la démonstration de l'importance de l'équilibre et du jeu de jambes face à son adversaire.

« LE KOURACH INTÈGRE DES CARACTÉRISTIQUES PROCHES DE L'ESPRIT ET DU CARACTÈRE DU PEUPLE OUZBEK, À SAVOIR LE COURAGE, LA BRAVOURE, LA GÉNÉROSITÉ SPIRITUELLE, LE SENS DE LA JUSTICE ET L'HUMANISME. »

ISLAM KARIMOV, PRÉSIDENT DE L'OUZBÉKISTAN, PRÉSIDENT HONORAIRE DE L'INTERNATIONAL KURASH ASSOCIATION (IKA)

LES AMÉRIQUES

Jeet kune do

SIGNIFICATION
« LA VOIE DU POING QUI INTERCEPTE », EN CANTONAIS
DATE
1967
FONDATEUR
BRUCE LEE
SOURCE
CALIFORNIE, ÉTATS-UNIS

Le jeet kune do (JKD), également connu sous le nom de jun fan jeet kun do est un art martial hybride dont les mouvements directs et non classiques sont influencés par la boxe, l'escrime, le judo et le wing chun (*voir* pp. 256-263, 268-269, 234-235, 122).

Du fait de sa philosophie centrale qui est d'utiliser ce qui est utile et d'omettre ce qui est superflu, le jeet kune do est souvent considéré comme l'un des précurseurs (dans ses principes) du mouvement des MMA (mixed martial arts/combat libre, *voir* pp. 318-327). Toutefois, Bruce Lee prit toujours soin de mettre en avant le fait qu'il n'était ni un inventeur ni un modificateur. Il soulignait que son objectif était non de créer une discipline fixe ou hybride, mais de libérer les pratiquants des arts martiaux des limitations inhérentes à une doctrine systématisée.

Les innovations du JKD

La formation précoce de Lee en wing chun, aux postures fixes et rigides, constitua l'un des fondements du JKD. Il y ajouta la mobilité découlant du jeu de jambes de la boxe anglaise et la technique d'« entrée rapide » inspirée des fentes de l'escrime. Il se tourna vers le bouddhisme zen et le taoïsme pour y puiser l'inspiration philosophique, et encouragea les pratiquants à adapter et interpréter par eux-mêmes les techniques. Lee enseignait que nul art n'est supérieur à un autre et que les seules limites sont celles que l'on s'impose à soi-même. Plutôt que de s'entraîner en pratiquant des katas, combats imaginaires ou formes mémorisées, Lee incitait à l'application des techniques lors de combats. Il comparait les arts martiaux traditionnels, qui, pour nombre d'entre eux, n'encouragent pas aux combats en tant que méthode d'entraînement, à la natation sur la terre ferme. Le full-contact avec un sparring-partner est aujourd'hui considéré comme la meilleure façon d'acquérir une expérience du combat aussi proche que possible de la réalité. Nombre des principes de Lee sont devenus évidents dans le cadre de diverses disciplines hybrides et de combat libre, mais à l'époque ses méthodes et ses efforts de modernité furent très critiqués.

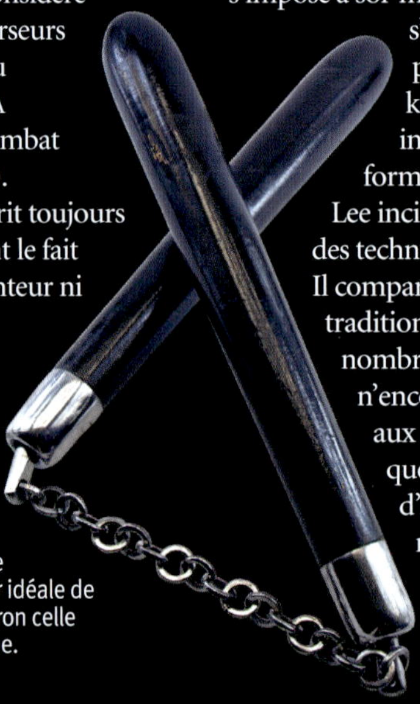

> LE NUNCHAKU
Cette arme meurtrière, probablement originaire d'Okinawa, au Japon, est constituée de deux bâtons reliés par une corde ou une chaîne. La longueur idéale de chacune des tiges est environ celle de l'avant-bras d'un homme.

OPÉRATION DRAGON

Premier film de kung-fu réalisé par Hollywood, *Opération Dragon* (*Enter The Dragon*) relate l'histoire d'un spécialiste des arts martiaux de Shaolin qui, en quête d'honneur et de vengeance, s'introduit dans l'île-forteresse d'un seigneur de guerre criminel et le défait. Bruce Lee mourut six jours avant la sortie du film, en 1973, mais *Opération Dragon* le fit accéder aux sommets de la culture populaire et déclencha un intérêt mondial pour le kung-fu comme pour d'autres arts martiaux.

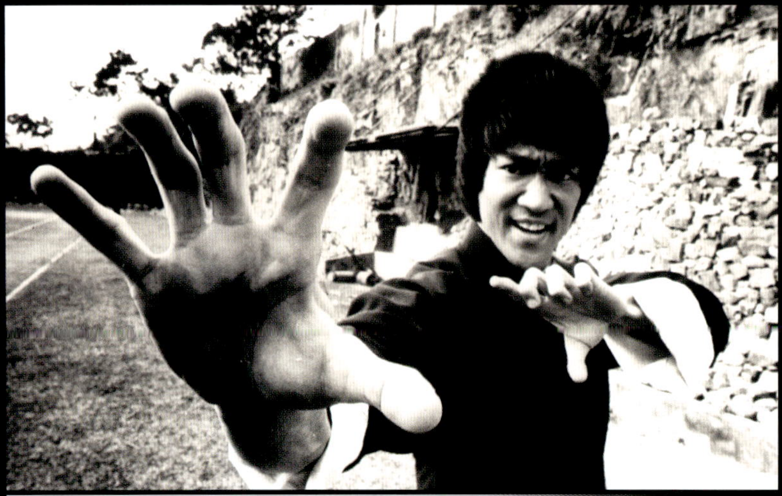

NOTE DE L'AUTEUR

Je suis un fan absolu des arts martiaux et du travail cinématographique de Bruce Lee ; séjournant à Hong Kong, j'eus le plaisir d'apprendre auprès de Yip Chun, maître du style wing chun. Son père, le grand maître Yip Man, enseigna le wing chun à Bruce Lee. Alors même que Yip Chun est frêle, de petite taille (pas plus de 1,57 m) et octogénaire, il m'a fait la démonstration (pour moi fort douloureuse !) de divers mouvements et techniques extrêmement impressionnants que son père aurait enseignés à Bruce Lee. Ces techniques comprenaient des frappes, des poussées et des prises déséquilibrantes nécessitant une profonde connaissance de la physique et de la biomécanique humaine. Lee se servit de ces savoirs – conjugués à une étude de la philosophie, de l'anatomie, de la nutrition, de la musculation et de la boxe – pour créer un mode de combat unique en son genre, qu'il appela JKD.

> BRUCE LEE ET LE NUNCHAKU
Dans ses films, Bruce Lee fit la célébrité du nunchaku. Parfaitement maîtrisée, cette arme peut être fort utile pour désarmer un agresseur muni d'une épée, par exemple.

Deux branches du JKD

On distingue actuellement deux branches du JKD. La branche « conceptuelle », avec pour principaux enseignants Dan Inosanto et Larry Hartsell, croit en l'évolution permanente de la discipline ; elle a ajouté des techniques de grappling, mais aussi de kali, d'eskrima et d'arnis (*voir* pp. 175, 180-181, 187) issues des traditions philippines.

La branche « originale », parfois désignée sous l'appellation de jun fan jeet kune do, enseigne que les élèves doivent apprendre les principes fondateurs de l'art puis accroître leur connaissance individuelle en étudiant d'autres arts martiaux avec d'autres instructeurs. Parmi ses principaux enseignants, mentionnons James Lee, Andy Kimura, Ted Wong et Jerry Poteet, qui furent les élèves de Bruce Lee.

Trois aspects

Le JKD présente trois aspects centraux : efficacité, caractère direct, simplicité. L'efficacité veut qu'une attaque accomplisse ce qu'elle cherche à accomplir. Le caractère direct signifie que les techniques doivent être aussi franches que possible ; la simplicité s'éloigne de toute complexité exagérée au profit d'une facilité d'apprentissage et d'application.

L'étude des mouvements

L'intuition et le sens ultra-développé du langage corporel qui caractérisaient Bruce Lee (il possédait une extraordinaire anticipation des mouvements de l'adversaire avant même que celui-ci les ait déclenchés) lui permettaient d'agir avec vivacité et efficacité. Ses carnets et notes d'entraînement montrent que lors d'une phase importante du développement du jeet kune do, Lee se mit à étudier de façon quasi obsessionnelle les mouvements d'autrui : des heures durant, il allait dans les rues en suivant des inconnus pour reproduire avec exactitude leurs mouvements (comment ils marchaient, plaçaient leur poids, leurs postures et attitudes particulières…). Étudiant les techniques de l'escrime européenne, Bruce Lee nota que pour pouvoir porter une attaque l'escrimeur doit s'avancer. Ce mouvement initial offre une occasion d'intercepter l'attaque, de changer sa direction et de répliquer avec force. C'est l'une des raisons pour lesquelles Lee donna à sa discipline le nom de jeet kune do – « la voie du poing qui intercepte ». Les cinq modes d'offensive du JKD empruntent à l'escrime. Ainsi de « l'attaque en attirant » ; en laissant une ouverture, le combattant attire son adversaire, l'incite à attaquer, puis le contre et prend le dessus. Ainsi également de « l'attaque progressive indirecte » : alors que l'attention de l'adversaire est détournée par une attaque contre une partie de son corps, le combattant poursuit en attaquant une autre zone qui se trouve exposée.

« LES SCHÉMAS, LES TECHNIQUES OU LES FORMES [FIGÉES] NE FONT QU'EFFLEURER LES MARGES DE LA COMPRÉHENSION VÉRITABLE… LA VÉRITÉ NE PEUT ÊTRE PERÇUE QUE LORSQUE NOUS EN VENONS À NOUS COMPRENDRE PLEINEMENT NOUS-MÊMES, DANS TOUTES NOS POTENTIALITÉS. APRÈS TOUT, DANS LES ARTS MARTIAUX LA CONNAISSANCE SIGNIFIE EN FIN DE COMPTE LA CONNAISSANCE DE SOI. »

BRUCE LEE, DANS LA REVUE D'ARTS MARTIAUX *BLACK BELT*, EN 1971

Mixed martial arts (MMA)

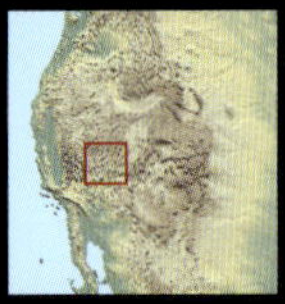

SIGNIFICATION
MÉLANGE DE DIVERS ARTS MARTIAUX (COMBAT LIBRE)

DATE
1993

FONDATEUR
PLUSIEURS FONDATEURS

SOURCE
LAS VEGAS, ÉTATS-UNIS

Les MMA constituent un sport de combat dans lequel les adversaires s'affrontent sur un ring au moyen de techniques de full-contact (préhensions et frappes, notamment) dérivées de divers arts martiaux. Si l'idée de combiner des techniques issues de diverses disciplines existe depuis des millénaires, les termes « mixed martial arts » et « MMA » n'ont été popularisés qu'en 1993, avec l'émergence de l'Ultimate Fighting Championship (UFC). À mesure que l'engouement soulevé par les MMA s'est accru (et accompagné d'un essor du sponsoring), le mouvement s'est dissocié de la tradition du « tout est permis » propre aux combats du vale tudo brésilien (*voir* p. 339), pour susciter une mini-révolution dans les milieux des arts martiaux du monde entier. Le combat au sol, élément clé des MMA (ou combat libre), a connu un regain d'attention, et la formation dans de nombreux arts martiaux comprend désormais des techniques de grappling et de combat au sol afin de donner aux élèves une éducation complète au combat. Si le combat libre est un sport brutal, un seul décès à ce jour, a été déploré lors d'une compétition officielle.

S'il est difficile de retracer avec précision l'évolution du mouvement moderne du combat libre, on insiste généralement sur la contribution de la famille Gracie, œuvrant depuis 1920 au Brésil. Au Japon, où les combattants sont appelés *shootfighters*, cette discipline est également très appréciée en tant que sport et spectacle.

UNE ANTIQUE DISCIPLINE
Ce vase grec montre un combat de pancrace, qui est l'une des formes les plus anciennes de mixed martial arts.

La philosophie de Bruce Lee

Avec sa philosophie consistant à « absorber ce qui est utile et à se défaire de ce qui ne l'est pas », Bruce Lee à certainement exercé une influence sur le devenir des MMA. Lee s'est écarté des formes traditionnelles de combat en faveur d'une efficacité acquise à force de combats menés en *full-contact*.

Une histoire ancienne

Le combat libre plonge ses racines dans la Grèce antique et les épreuves de pancrace (*voir* p. 276), faites de combats aux règles minimales, d'une grande violence, livrés sans protection. Les techniques de lutte étaient très employées et les décès fréquents. Les grands combattants étaient des légendes vivantes, un peu à l'image des champions de MMA au cours de ces vingt dernières années ; le combat libre a évolué à partir de ses bases reposant sur le jiu-jitsu (*voir* pp. 216-217) et son travail au sol pour intégrer de puissantes frappes, comme dans la technique du *ground and pound* (*voir* page ci-contre) qui, pratiquée avec efficacité, conduit souvent à un K.-O. ou un K.-O. technique.

Trois domaines d'entraînement

Les pratiquants de MMA articulent leur entraînement autour de trois domaines principaux : travail au sol, *clinch-fighting* (corps à corps, accrochage) et travail debout. Le combat au sol comprend éléments et techniques issus d'autres disciplines, telles que judo, catch

LA CAGE AUX FAUVES
Les combats de MMA se déroulent sur un ring octogonal entouré de hauts grillages, sous les regards fascinés des spectateurs et des caméras de télévision.

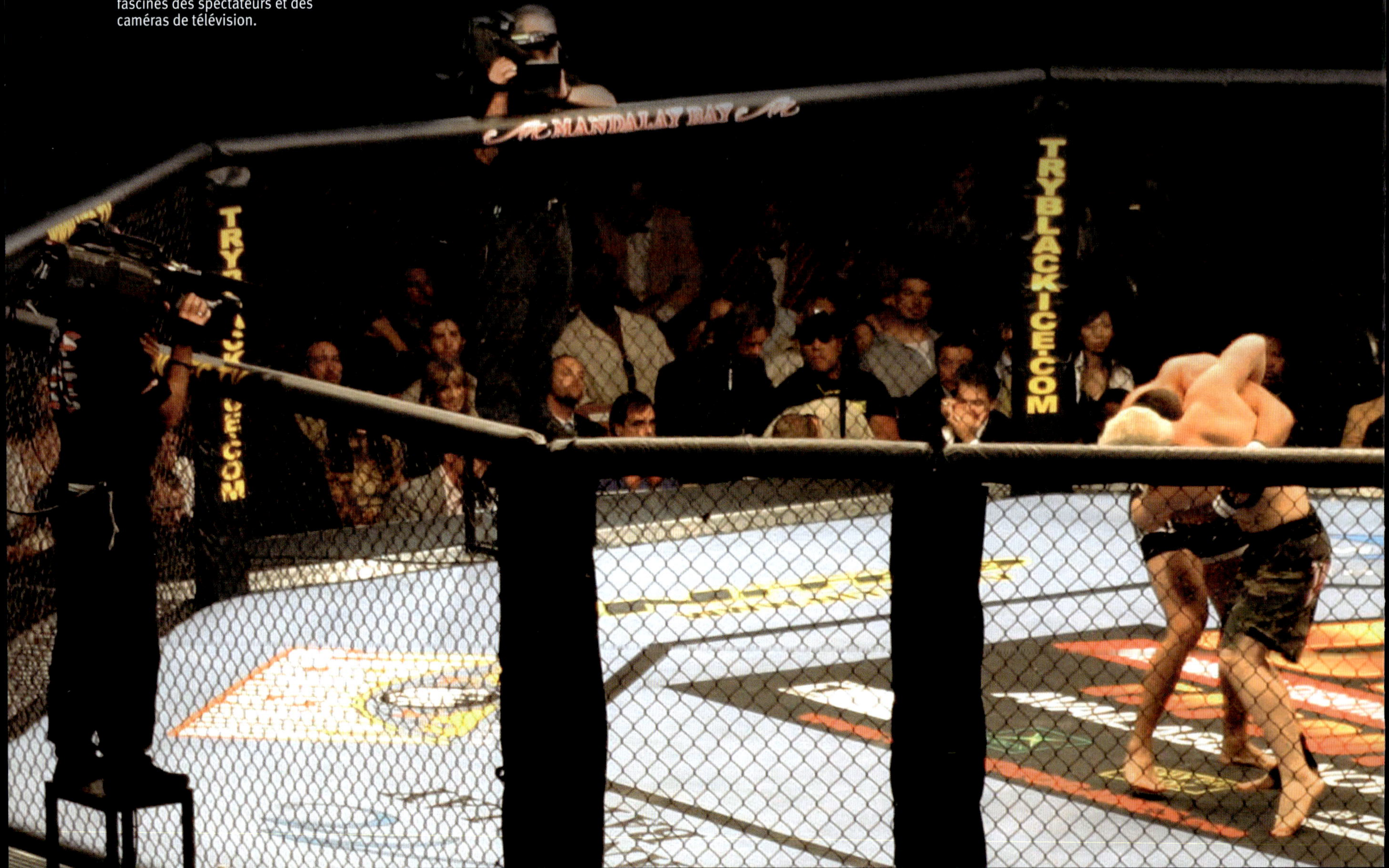

wrestling, sambo, jiu-jitsu brésilien et lutte gréco-romaine (*voir* pp. 234-235, 251, 279, 344-345, 270). Les combattants de MMA ont aussi recours à la soumission.

Le travail de *clinch* se concentre sur les projections, les amenées au sol, et sur une spécialité du muay thai (*voir* pp. 158-165) consistant à effectuer des percussions lors de l'accrochage. Coups de genoux et coups de coudes sont aussi employés.

Le combat debout se concentre sur la boxe (*voir* pp. 256-263), le kickboxing (*voir* pp. 331), le muay thai et tout autre art martial axé sur les frappes qui recourt à des techniques d'entrée rapides et puissantes visant à neutraliser ou désorienter l'adversaire. Les techniques de préhension du jiu-jitsu et du judo sont adaptées pour un usage dans le ring car les combattants ne portent pas de *gi* (l'uniforme traditionnel) et ne peuvent donc saisir les revers de la veste.

La victoire en compétition

Les règles des compétitions varient selon les organisations. Un combattant de MMA obtient la victoire par soumission, par K.-O. technique ou par K.-O. L'issue est parfois déterminée sur décision, par trois juges qui appliquent un système à dix points. Il peut aussi y avoir *no contest* (si les deux combattants enfreignent les règles) ou disqualification, après trois avertissements le plus souvent. On encourt un avertissement si l'on désobéit à l'arbitre ou si l'on exécute un mouvement interdit.

▲ DANS LE BLANC DES YEUX
Les tête-à-tête agressifs sont courants dans l'atmosphère chargée d'électricité de nombreuses rencontres de combat libre.

> GROUND ET POUND
Certains combattants prennent le dessus sur leur adversaire en l'amenant au sol *(ground)* avant de lui marteler *(pound)* la tête de coups de poing.

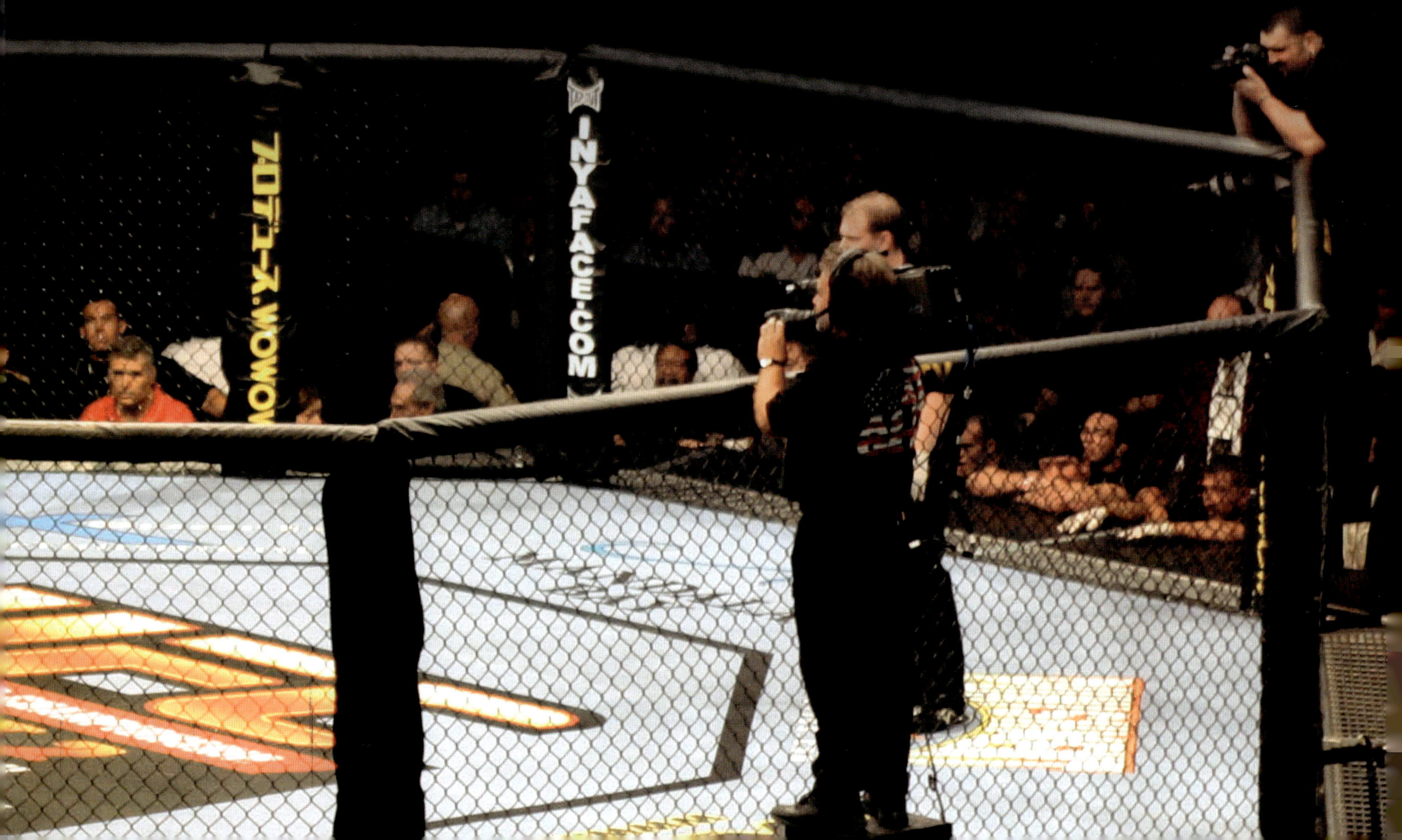

EN COULISSES

MMA, LES COMBATTANTS

LA PRIORITÉ DES PRIORITÉS, pour un pratiquant de MMA, est de faire en sorte de se présenter au sommet de sa forme physique et mentale le soir d'un combat crucial. Le mieux préparé a le plus de chances de l'emporter : il aura travaillé de nombreuses techniques de combat debout et au sol, sa force et sa condition physiques seront optimales.

Les combattants de MMA se soumettent à un entraînement quotidien portant aussi bien sur la condition physique générale que sur les aspects techniques. Les pratiquants les plus aguerris se doivent d'être en super-forme physique car vient presque toujours un moment – souvent vers la fin d'un combat – où leur énergie faiblit et où les capacités techniques commencent à s'effacer.

L'entraînement est très exigeant : course à pied matinale, musculation intensive en salle, entraînement au combat contre des sparring-partners sur le ring d'entraînement, le tout accompagné d'un régime alimentaire visant à une parfaite condition physique mais aussi à l'obtention d'un poids spécifique. Pour être le meilleur dans une catégorie de poids (les MMA sont ainsi organisés), le combattant doit présenter endurance, dynamisme, puissance et vélocité. Il doit aussi avoir l'esprit vif afin de s'adapter pour vaincre – en passant du combat debout à distance, dans lequel les techniques de boxe et de muay thai sont cruciales, à des amenées et un travail au sol, où le judo, le jiu-jitsu brésilien et la lutte gréco-romaine prennent toute leur importance. C'est dans le feu de l'action que les combats de MMA se gagnent ou se perdent, que la maîtrise des clés ou des étranglements aboutissent à des soumissions et à des victoires.

LES SPÉCIALISTES DE COMBAT LIBRE CONCENTRENT LEUR ENTRAÎNEMENT SUR LE TRAVAIL AU SOL ET NOTAMMENT LES SOUMISSIONS, SUR LE CLINCH, LES PROJECTIONS ET LE COMBAT DEBOUT (TECHNIQUES DE BOXE).

LE GRAND SOIR
L'entraînement harassant du combattant prend tout son sens dans le ring-cage. L'événement se déroule sous le regard de nombreux téléspectateurs et d'une foule excitée à laquelle se mêlent de plus en plus des célébrités issues d'autres sports.

ENTRAÎNEMENT TECHNIQUE
Les combats de MMA semblent parfois se dérouler sans règles, mais dans la réalité ce sont des affrontements fort techniques opposant des compétiteurs pourvus de solides compétences dans diverses disciplines. Bien souvent, le combattant commence par s'appuyer sur une expérience dans une ou deux spécialités, telles que le muay thai, le kickboxing ou le jiu-jitsu brésilien. Il renforce ses bases techniques et s'attache à peaufiner deux ou trois domaines d'excellence – combat debout à distance, combat au sol, *clinch* – propres à lui servir lors des différentes phases de ses combats.

MISE EN FORME

Tout pratiquant du combat libre travaille sa condition physique, en accomplissant des efforts de plus en plus intenses jusqu'à être en pleine forme pour le jour du combat. Ce travail s'effectue souvent dans la solitude, l'entraînement démarre tôt le matin, les sorties nocturnes ne sont pas de mise. L'entraînement comprend course à pied, corde à sauter, poids et haltères, pompes et autres exercices de renforcement musculaire, travail sur le ring. Les combattants développent leurs capacités aérobies et anaérobies, leur puissance, leur endurance, leur explosivité.

LA PESÉE

Dans les 24 heures qui précèdent un combat, les deux adversaires se rencontrent pour la pesée officielle, lors de laquelle on vérifie qu'ils entrent bien dans la catégorie de poids voulue. Ces catégories sont au nombre de six : poids plumes, poids légers, poids welters, poids moyens, poids lourds-légers et poids lourds (certaines organisations reconnaissent d'autres catégories). La pesée est généralement l'occasion d'un face-à-face entre les deux combattants, ce qui ajoute à la tension et à la fébrilité de l'attente.

LES PRÉPARATIFS

Les combattants consentent à un travail acharné, à un entraînement intensif, en préparation d'un combat d'importance. Il importe que la pression inhérente à l'enjeu n'affecte pas de façon négative le psychisme du combattant. Celui-ci apprend à se détendre dans son vestiaire, aidé en cela par ses assistants, qui lui prodiguent des massages et boostent sa motivation en lui donnant des conseils de bon sens visant à accroître sa concentration sur le combat à venir.

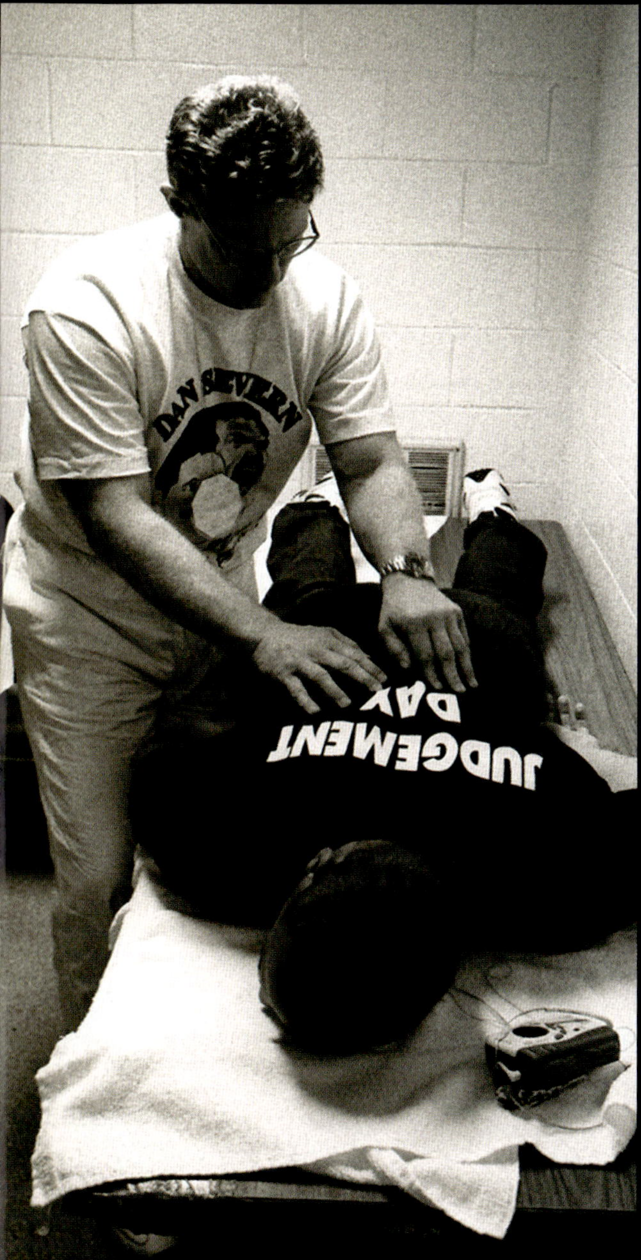

GANTS ET BANDAGES
Lors d'un des derniers instants de calme avant de pénétrer dans l'arène enfiévrée, un combattant de MMA ajuste ses gants. Ceux-ci doivent être propres et en bon état, la surface étant lisse et le rembourrage ne devant pas être compacté par endroits. Les bandes de maintien aux poignets doivent être fixées par du ruban adhésif. Sous leurs gants, les combattants peuvent s'entourer les mains de gaze ou autres bandages, à condition de ne pas en recouvrir leurs phalanges.

PAS D'ÉCHAPPATOIRE

Lors d'un combat, l'accès du ring octogonal encagé est cadenassé ; les combattants s'affrontent sans rémission. Le sol est garni d'un tapis rembourré absorbant les chocs, et les montants de la cage sont également rembourrés. Prises, accrochages, coups de pied, frappes des poings, le combat se poursuit jusqu'à ce que l'un ou l'autre des combattants se soumette, soit mis K.-O. ou soit considéré par les juges comme étant en état de K.-O. technique.

LES ROUNDS ET LES PAUSES

En règle générale, les combats sans titre en jeu se disputent en trois rounds de cinq minutes, avec une pause d'une minute après chaque round – les combattants regagnent leur coin, boivent et reçoivent quelques soins jusqu'à ce qu'une hôtesse vienne parader dans l'octogone en brandissant un panneau portant le numéro du round suivant. Pour les combats titre en jeu, il peut y avoir jusqu'à deux rounds supplémentaires (en cas d'égalité) à l'issue des trois premiers, ou il peut être décidé dès le départ qu'il y aura cinq reprises de cinq minutes.

« LE COMBAT LIBRE EST UNE EXPÉRIENCE BOURRÉE D'ADRÉNALINE — EXCITANTE, IMPRÉVISIBLE... »

HYWEL TEAGUE, PHOTOGRAPHE PROFESSIONNEL

VAINQUEURS ET VAINCUS
La victoire est douce pour le vainqueur, qui la célèbre souvent d'un rugissement à faire s'envoler le toit cependant que son adversaire, vaincu et sonné, parvient à peine à s'arracher au tapis. Un médecin est toujours présent pour vérifier l'état d'un combattant et évaluer la gravité d'une blessure. À l'issue du plus prestigieux des combats pour le titre, le grand vainqueur peut se voir remettre la glorieuse ceinture de champion UFC (Ultimate Fighting Championship).

> **AGRESSION DANS LA CAGE**
Le Croate Mirko Cro Cop résiste à l'attaque de l'Américain Eddie Sanchez avant d'enlever la victoire sur KO technique au premier round, lors d'un combat de MMA disputé dans le cadre de l'UFC au Mandalay Hotel de Las Vegas, en 2007.

SANS RÉMISSION
Un violent combat à poings nus se déroule sous le regard des policiers lors des festivités du tinku à Macha, en Bolivie. Ce sport est interdit par les autorités civiles et religieuses, mais la police n'intervient que rarement pour mettre un terme aux effusions de sang.

Calinda

SIGNIFICATION
DANSE DE COMBAT AU BÂTON

DATE
XVIIIe SIÈCLE

FONDATEUR
ANONYME

SOURCE
CARAÏBES

La calinda (ou kalenda) est une forme de combat au bâton pratiquée dans des îles des Antilles telles qu'Haïti, la Martinique ou Trinité-et-Tobago. Elle a probablement été inventée par des esclaves africains. Elle se donne à voir dans diverses danses lors de festivités variées, notamment lors du carnaval annuel de Trinité-et-Tobago. Calinda est aussi le nom d'une danse populaire exécutée au début du XXe siècle par d'anciens esclaves afro-américains, dans la ville de La Nouvelle-Orléans, en Louisiane.

> CARNAVAL
Sur un accompagnement de percussions et de mélopées, ces agiles danseuses se livrent à des simulacres de combat.

Combat au bâton mani

SIGNIFICATION
COMBAT AU BÂTON CUBAIN

DATE
XIXe SIÈCLE

FONDATEUR
ANONYME

SOURCE
CUBA

Cet art martial peu connu, né au cours du XIXe siècle dans les plantations de canne à sucre de Cuba, est toujours pratiqué dans cette île. On dit que les Espagnols incitaient leurs esclaves à se combattre à mort, afin de se divertir du spectacle. Deux hommes dansent et s'affrontent dans un cercle, selon une savante chorégraphie. Leur bâton, long d'une quarantaine de centimètres, est de la grosseur d'une canne à sucre. Il existe également des techniques de combat au couteau, ainsi que des coups de tête, de poing et coude, des balayages aussi.

Tinku

SIGNIFICATION
« RENCONTRE », EN QUECHUA

DATE
ART AUTOCHTONE

FONDATEUR
ANONYME

SOURCE
BOLIVIE

Le tinku est une forme de combat ritualisée et une fête célébrée en Bolivie. Les combats de tinku se déroulent lors de jours fériés. Différentes tribus se rassemblent en tenues traditionnelles aux couleurs éclatantes pour festoyer, jouer de la musique et se battre.

Une violence à l'état brut

Le tinku est l'une des formes de combat rituel les plus étranges et les plus violentes. Des groupes d'hommes se livrent à de sanglants combats rapprochés dans la rue. Des combattants individuels choisis au sein de diverses tribus s'affrontent jusqu'à ce que l'un ou l'autre soit à terre, assommé ou tué. Même les femmes se battent entre elles. Les combattants ne portent ni protège-dents, ni rembourrage, ni protection crânienne.

Souvent, ils se battent simplement avec les poings, les coudes et les pieds, mais l'usage en tant qu'armes de fouets, de bâtons, de lance-pierres et de pierres n'a rien de rare. Morts, mutilations et blessures graves sont choses fréquentes.

Le tinku est sans doute antérieur à l'arrivée des Européens en Amérique du Sud. Des siècles durant, des tribus se sont affrontées pour régler leurs comptes ou gagner en prestige : les vainqueurs bénéficieraient de récoltes abondantes et de prospérité. Les anthropologistes disent que de tels combats ont sans doute pour rôle d'éviter les guerres de grande ampleur entre tribus, et qu'avec ce mode de domination tribale ritualisé ils assurent la survie de toutes les tribus.

> UNE MÊLÉE RITUELLE
Les échanges de coups se multiplient dans les ruelles lors des festivités du tinku ; les rixes éclatent de façon impromptue.

Vale tudo

SIGNIFICATION
« TOUT EST PERMIS », EN PORTUGAIS
DATE
ANNÉES 1960
FONDATEUR
ANONYME
SOURCE
BRÉSIL

Le vale tudo est un art martial fondé sur le grappling (la préhension), né des combats ouverts à tous les spectateurs très courants dans les cirques brésiliens des années 1920. Dans les années 1960, il fut popularisé par une émission télévisée, *Heróis do Ringue (Héros du ring)*, dont la diffusion cessa après la fracture ouverte du bras subie par un compétiteur. Bien que l'expression « *vale tudo* » signifie « tout est permis », les compétitions modernes comportent des règles, interdisant par exemple de mettre les doigts dans les yeux de l'adversaire ou de le frapper dans les parties génitales.

Des styles variés

Le vale tudo emploie des techniques de disciplines fort diverses, dont jiu-jitsu, muay thai, lutte, boxe anglaise et sambo (*voir* pp. 216-217, 158-165, 256-263, 279). La formation très physique, est axée sur le combat sur ring. L'éthique du vale tudo veut que les techniques soient éprouvées dans des conditions de combat de plein contact pour être considérées comme utiles et légitimes. Les différentes techniques sont pratiquées de manière répétée jusqu'à devenir instinctives.

Un exemple du style « ouvert à tous » des années 1920 figure dans le journal nippo-américain le *Courier* du 4 octobre 1928. On y lit : « Un reportage de San Paulo nous apprend que le jiu-jitsu est vraiment un art et que, lors d'une démonstration dans les tentes annexes du grand cirque, un Noir de Bahia aux mensurations impressionnantes fut défait par un minuscule lutteur japonais. Le Noir était expert en capoeira, vieux style de combat sud-américain, mais après qu'il eut mis le Japonais sur le dos et essayé de lui donner un coup de pied dans la tête, le petit Oriental, avec une prise de jiu-jitsu, projeta le Bahian ; après une brève lutte, il se retrouva assis sur son colossal adversaire, muet. »

TOUT PRÈS DE L'ACTION
Les spectateurs assistent fascinés à la lutte de deux combattants de vale tudo enfermés dans une cage.

Kombato

SIGNIFICATION
COMBAT DE SELF-DÉFENSE
DATE
ANNÉES 1980
FONDATEUR
PAULO ALBUQUERQUE
SOURCE
BRÉSIL

Art martial hybride, le kombato vise la défense contre des assaillants armés ou non. Cette technique employée par des gardes du corps, des représentants de l'ordre et des militaires jouit d'une popularité accrue en tant que système de self-défense. Elle recourt au grappling, aux clés, aux coups de poing et de pied. L'accent est mis sur la compréhension intuitive de ce qui déclenche agressions et violences – un des principes fondamentaux est d'éviter ce type de situation et de ne réagir physiquement que dans un second temps.

Luta livre

SIGNIFICATION
« LUTTE LIBRE », EN PORTUGAIS
DATE
1927
FONDATEUR
ANONYME
SOURCE
BRÉSIL

La luta livre est une forme très dynamique et efficace de lutte, pratiquée au Brésil depuis 1927. Les lutteurs, dépourvus de protections, comptent sur la qualité de leur technique pour battre un adversaire. Ils emploient de façon dévastatrice projections, clés et prises variées, mais ne donnent jamais de coups de pied ou de poing. Force et condition physiques sont cruciales. La luta livre est en constante évolution, par l'intégration de techniques d'autres formes de lutte. Elle comprend dix grands principes dont le plus important est : « Si je ne sais pas, je ne permets pas. » Cela signifie que, quoi que tente l'adversaire, il faut s'y opposer et ne jamais le laisser prendre le dessus.

Mouvement, changement

Il y a de multiples façons d'appliquer ce principe. Par exemple, le combattant doit faire jouer l'élément de surprise et varier en permanence ses techniques. Les lutteurs sont incités à se déplacer sans cesse, à changer de position, d'angles d'attaque et de défense.

Si un combattant contrôle l'espace, il peut contrôler les actions de son adversaire – par exemple, le fait de se servir de son corps pour bloquer ses mouvements et ses intentions peut saper sa capacité d'exécution. Lors d'un combat, un lutteur doit toujours être actif, élaborer des stratégies, se déplacer, pousser, se battre…

El juego del garrote

SIGNIFICATION
« LE JEU DU BÂTON », EN ESPAGNOL
DATE
INCONNUE
FONDATEUR
ANONYME
SOURCE
VENEZUELA

Cet art martial se pratique – rarement, toutefois – au Venezuela et dans l'île de la Grande Canarie. Le *garrote* est un bâton ou gourdin plus lourd à l'extrémité qui frappe, ce qui allonge le temps nécessaire pour frapper la cible mais maximise l'impact. Les maîtres enseignent en secret à leurs élèves les techniques de combat au bâton, à la machette et au couteau ; ils leur apprennent à déséquilibrer et projeter leurs adversaires en effectuant des clés aux membres pour remporter la victoire.

Capoeira

SIGNIFICATION
« LA CAGE DU COQ », EN PORTUGAIS

DATE
XVIe SIÈCLE

FONDATEUR
ANONYME

SOURCE
BRÉSIL

La capoeira mêle combat, danse, musique et chant. Elle a été inventée par les esclaves africains amenés de force au Brésil par les Portugais au cours du XVIe siècle. La forme la plus ancienne de capoeira prit le nom de capoeira angola. Ses traditions, transmises oralement étaient liées à la lutte contre l'esclavage.

Au début du XXe siècle, la capoeira souffrait d'une mauvaise réputation car elle était souvent pratiquée par les petits délinquants dans la rue. Pourtant, elle se mua en forme artistique acceptable et systématisée, sous l'appellation de capoeira regional; cette discipline est à présent pratiquée dans le monde entier. Selon une théorie, le nom de la capoeira serait issu de la culture des combats de coqs. Le mot lui-même signifie « cage du coq », en portugais (*capao* signifiant « coq »). De fait, les rencontres de capoeira se disputent au milieu d'un cercle de spectateurs, appelé *roda*, qui n'est pas sans évoquer les foules massées autour de deux coqs de combat.

Une énergie positive

Musique et chant font partie intégrante de la pratique de la capoeira. Quand les participants entrent dans la *roda* pour combattre – ou « jouer », dit-on –, la musique acquiert un tempo qui dicte leur vitesse, leurs actions et même leur proximité. La musique est tantôt rapide et agressive, tantôt lente et mélancolique. L'objectif ultime de la musique, des chœurs, des chants et des mouvements est d'engendrer une énergie positive.

Lorsque les musiciens jouent des rythmes plus lents *(angola)*, les actions des joueurs se font moins agressives et plus proches de la danse. Le *jogo de dentro* est un rythme plus vif; les combattants adoptent un style plus excitant, plus agressif. Les paroles des chants de capoeira rappellent celles du blues.

▲ **LES RACINES DE LA CAPOEIRA**
Ce tableau du peintre anglais Augustus Earle montre deux esclaves effectuant une démonstration illégale de capoeira, en 1824.

La capoeira angola

Des jeux ritualisés, mêlant éléments de danse et de combat exécutés sur un accompagnement musical: voilà la caractéristique de la capoeira angola, qui accentue les interactions entre capoeiriste, musicien et observateur.

Les capoeiristes s'affrontent fréquemment en combat rapproché pour essayer d'amener l'adversaire au sol au moyen de coups de pied acrobatiques, balayages, crocs-en jambe et coups de tête. La capoeira angola comprend de nombreuses tactiques rusées et agressives qui rappellent la violence de ses origines. De nombreux mouvements, tels que certains coups de pied et de tête, viennent peut-être des tentatives effectuées par les esclaves pour se défaire de leurs chaînes.

▼ **DANS LA RODA**
Dans une rue brésilienne, deux capoeiristes font une démonstration devant un cercle de spectateurs appelé la *roda*.

Deux maîtres

L'homme le plus intimement associé à la capoeira angola fut Mestre Pastinha, qui vivait à Salvador, capitale de l'État brésilien de Bahia. En 1942, il ouvrit une académie afin de préserver la tradition de la capoeira, menacée par des formes modernisées. Il popularisa cet art à l'étranger, et de nombreux pratiquants des États-Unis et du Royaume-Uni, par exemple, revendiquent son héritage.

Mestre Bimba (ci-contre) créa la capoeira regional pour systématiser cet art et le dissocier de toute connotation criminelle. En 1932, il créa une académie appelée Centre physique et culturel régional, d'où le nom de Capoeira regional.

La Capoeira contemporanea

Mélange des formes angola et régional, la capoeira contemporanea n'est pas un style à part entière au plan technique. Ses pratiquants conjuguent la vitesse, la puissance et les réflexes de la « regional » aux stratégies et tactiques de la « angola ». Ils sont capables d'employer à volonté l'une ou l'autre, ce qui fait d'eux des joueurs et des combattants accomplis.

MESTRE BIMBA,

Mestre Bimba né en 1900 dans l'État de Bahia, s'initia à la capoeira à l'âge de douze ans. Il devint un combattant redouté, adepte de la philosophie selon laquelle la tête vaut plus que le muscle. Il introduisit des techniques telles que *martelo* (coup de pied circulaire) et *galopante* (gifle portée avec la main en cornet). En 1937, son art et son académie lui valurent une reconnaissance nationale, et en 1953 le président brésilien Gertulio Vargas éleva la capoeira au rang de sport national.

« ON ENTRE AU PARADIS PAR SES MÉRITES ; ICI-BAS, CE QUE TU POSSÈDES EST TOUT CE QUI COMPTE. QUE TU AILLES BIEN OU QUE TU AILLES MAL, TOUT SUR CETTE TERRE N'EST QU'ADIEU, CAMARADE. »

CHANT DE CAPOEIRA TRADITIONNEL

INSTRUMENTS DE MUSIQUE

Les instruments de musique sont réunis en une ligne appelée *bateria*. L'instrument principal est le *berimbau* (ci-dessous), fait de biriba (un bois brésilien) et d'une calebasse. Il y a généralement plusieurs joueurs de berimbau dans une roda ; chacun tient une baguette et un petit hochet (le *caxixi*) contenant des haricots ou des cailloux dans la main droite. Pour jouer, on frappe une corde d'acier (souvent tirée de la carcasse d'un pneu de voiture) avec le bâton, et le son résonne dans la calebasse. L'instrument crée diverses tonalités, auxquelles les joueurs réagissent d'instinct. Parmi les autres instruments, mentionnons l'atabaque (sorte de conga, voir ci-contre), le *pandeiro* (tambourin), l'*agogo* (fait d'une ou plusieurs cloches), le reco-reco (racle).

Maculelê

SIGNIFICATION DANSE DE COMBAT AFRO-BRÉSILIENNE

DATE ART AUTOCHTONE

FONDATEUR ANONYME

SOURCE BRÉSIL

Le maculelê est une danse de combat afro-brésilienne qui faillit disparaître après l'abolition de l'esclavage, en 1888. Nul ne sait où ni comment elle est apparue, ni ce que signifie le mot *maculelê*. Cette pratique figurait peut-être dans des festivités accompagnant les récoltes et célébrées par les esclaves des plantations de canne à sucre. Remis en vigueur au milieu des années 1900 par Mestre Popo de Santa Amro à Bahia, le maculelê est pratiqué par des groupes de capoeira et parfois de façon indépendante.

Bâtons ou machettes

Le maculelê est accompagné de chants et d'*atabaques* (percussions). Les joueurs portent traditionnellement des « jupes » en paille, comparables à celles que leurs ancêtres devaient porter avant d'être réduits en esclavage. Ils dansent et combattent avec une paire de bâtons appelés *grimas*, d'environ 25 mm d'épaisseur et 60 cm de long. Certaines écoles de capoeira remplacent les bâtons par des machettes ou autres grands coutelas d'environ 40 cm de long.

Les joueurs s'entraînent avec des bâtons en biriba, des machettes et des coutelas, ce qui leur donne l'expérience des armes maniées par les membres des gangs urbains. Au début d'un entraînement au maculelê, un groupe de joueurs forme un cercle (*roda* ou ronde) ; le leader entonne une chanson tandis que les autres assurent les chœurs et la rythmique. Sur un signal donné, deux joueurs entrent dans l'aire et dansent.

> MACHETTES
Les traditionnels bâtons sont parfois remplacés par des machettes ou autres longs coutelas.

Rythme et harmonie

Tout en dansant, ils frappent leurs bâtons selon le rythme dominant. Au cours d'une mesure à quatre temps, les joueurs entrechoquent leurs propres bâtons sur les trois premiers temps et frappent ceux du partenaire sur le quatrième. Leurs mouvements sont puissants et expressifs. Ils dansent en harmonie plutôt que de porter des attaques dans l'intention de faire mal. Le maculelê améliore sens du rythme et du tempo, vélocité, technique et capacité d'accomplir des mouvements codifiés, tels que des attaques et des blocages, sous la pression. Les participants apprennent à se détendre et à surmonter leur crainte naturelle d'avoir à faire face à de vraies armes.

V ACROBATIQUE
Deux capoeiristes qui pratiquent ici le maculelê dansent en harmonie, brandissant leurs armes et exécutant des techniques acrobatiques.

CAPOEIRA SUR LA PLAGE
Deux capoeiristes pratiquent leurs mouvements offensifs et défensifs sur une plage de l'Atlantique, dans l'État brésilien de Bahia. L'un lance sa jambe tendue dans un mouvement en arc de cercle, et l'autre esquive vivement.

Jiu-jitsu brésilien

SIGNIFICATION
JIU-JITSU MIS AU POINT AU BRÉSIL

DATE
1925

FONDATEUR
CARLOS ET HELIO GRACIE

OURCE
BRÉSIL

Cet art martial fondé sur la ɔréhension *(grappling)* est issu du udo kodokan, grâce en particulier ıux efforts de Mitsuo Maeda, aponais ayant émigré au Brésil (*voir* page ci-contre). Le BJJ (pour Brazilian Jujutsu) est pratiquement dentifié à la famille Gracie, qui le léveloppa et connut d'immenses uccès dans les premiers temps des compétitions de combat libre MMA Mixed Martial Arts) et UFC Ultimate Fighting Championships) ux États Unis (*voir* pp. 318-327).

Aspects pratiques

Le Gracie jujutsu est la forme la plus connue du jiu-jitsu brésilien. Ce derner est davantage un sport, aussi 'entraînement est-il axé sur le marquage de points et la compétition. Le style Gracie, en revanche, met l'accent sur la self-défense, ce qui lui confère un aspect pus pratique aussi bien en combat de rue que dans les tournois de MMA.

Techniques classiques

Dans une certaine mesure, le jiu-jitsu brésilien reflète la philosophie du fondateur du judo, Kano Jigoro (*voir* pp. 234-235) : celui-ci pensait que son art devait forger le caractère et promouvoir une bonne condition physique. Dans sa facette « combat », le jiu-jitsu brésilien diffère cependant du judo par l'importance qu'il accorde au combat au sol. Les règles du judo stipulent qu'un combattant doit repartir en positon debout, mais il n'y a rien de tel en BJJ. Le compétiteur est autorisé à entraîner son adversaire au sol, et des points sont même attribués en fonction de la facilité avec laquelle il pourrait encore frapper dans une telle position – en d'autres termes, selon le caractère dominateur de sa position.

La garde et la monte sont deux techniques classiques. La première est une posture défensive : quand un combattant est sur l'autre, celui qui est dessous serre les jambes autour de la taille et des bras, de la tête ou de la tête et du corps de son adversaire (ainsi retenu « dans la garde »). La position montée consiste à se mettre rapidement « à cheval » sur l'adversaire pour lui infliger une clé, un ramassement de bras par exemple, ou une clé au cou, ou encore un étranglement, ou pour lui administrer de

« SAVOIR ADMINISTRER DES COUPS DE POING ET DE PIED, C'EST TRÈS IMPORTANT… MAIS VOUS DEVEZ VOUS COUVRIR AVEC UNE CONNAISSANCE DU COMBAT AU SOL. »

RORION GRACIE, 2003

▲ **HELIO GRACIE**
Helio Gracie, considéré par beaucoup comme le fondateur du jiu-jitsu brésilien, a eu quatre fils appelés à devenir de iers combattants : Rorion, Rickson, Royler et Royce.

violentes frappes. À l'instar de nombreux arts martiaux japonais, le jiu-jitsu brésilien emploie un système de ceintures correspondant à différents grades, avec cette particularité toutefois que les critères de progression sont fondés sur les résultats du pratiquant en combat conventionnel et en championnat, et que les ceintures sont décernées à la discrétion de l'instructeur.

Maeda parcourt le monde

En 1904, Mitsuo Maeda se rendit aux États-Unis pour y présenter le judo au président Theodore Roosevelt. Son compagnon de voyage, Tsunejiro Tomita, avait été l'élève du fondateur de la discipline. Tsunejiro ayant été vaincu dans un combat de lutte par un footballeur américain, Madea, profondément embarrassé par cette humiliation, se jura de devenir lutteur professionnel. Plus tard, il intégra la troupe d'un cirque et disputa des combats de lutte en Europe et en Amérique. Lors de cette tournée, il adopta le pseudonyme de Conde Koma, le Comte du Combat.

De 1909 à 1913 il lutta au Mexique, au Costa Rica, à Cuba et au Brésil, où il finit par s'installer. Il demeura invaincu en un millier de combats disputés selon des règles proches de celles du judo, et n'aurait été défait que deux fois dans d'autres formes de lutte. Maeda adorait lancer des défis, dont l'un à l'adresse de Jack Johnson, qui était alors champion de monde de boxe.

MITSUO MAEDA

Mitso Maeda, né en 1878 à Hirosaki, au Japon, s'initia au sumo (*voir* pp. 226-233), mais ne possédait pas le physique adéquat pour s'imposer dans cette discipline. Quand il eut dix-sept ans, ses parents l'envoyèrent étudier à Tokyo. Il y intégra la célèbre école de judo Kodokan sous la direction de Sakujiro Yokoyama. Maeda obtint un quatrième dan, ce qui pour l'époque traduit un niveau de compétence extrêmement élevé. Il entreprit ses voyages en 1904 (*voir* ci-contre), se rendit au Brésil en 1914 et mourut à Belém en 1941.

L'aube du Gracie jujutsu

La date exacte de la rencontre entre Madea et la famille Gracie n'est pas connue avec certitude. On pense cependant que Gastão Gracie était le manageur d'un boxeur italien associé au cirque avec lequel Maeda avait voyagé. En tout état de cause, quelque temps après leur rencontre initiale, Carlos, fils de Gastão, devint un disciple de Maeda et apprit les bases de son style de lutte, le judo kodokan.

En 1925, Carlos Gracie ouvrit son premier gymnase de lutte à Rio de Janeiro. Helio Gracie, qui était le plus jeune et le plus frêle de ses cinq frères, joua sans doute un rôle dans l'insistance sur le travail au sol. Comptant davantage sur la technique que sur la force, il découvrit rapidement que le combat au sol permettait de compenser les problèmes de taille et de poids posés par des adversaires plus imposants et plus forts.

L'école californienne

Dans les années 1980, les fils d'Helio Gracie introduisirent le BJJ en Californie et y ouvrirent une école. Au cours de la décennie suivante, Rorion et Royce Gracie remportèrent de grands succès en UFC. En 1994, le centre d'entraînement de l'US Army sis à Fort Benning adopta le Gracie jujutsu en tant que méthode de formation destinée à accroître l'assurance des recrues.

Au cours des années 1990, par suite de l'expérience des frères Gracie en UFC, des coups de poing et de pied furent ajoutés au Gracie jujutsu.

Nouveaux défis

Il est intéressant de noter que les Gracie reprirent la tradition inaugurée par Maeda, consistant à lancer des défis. Helio Gracie défia le boxer poids lourd Joe Louis ; son fils Royce fit de même avec Mike Tyson. Ces défis suscitèrent de la publicité pour leur art martial, mais les combats n'eurent pas lieu car il n'y avait pas assez d'argent à gagner pour les boxeurs.

< **TÊTE À TÊTE**
Le combattant aguerri qu'est Renzo Gracie (au-dessus) se sert de méthodes de combat au sol du jiu-jitsu brésilien lors d'un récent tournoi de combat libre.

COUP DE PIED ET ÉTRANGLEMENT
Devant une foule de 54 000 spectateurs assemblés au Coliseum de Los Angeles, Royce Gracie décoche un coup de pied à son adversaire le Japonais Kazushi Sakuraba, mais il est ensuite victime d'une prise de jiu-jitsu brésilien : un étranglement dont il se dégagera pour remporter ce combat de mixed martial arts sur décision unanime.

< DANS LA GARDE
Tandis que ces deux combattants luttent pour la suprématie dans une rencontre de MMA, celui qui a apparemment le dessous recourt à une technique couramment employée en jiu-jitsu brésilien : la garde. En enserrant son adversaire dans l'étau de ses jambes pour l'empêcher de déployer ses mouvements, il a la possibilité de prendre l'avantage.

LE MOT DE L'AUTEUR

Je suis persuadé que de nombreux auteurs ont beaucoup à dire sur le long et pénible parcours que représente la rédaction d'un livre – sur les montagnes mentales et psychologiques apparemment infranchissables qu'il leur faut pourtant gravir. Je vous épargnerai le récit de mes difficultés, sinon pour dire qu'elles furent himalayennes et s'ouvrirent sur des faits aussi inexplicables que déplaisants qui me donnèrent un aperçu de la fragilité et du caractère précieux de la vie humaine. Mon maître bouddhiste me demanda un jour : « Où les choses commencent-elles et finissent-elles définitivement ? » La vérité est qu'il n'y a ni commencement ni fin. Si vous y regardez de près, toute expérience et toute existence coexiste avec tout le reste. Cet ouvrage en est un exemple parfait. Une immense dette de gratitude me lie à tant de gens qui, en coulisses, ont contribué au vaste réseau de soutien et de savoir grâce auquel ce livre a vu le jour.

Je dédie mes efforts, mes connaissances – et le présent ouvrage – à Yung Lee-Crudelli et à Heron Lee-Crudelli. Yung, ma si belle épouse, a soutenu sans la moindre réticence mon travail, accepté sans crainte aucune mes comportements excentriques et obsessionnels, elle m'a fourni des principes d'une farouche intelligence qui ont guidé et façonné mon écriture comme ma santé mentale. Quant à Heron, mon jeune fils heureux et magnifique, même s'il croit maintenant que son père vit dans son bureau sous les toits, il m'a procuré tout le carburant nécessaire à l'ascension de n'importe quel Everest : un bisou tous les matins blêmes. Merci à vous deux.

Mes remerciements tout particuliers aussi à : ma mère, d'une diligence et d'une loyauté sans faille (en échange de thé noir et de biscuits, elle a aidé à taper des centaines d'heures de notes prises sur la route) ; Ben Johnson, qui a sans relâche accompli une tâche de documentaliste de grand fond et vérifié tant de faits et chiffres obscurs ; mes bons amis Paula Holmes, Amanda White et Julian Massey, qui m'ont fait bénéficier de leur gentillesse absolue, de leur soutien affectif et de leurs talents de baby-sitters durant ces longues et sombres journées d'écriture.

S'il faut ne mentionner que quelques-uns de tous les autres, si importants, alors je dois remercier personnellement les brillants Jonathan Metcalf et Stepanie Farrow de DK London pour avoir encouragé avec enthousiasme ce projet, ainsi que le si gentil et si compétent Bob Bridle pour son travail d'édition. Merci également à : Hugh Hughes, talentueux cameraman et photographe ; et Andrew Fettis, mon producteur à l'inépuisable énergie, pour avoir fait en sorte que la logistique unique en son genre des séances de photographie autour du monde ne soit jamais un obstacle.

L'éditeur tient à remercier les personnes suivantes pour leur précieuse collaboration. Pour l'assistance éditoriale : Tamlyn Calitz, Louise Coe, Richard Gilbert, Marcus Hardy, Cathy Meeus, Miezan van Zyl ; and Sue Bosanko for indexing. Pour la couverture : Dave King (photographie), Lee Ellwood and Duncan Turner (design), and TSA Martial Arts pour le prêt de l'équipement. Pour l'assistance au design : Natalie Clay, Katie Eke, Craig Laker ; et Iorwerth Watkins pour la cartographie. Pour la recherche iconographique : Julia Harris, Liz Moore, Myriam Merghabi, Diana Morris, Emma Shepherd, Sarah Smithies, Frances Vargo, Jo Walton et Suzanne Williams. Pour les photographies étrangères, un remerciement particulier à Nigel Wright de XAB Design pour la direction artistique et Gerard Brown pour les photographies. Nous voudrions également remercier : Andrew Fettis, Evie Sangale, et Julie Campbell pour leur aide dans les prises de vue à l'étranger. Pour leur aide dans les prises de vue en extérieur, nos remerciements vont à : Helen Feng, Neelima Goel, Shenny Italia, Sanjay Jha, Hsinyi Liu, Supreeya Rungnobhakhun, Lavina Tsui et Yu Wada. Nous voudrions finalement remercier : David Chang et la Central Police University, Mr Wang Chieh et King Li Yan à Taipeï ; Dr Yoshiaki Hatsumi, maître Kohaku Iwai, et Mr Noguchi à Tokyo ; maître Ip Chun, Leung Ting Kwok, Don Lau et la City University d'Hong Kong à Hong Kong ; Jiraporn Chantip et le Kaewsamrit gym, maître Padipat Daradas et la Thonburivoraitapeeplarak School ainsi que la Lumpinee Boxing Stadium à Bangkok ; Lishifu, Liyuan Theatre, Zhang Zi Chen, Zhou Ding, Li Lian Gui, Ma Wei Ling, Zhu Xiao Jun et la Beijing Shaolin Wuxiao School à Pékin ; Maha Singhrao et Guru Hanuman Akhara à Delhi ; Rajasekharan Nair à C.V.N. Kalari, B. Harindranath et Raam Kumar à Kerala ; et, à Londres, Darren Barker, Tony Sims et Hugh Hughes (photographies). **Les mouvements et les techniques détaillées dans *La Voie des arts martiaux* sont tous effectués par des artistes martiaux expérimentés – n'essayez pas de les reproduire vous-même.**

L'ART MARTIAL QUI VOUS CONVIENT

Si vous êtes intéressé par l'apprentissage d'un art martial, il importe que vous trouviez celui qui vous convient. Renseignez-vous sur plusieurs écoles dans votre secteur. Elles doivent être facilement accessibles, ne pas être trop onéreuses, proposer des cours réguliers et présenter un bon niveau d'enseignement, le tout dans une ambiance à la fois stimulante et rassurante. Lorsque vous choisissez une discipline martiale, souvenez-vous que chacune manifeste un préjugé favorable à l'égard du type de techniques qu'elle pratique. Le judo et le jiu-jitsu, par exemple, mettent l'accent sur le combat au sol, alors que le taekwondo privilégie les techniques de coups de pied. La boxe et le kung fu dit « de la mante religieuse » comprennent des frappes des mains et des poings, alors que le jeet kune do et le jiu fa men sont des arts martiaux hybrides qui intègrent des éléments de diverses disciplines. Si l'historique de la formation de l'enseignant et de son art présente un intérêt, le secret de la réussite en arts martiaux est très simple : trouvez un art martial et un instructeur qui vous inspirent. Si tel est le cas, vous aurez à cœur de vous entraîner dur (et régulièrement), pour savourer pleinement votre formation.

CRÉDITS PHOTOGRAPHIQUES

L'éditeur tient à remercier les personnes ou sociétés suivantes pour leur permission à reproduire les images : (Légendes : a : au-dessus ; b : bas ; c : centre ; e : extrême ; g : gauche ; d : droite ; h : haut)

1 Reuters: Tiffany Brown. **6 DK Images:** Pitt Rivers Museum, University of Oxford/David King (d). **10 Corbis:** Finbarr O'Reilly/Reuters (bg). **12 Alamy Images:** LOOK Die Bildagentur der Fotografen GmbH/Karl Johaentges. **13 Getty Images:** Feng Li (hd). **16 Corbis:** Asian Art and Archaeology, Inc. (b). **Shutterstock:** Kharidehal Abhirama Ashwin (1/c) ; Alexey Fateev (4/c) ; Regien Paassen (h) ; Jeremy Richards (2/c) ; Vishal Shah (5/c) ; Taolmor (3/c). **17 akg-images:** Erich Lessing (hg). **Shutterstock:** Jeremy Richards (cg) (hd) ; Christophe Testi (hc) ; TheBand (bd). **18 Idris Ahmed:** (b). **Camera Press:** Gamma/Hachette Photos Presse/David Lefranc (hg). **Reuters:** N.V. Jagadeesh (hd). **19 DK Images:** Wallace Collection, London (hd). **Getty Images:** Hulton Archive (bg). **PA Photos:** AP/Aman Sharma (bd). **20-21 Corbis:** Sygma/Desai Noshir. **22 Alamy Images:** ArkReligion.com (bg). **PA Photos:** AP/Channi Anand (hd). **23 Camera Press:** Gamma/David Lefranc (b). **Getty Images:** AFP/Manan Vatsyayana (c). **24 Alamy Images:** Dinodia Images (bd) (b/sabre et fourreau). **33 DK Images:** Judith Miller/Wallis and Wallis (hg) (c) (cg) (cda) (hc) ; Robin Wigington, Arbour Antiques, Ltd., Stratford-upon-Avon (cga). **36 Hemispheres Images:** Jean-Baptiste Rabouan (bd). **Mary Evans Picture Library:** (hg). **37 Corbis:** EPA/Raminder Pal Singh. **38 Art Directors and TRIP:** (b). **The Art Archive:** Musée Guimet, Paris/Gianni Dagli Orti (hc). **46-47 Alamy Images:** Marlies Plank. **48 ChinaFotoPress:** (cgb). **Getty Images:** Ed Freeman (hd). **Imaginechina:** (bc). **Shutterstock:** Fang Chen CFTB (beg) ; Lynn Watson (bg). **49 Corbis:** Reuters (hc) ; The Gallery Collection (bg). **Getty Images:** Chung Sung-Jun (hd). **The Kobal Collection:** Rogue Pictures/Chen Jinquan (beg). **Shutterstock:** Chris102 (hed). **50-51 ChinaFotoPress:** (hc). **51 Corbis:** Michel Setboun (bd). **52 Imaginechina. 53 Imagestate:** The Print Collector/Heritage-Images (h). **Tips Images:** (bg). **54 Alamy Images:** Jeremy Nicholl (b). **Corbis:** Andy Rain/EPA (hd). **55 Imaginechina:** (bd). **www.tienshanpai.org:** (hg). **56 Aquarius Library:** Miramax (bd). **ChinaFotoPress:** (hg). **57 The Bridgeman Art Library:** Indianapolis Museum of Art, USA, Mr and Mrs Richard Crane Fund (hc). **Photolibrary:** Yuming Wang (b). **58-59 Camera Press:** Rapho/Hervé Bruhat. **60 Camera Press:** (bg). **ChinaFotoPress:** (c) (bd). **Imaginechina:** (hd). **60-61 ChinaFotoPress. 61 Camera Press:** (bd) ; Rapho/Hervé Bruhat (hc). **ChinaFotoPress:** (hg) (bc) (cd). **62 Camera Press:** Rapho/Hervé Bruhat (hc) (bc). **ChinaFotoPress:** (hd) (bg) (cgb). **Corbis:** Supri/Reuters (cga). **62-63 Magnum Photos:** Steve McCurry (bc). **63 Camera Press:** Rapho/Hervé Bruhat (hd) (bd). **ChinaFotoPress:** Qiu Qi (c). **64 ChinaFotoPress:** (bc). **Getty Images:** Cancan Chu (hg). **64-65 China Tourism Photo Library. ChinaFotoPress:** (bc). **65 Camera Press:** Rapho/Hervé Bruhat (bd). **66 ChinaFotoPress:** (cg) (bc) (bg) (c) (cb) (hd). **66-67 Getty Images:** Cancan Chu (c). **67 ChinaFotoPress:** (2/hd) (3/cd) (5/cdb) (6/bd). **DK Images:** Pitt Rivers Museum, University of Oxford (4/cd). **69 ChinaFotoPress:** (bd). **72 Imaginechina:** (bd). **72-73 Imaginechina:** (hc). **73 Getty Images:** Steven Harris (c). **Imaginechina:** (hd) (bg). **Sinopix Photo Agency:** (bd). **78 Imaginechina:** (gc). **79 China Tourism Photo Library:** (hg). **ChinaFotoPress:** Zhang Tao/XJB (bd). **80 www.taichilink.co.uk:** (c). **81 Alamy Images:** LOOK Die Bildagentur der Fotografen GmbH/Karl Johaentges (cg). **89 China Tourism Photo Library:** (hc). **Imaginechina:** (cb). **92 The Art Archive:** Private Collection/Gianni Dagli Orti (bg). **100 Aquarius Library:** NTV (hg). **China Tourism Photo Library:** (bd). **101 China Tourism Photo Library:** (bl) (d). **102 China Tourism Photo Library:** (b). **ChinaFotoPress:** (hc). **103 The Kobal Collection:** Rogue Pictures/Chen Jinquan (hc). **110 China Tourism Photo Library:** (hc). **DK Images:** Pitt Rivers Museum, University of Oxford (bg). **Getty Images:** Fotos International/Archive Photos (hd). **111 ChinaFotoPress:** (bc). **114 ChinaFotoPress:** Zhang Kaixin (bd). **115 ChinaFotoPress:** (cd). **The Kobal Collection:** Film Workshop (bc). **Wikipedia, The Free Encyclopedia:** C.M. Wong (hd). **116 British Library:** (cg). **116-117 ChinaFotoPress:** (c) (bc). **120 Getty Images:** Jamie McDonald (b). **121 Getty Images:** Torsten Blackwood AFP (hd). **Wikipedia, The Free Encyclopedia:** (cdb). **123 Rash Patel:** British Kung Fu Association/Courtesy Master Jeremy Yau (c). **124 Stephen Bay:** (hc). **China Tourism Photo Library:** (cd). **Imaginechina:** (bc). **125 Dreamstime.com:** Linqong (h). **126 Chris Crudelli:** (b). **TopFoto.co.uk:** Europhoto (c). **Wikimedia Commons:** www.flworld.com (h). **127 ImageClick Corporation:** Tips Images/Jean-Marc Loubat/Vandystadt (bd). **128-129 TopFoto.co.uk:** Europhoto. **130 Cedar Bough Saeji. 131 Imagestate:** The Print Collector (h). **Wikimedia Commons:** (b). **132 Corbis:** EPA (h). **133 Alamy Images:** f1online (b). **Hyoung-Won Park:** (h). **134 Laura L. Hall:** (cg). **134-135 Corbis:** Reuters. **135 Getty Images:** AFP (bd). **PunchStock:** Aflo (cd). **136 Alamy Images:** ImageGap (b). **The Ronald Grant Archive:** (h). **137 Corbis:** Reuters (b). **140 Alamy Images:** Jim Zuckerman (bg). **Corbis:** Bob Krist (hd). **Shutterstock:** Vera Bogaerts (ceg) ; José Gil (cd) ; Andy Lim (ced) ; Manruzzali (cg) ; Ricky Subiantoputra (c). **141 OnAsia:** Thierry Falise (bg). **Shutterstock:** José Gil (cg) ; Muellek (hd) ; Kristian Sekulic (hc). **142 The Bridgeman Art Library:** Private Collection (h). **OnAsia:** Aroon Thaewchatturat (b). **143 Alamy Images:** Tibor Bognar (h). **Sergio Piumatti:** Sergio Piumatti (b). **144 OnAsia:** Thierry Falise (h). **Wikimedia Commons:** Madras College of Arts and Crafts Image Collection (b). **145 OnAsia:** Chau Doan (b). **146-147 Corbis:** Michael Freeman. **147 Corbis:** Bettmann (b). **166 Alamy Images:** James Urbach (b). **OnAsia:** Gerhard Jörén (h). **167 Getty Images:** Tang Chhin Sothy/AFP (h) (b). **168 Corbis:** Christophe Loviny. **172 Alamy Images:** Tengku Mohd Yusof. **173 Art Directors and TRIP:** Trip. **174 ACIFA:** ACIFA Archives (h). **Sindo Self Defence International:** (bg) (bd). **175 Razmin Razak:** Razmin Razak (h) (b). **176 Garimot Arnis Training Group International:** Garimot Anis Training Group International (bd). **Getty Images:** AFP (g). **177 IKF:** IKF (h). **Inosanto Academy of Martial Arts:** (b). **180 Alamy Images:** Henry Westheim Photography. **181 Alamy Images:** Henry Westheim Photography (b). **182 Inosanto Academy of Martial Arts:** (b). **183 Corbis:** Paul A. Souders (hd). **186 PhotoNewZealand:** (d). **Wikimedia Commons:** (cg). **187 Jonathan Makiling Abaya:** (hd). **Yaw Yan Pasay:** (bg). **190 Corbis:** Image Plan (hd). **DK Images:** Pitt Rivers Museum, University of Oxford (cdb). **Getty Images:** De Agostini Picture Library/DEA/A. Dagli Orti (ceda). **Masterfile:** Andrew Kolb (cda/belts). **Shutterstock:** Zhu Difeng (cga) ; Szefei (ca) ; Rui Vale de Sousa (cega). **VandA Images:** (bg). **191 Getty Images:** Hulton Archive/Three Lions (cha/prayers). **Shutterstock:** J. Helgason (cda) ; Mumbojumbo (ca). **192 Corbis:** Bettmann (d). **Wikimedia Commons:** (hg). **193 Getty Images:** Koichi Kamoshida (h). **VandA Images:** (bg). **194-195 Corbis:** Hulton-Deutsch Collection. **196 Corbis:** Bettmann (hg). **DK Images:** Pitt Rivers Museum, University of Oxford (b) (cd/kozuka) (cda/kogai) ; Board of Trustees of the Royal Armouries (cb/sabres et fourreaux) (hd). **197 The Art Archive:** Gunshots (hg). **DK Images:** Board of Trustees of the Royal Armouries (d/armure de samouraï et parties d'armure). **198 DK Images:** Judith Miller/Sloans and Kenyon (b). **199 The Bridgeman Art Library:** Fitzwilliam Museum, University of Cambridge, UK, (hg). **202 Alamy Images:** Chris Wilson (h). **PunchStock:** Score (bg). **203 Alamy Images:** A.T. Willett (b). **Wikimedia Commons:** (ca). **204 Alamy Images:** okiphoto (b). **International Toyama Ryu Federation:** (cga). **205 PunchStock:** Score (h). **206 Alamy Images:** JTB Photo Communications, Inc. **207 Getty Images:** De Agostini Picture Library (g). **Wikimedia Commons:** (d). **208-209 Getty Images:** Chase Jarvis. **214 Getty Images:** Toshifumi Kitamura (bd). **216-217 Photo Japan:** Kenneth Hamm. **217 The Art Archive:** Gunshots (c). **Getty Images:** Hulton Archive (h). **218 Alamy Images:** J. Marshall –Tribaleye Images (b). **219 iStockphoto.com:** Slavoljub Pantelic (b). **Photo Japan:** Kenneth Hamm (h). **220 Getty Images:** Popperfoto. **222-223 Getty Images:** Hulton Archive. **224 Getty Images:** AFP (g). **Bob McCoy:** (d). **225 Chungeorahm Film:** Big Blue Film (c). **Colin Williamson:** (b). **226 The Bridgeman Art Library:** Bibliothèque des arts décoratifs, Paris/Archives Charmet (bg). **Corbis:** Asian Art and Archaeology, Inc. (h). **Getty Images:** (bd) (c). **227 Corbis:** Michael S. Yamashita. **228 Getty Images:** (bg) (tr) ; AFP (c) (bd). **228-229 Getty Images:** David Madison (c). **229 Alamy Images:** Iain Masterton (hg). **Getty Images:** AFP (hd) (bg) (bd). **Darby Sawchuk:** (cd). **230-231 Getty Images:** AFP. **231 Alamy Images:** Goto Sayuri (cda). **Getty Images:** (cdb) ; AFP (hg) (bg) (bd) (cga) (cgb) (hd). **232 Alamy Images:** Iain Masterton (b) ; Frantisek Staud (cd). **drr.net:** UPI (cga). **Getty Images:** (ca) ; Paul Chesley (hg). **232-233 Getty Images:** (h) (b). **233 Alamy Images:** Christian Kober (cd) ; Iain Masterton (hd) (bd). **Getty Images:** (cg) ; Aurora (cb). **234 PA Photos:** AP (c). **234-235 Getty Images:** Feng Li. **236-237 PunchStock:** Aflo. **238 Getty Images:** Warner Bros. (b). **Wikimedia Commons:** (hd). **239 Corbis:** China Photos. **240 Getty Images:** Hulton Archive (b). **241 Leiv Harstad. NPO Shintaido of Japan:** (cdb). **242 Dave Lewis, Australian Taido:** (hg). **242-243 Inštitut 108:** Katarina Hribar (b). **243 Jinenkan Honbu:** (cda) (c). **244-245 Shutterstock:** N. Joy Neish. **246 Corbis:** Stapleton Collection (cg/gravure). **Getty Images:** (b). **Shutterstock:** (cd/joute) (cd) (ced) ; Timothy R. Nichols (cg) ; polartern (hd) ; Ronald Sumners (ceg). **247 Fédération française de SAVATE boxe française et D.A.:** © C. Bricot (hg). **Shutterstock:** Pichugin Dmitry (hc) ; Chris McCooey (hd). **248 Corbis:** Bettmann (hd). **DK Images:** Judith Miller/Lawrence's Fine Art Auctioneers (cga). **PA Photos:** AP Photo/Urs Flueeler (b). **249 TopFoto.co.uk:** Novosti (b). **250 Alamy Images:** Homer Sykes (b). **Courtesy Sifu Glen Doyle:** (hd). **251 Courtesy Willie Baxter:** (bd). **Getty Images:** Cate Gillon (hg). **Mary Evans Picture Library:** (bc). **252 Rex Features:** (bg). **Kathrynne Wolf:** (hd) (bd). **253 Warrior Wing Chun:** (b). **254 Alamy Images:** Alan Dawson Photography (bg). **Vítor Ribeiro:** (h). **255 Alamy Images:** LOOK Die Bildagentur der Fotografen GmbH/Juergen Richter (hg). **Maestro Andrea Lupo Sinclair/www.fisas.it:** (hd). **The founder of Liu-bo, Master Tomarchio, and Master Argento:** (bd). **256 Alamy Images:** ACE STOCK LIMITED (h). **Corbis:** Bettmann (c). **257 Corbis:** Michael Brennan (b). **262 Justin McKie:** (cg) (bd). **263 Justin McKie:** (c) (bc) (bd) (hd). **264-265 Getty Images:** David Trood (b). **265 Fédération de Gouren:** (cd). **Rex Features:** (hg). **266 Ancient Art and Architecture Collection:** Interfoto/Hermann Historica (hc) (c) (ca) (cb) (b/jousting weapon). **DK Images:** Wallace Collection, London (hd) (b). **Getty Images:** Johner (hg). **267 Alamy Images:** Stefano Arcidiacono (bg). **DK Images:** Wallace Collection, London (cdb) (bd) (cga) (cda) (hed) (hg) (hd). **268 Photolibrary:** (bg). **268-269 Alamy Images:** Ted Pink (h). **269 Getty Images:** Jacques Demarthon (bc). **PunchStock:** Image Source Black (bd). **270 Fédération française de SAVATE boxe française et D.A.:** (bd) ; © Laurent Baheux (hd). **Getty Images:** Nick Laham (b). **271 Alamy Images:** Andy Day (bg). **PA Photos:** AP Photo/Henry Ray Abrams (hc). **Rex Features:** (d). **272 Courtesy Deutsches Dan-Kollegium e.V. www.ddk-ev.de:** (h). **David Rawlings, Boar's Tooth Fightschool, www.fightmedieval.com :** (b). **273 Alamy Images:** mediacolor's (b). **PA Photos:** AP Photo/Keystone/Urs Flueeler (h). **274-275 Getty Images:** Doug Pensinger. **276 The Bridgeman Art Library:** Galleria degli Uffizi, Florence (b). **Photo Scala, Florence:** courtesy of the Ministero Beni e Att. Culturali (hd). **277 Courtesy Radivoje Radulovic, SVIBOR:** photo by Jelena Tasic (h). **Ljubomir Vracarevic, founder of real Aikido, Grandmaster, black belt 10. Dan – SOKE. World Center of Real Aikido. www.wcra.co.yu :** photo : Milan Melka (bg). **278 Getty Images:** AFP (hg). **Systema UK:** (d). **279 RIA Novosti. 280 Graham Butcher, Ice and Fire Ltd:** (b). **www.rusbm.ru, Founder Maxim Shatunov:** (h). **281 Courtesy Lárus Kjartansson, Glímusamband Íslands. 282-283 Alamy Images:** Anna Vincent. **284 Alamy Images:** Dennis Cox (cd). **Corbis:** Remi Benali (ced) ; Kazuyoshi Nomachi (h) ; Sandro Vannini (cg). **Mary Evans Picture Library:** (b). **Shutterstock:** Erik W. Kolstad (ceg). **285 Alamy Images:** Danita Delimont (hd). **Art Directors and TRIP:** Judy Denham (hed). **Getty Images:** The Bridgeman Art Library (hg). **Shutterstock:** Mark Atkins (heg). **286 Lonely Planet Images:** Ariadne Van Zandbergen (h). **Photoshot:** (c). **286-287 Corbis:** Sandro Vannini (b). **287 Corbis:** Roger de La Harpe/Gallo Images (hd) ; Hervé Collart/Sygma (hg). **288 Corbis:** Finbarr O'Reilly/Reuters. **289 Corbis:** Brian A. Vikander (bg). **Getty Images:** Keystone Features (bd). **PA Photos:** Olivier Asselin/AP (hg). **290-291 Getty Images:** Issouf Sanogo/AFP. **292 Alamy Images:** Jack Picone (hg). **Robert Estall Photo Library:** Angela Fisher/Carol Beckwith (bd) (bg). **293 Africa Image Library:** Ariadne Van Zandbergen (h). **DK Images:** Judith Miller/Blanchet et Associés (b). **294 Alamy Images:** Martin Harvey (hd) ; Eric Nathan (cda) ; Robert Harding Picture Library Ltd (bd). **Getty Images:** Richard S. Durrance (bg). **295 Alamy Images:** Gallo Images (hd) ; LOOK Die Bildagentur der Fotografen GmbH/Per-Andre Hoffmann (c) ; PCL (br) ; Neil Sutherland (bg) ; Ariadne Van Zandbergen (hg). **296 Alamy Images:** Robert Harding Picture Library Ltd (bg) ; SCPhotos (bd). **Corbis:** Roger de La Harpe/Gallo Images (h). **297 Alamy Images:** Arco Images GmbH (bd) ; INTERFOTO Pressebildagentur (bg). **Corbis:** Roger de La Harpe/Gallo Images (c). **Getty Images:** Heinrich van den Berg (hc) (hd). **298 Alamy Images:** Zute Lightfoot (g). **299 Alamy Images:** Zute Lightfoot. **300 African Pictures:** (d). **Corbis:** Roger de La Harpe/Gallo Images (bg). **301 The Bridgeman Art Library:** Private Collection, © Michael Graham-Stewart (c). **DK Images:** Judith Miller/Wallis and Wallis (cb/dark brown knobkerry) ; Powell-Cotton Museum, Kent (hd) ; Board of Trustees of the Royal Armouries (cg) (b) (cb) (hc). **302-303 Getty Images:** Carol Beckwith/Angela Fisher. **304 Images courtesy of Institute of Krav Maga (UK) - members of the International Krav Maga Federation (IKMF) :** (d). **International Krav Maga Federation:** (beg) (bc) (bg) (bd) (bed). **305 Getty Images:** Hulton Archive (d). **306-307 Alamy Images:** Robert Harding Picture Library Ltd (b). **307 Courtesy International Kurash Association:** (h). **308-309 Getty Images:** Ryan Born/WireImage. **310 Alamy Images:** Vittorio Sciosia (bg). **The Art Archive:** Musée des arts africains et océaniens/Gianni Dagli Orti (g). **Getty Images:** Gabriel Bouys/AFP (cd). **The Kobal Collection:** Concord/Warner Bros (d). **Shutterstock:** Gary Blakeley (cg) ; Sourav and Joyeeta Chowdhury (hd) ; Chee-Onn Leong (c). **311 Shutterstock:** gary718 (hg) ; Bruce C. Murray (heg) ; Maria Weidner (hc). **312 PA Photos:** AP Photo/Tom Gannam (bl). **312-313 Alamy Images:** Jorge Blanco (h). **313 Big Bamboo Stock Photography:** (cg). **Brazil Photos:** (d). **Getty Images:** Michael Ochs Archive (bg). **314 Hurricane Combat Arts Academy USA:** SiJo Frank Monsalve/Pete (b). **Reuters:** Rick Wilking (hg). **315 Rex Features:** Sipa Press (bd). **Shaolin Kempo Karate, www.villari.com:** (hg). **316 iStockphoto.com:** Ivan Korolev (cg). **The Ronald Grant Archive:** (bh). **316-317 The Ronald Grant Archive:** (c). **318 The Trustees of the British Museum:** (hc). **318-319 Alamy Images:** Barry Bland. **319 Alamy Images:** Barry Bland (hd). **Getty Images:** Gabriel Bouys/AFP (hc). **320 Action Images:** Reuters/Tiffany Brown (bl). **Alamy Images:** Jon Challicom (cd). **Getty Images:** Jed Jacobsohn (hd). **PA Photos:** Jeff Chiu/AFP (bc). **320-321 Corbis:** Fabio Polenghi (bc). **321 Alamy Images:** TNT Magazine (hc). **Corbis:** Fabio Polenghi (hd). **PA Photos:** Jeff Chiu (bd) ; The East Valley Tribune, Ralph Freso (cd). **322 Getty Images:** (hg) (bg) ; Al Bello (cd) ; Jonathan Ferrey (cg) ; Yusuke Nakanishi/Aflo (bd). **323 Corbis:** Fabio Polenghi (hd) ; Les Stone/Sygma (hg). **Getty Images:** Yusuke Nakanishi/Aflo (b). **324 Action Images:** Reuters/Tiffany Brown (cg) (bc) (bg) (bd). **Alamy Images:** Barry Bland (hd). **Getty Images:** Denise Truscello/WireImage for The Palms Casino Resort (hg). **325 Action Images:** Reuters/Tiffany Brown (hd). **Getty Images:** Gabriel Bouys/AFP (bd) ; Kent Horner/WireImage (c). **326-327 Getty Images:** Gabriel Bouys/AFP. **328 NCAA Photos:** Alicia Jerome (b). **329 American Karate System:** Frederic Reinecke Photography (hc). **Stephen K. Hayes/SKH Quest:** Amy Duchesneau (cg). **Kawartha Hoshin Training Centre:** (hc). **330 Kokondo, the IKA and IKJA :** (bd). **Courtesy of U.S. Air Force:** Sgt. Scott T. Sturkol (hg). **331 Getty Images:** George Silk/Time Life Pictures (hd). **PA Photos:** AP Photo/Noah Berger (cg). **Jeff Spirer:** (bd). **332 Getty Images:** John Florea/Time Life Pictures (hd). **PunchStock:** Cut and Deal (bg). **333 Cpl. Megan Angel:** (b). **334 www.limalama.net:** (bd). **MMA Hawaii/X-1 World Events:** (g). **335 Jennifer Crites:** (b). **Photo Resource Hawaii:** Franco Salmoiraghi (hd). **336-337 PA Photos:** Juan Karita/AP. **338 Evan Abramson:** (bd). **Alamy Images:** Ace Stock Limited (hc). **339 Folhapress:** (h). **340 Alamy Images:** Peter M. Wilson (b). **Wikimedia Commons:** (hd). **341 www.capoeiragem.com:** (bc). **Folhapress:** (bd). **Prof. Frota/www.capoeira.art.br:** (hc). **iStockphoto.com:** Stefan Klein (hed) ; Dave White (hd). **342 Brazil Photos:** (bg). **342-343 Getty Images:** Brian Bahr (bc). **343 Wikipedia, The Free Encyclopedia:** (hd). **346-347 Photos by Bob Riha, Jr. 348-349 PA Photos:** AP Photo/Lucy Pemoni. **350-351 Alamy Images:** Gardel Bertrand/Hemis.fr